民航货物运输

主　编　王吉寅　张桥艳
参　编　刘俊辉　先梦瑜

重庆大学出版社

图书在版编目(CIP)数据

民航货物运输 / 王吉寅,张桥艳主编. -- 重庆:
重庆大学出版社,2017.8 (2023.1 重印)
高等院校航空服务类教材
ISBN 978-7-5689-0740-8

Ⅰ.①民… Ⅱ.①王…②张… Ⅲ.①民航运输—货
物运输—高等学校—教材 Ⅳ.①F560.84

中国版本图书馆 CIP 数据核字(2017)第 192926 号

民航货物运输
主编 王吉寅 张桥艳
策划编辑:唐启秀
责任编辑:李定群 关德强 版式设计:唐启秀
责任校对:刘志刚 责任印制:张 策
*
重庆大学出版社出版发行
出版人:饶帮华
社址:重庆市沙坪坝区大学城西路21号
邮编:401331
电话:(023)88617190 88617185(中小学)
传真:(023)88617186 88617166
网址:http://www.cqup.com.cn
邮箱:fxk@cqup.com.cn(营销中心)
全国新华书店经销
重庆长虹印务有限公司印刷
*
开本:787mm×1092mm 1/16 印张:16.75 字数:355 千
2017 年 8 月第 1 版 2023 年 1 月第 4 次印刷
ISBN 978-7-5689-0740-8 定价:45.00 元

出版说明

　　这套教材的开发是基于两个大的时代背景：一是职业教育的持续升温；二是民航业的蓬勃发展。

　　2014 年 6 月 23 日至 24 日，全国职业教育工作会议在北京召开，习近平主席就加快职业教育发展作出重要指示。他强调，要牢牢把握服务发展、促进就业的办学方向，坚持产教融合、校企合作，坚持工学结合、知行合一，引导社会各界特别是行业企业积极支持职业教育，努力建设中国特色职业教育体系。这是对职业教育的殷切期望，也为我们的教材编写提供了信心和要求。

　　民航业的发展态势非常好，到 2020 年，伴随中国全面建成小康社会，民航强国将初步成形。到 2030 年，中国将全面建成安全、高效、优质、绿色的现代化民用航空体系，实现从民航大国到民航强国的历史性转变，成为引领世界民航发展的国家。民航业井喷式的发展必然导致对航空服务类人才产生极大的需求。而据各大航空公司提供的数据来看，航空服务类人才的缺口非常大。

　　在这样两个前提下，我们用半年多的时间充分调研了十多所航空服务类的高职院校，向各位老师详细了解了这个专业的教学、教材使用、招生及就业等方面的情况；同时，将最近几年出版的相关教材买回来认真研读，并对其中的优势和不足作了充分的讨论，初步拟订了这套教材的内容和特点；然后邀请相关专家到出版社来讨论这个设想，最终形成了教材的编写思路、体例设计等。

　　本系列教材坚持原创和港台相关教材译介并行。首批开发的教材有《航空概论》《民航旅客运输》《民航货物运输》《民航服务礼仪》《民航客舱服务》《民航客舱沟通》《民用航空法规》《民航服务英语》《民航地勤服务》《民航服务心理学》《职业形象塑造》《形象塑造实训手册》《值机系统操作基础教程》等。

民航货物运输

 .... **CHUBAN SHUOMING**

  本套教材具备以下特点:1)紧跟时代发展的脉络,对航空服务人员的素质和要求有充分的了解和表达;2)对职业教育的特点有深刻领会,并依据《教育部关于职业教育教材建设的若干意见》的精神组织编写;3)在全面分析现有航空服务类相关教材的基础上,与多位相关专业一线教师和行业专家进行了充分的交流,教材内容反映了最新的教学实践和最新的行业成果;4)本套教材既注重学生专业技能的培养,也注重职业素养的养成;5)教材突出"实用、好用"的原则,形式活泼、难易适中。

  本套教材既能够作为高职航空服务类院校的专业教材,也可以作为一般培训机构和用人单位对员工进行培训的参考资料。

前　言

　　国家"一带一路"工程的实施是国内产业转移、结构升级的重要途径,也为中国航空货运企业开展业务拓展了新的市场空间。国内航空货运业自 2010 年以来增长缓慢,受全球经济衰退的影响显著。此外,航空经济受制于国内经济结构问题且航空货运企业的运营管理水平存在明显短板。"一带一路"为航空货运产业的发展提供了难得的历史性契机。

　　我国职业教育中民航运输、航空物流类专业发展迅速,开设民航运输、航空物流专业的院校较多,但在教材选取方面存在一定的困难。现有的民航货物运输类教材大多存在知识点陈旧、与行业联系不紧密等现象,市场上可供选用的教材寥寥无几,学生所掌握的知识和技能不能完全满足行业的需求。针对此现象,编者在航空货运行业充分调研和研究的基础上,咨询了民航行业从业人员,编写了本书,力求使本书内容充分满足学校和行业需求。

　　本书共分为六个模块:模块一为民航货物运输概述,模块二为民航货物运输实务,模块三为邮件及包机、包舱、包集装器运输,模块四为货物不正常运输与赔偿,模块五为特种货物运输,模块六为货运业务电报。本书将国内、国际航空货物运输内容加以整合,基本覆盖了国内、国际民航货物运输工作的各个流程,并且与民航行业特有工种职业技能鉴定初、中、高级货运员业务知识,以及航空货物运输销售岗位培训业务知识相结合,既遵照国际航空运输协会的规则,又与我国民航实际情况紧密结合,具有一定的先进性和实用性。

 QIAN YAN

　　本书由西安航空职业技术学院的王吉寅、桂林航天工业学院的张桥艳任主编,刘俊辉、先梦瑜参编。具体编写分工如下:张桥艳编写模块一、模块五,王吉寅编写模块二、模块三,腾云航空科技(深圳)有限公司的刘俊辉编写模块四,西安航空职业技术学院的先梦瑜编写模块六。王吉寅负责全书统稿。

　　编者希望通过本书使学生较为全面地了解民航货物运输的工作流程及内容,掌握民航货物运输操作技能,为提高我国民航货物运输服务人员的业务水平作出应有的贡献。

　　在编写本书的过程中,编者得到了许多民航运输行业人士的热情指导和帮助,在此谨向他们表示诚挚的谢意! 由于编者水平有限,书中难免有不足之处,敬请广大读者提出宝贵意见。

编　者

2017 年 5 月

目录 CONTENTS

民航货物运输

模块一

民航货物运输概述

第一部分　民航货物运输基础

【知识目标】了解民航运输业、民航运输系统的特征及民用
航空运输业的特点与作用；
了解我国民用航空的管理机构；
了解航空货运的法律依据、国际航空运输的行
业组织；
理解航空货运业务的定义、性质和特点。

【能力目标】了解并关注航空货运业；
对航空货运业有一个理性的认识。

【案例导入】

UPS（联合包裹速递服务公司），是目前世界上最大的快递承运商与包裹递送公司，其商标是世界上较知名的商标之一。现在的UPS正在演绎着一个全新的商业模式，即商务同步协调。UPS在全世界建立了10多个航空运输的中转中心，在200多个国家和地区建立了几万个快递中心。UPS公司的员工达到几十万人，年营业额可达到几百亿美元，在世界快递业中享有较高的声誉。

UPS与耐克品牌的合作反映了航空货运业对全球供应链转变的巨大贡献。UPS与耐克建立了无缝合作关系，耐克的分销由UPS执行，当消费者在网上订购了耐克的鞋子后，订单自动传到UPS，在耐克的一些订购点，如美国得克萨斯州的圣安东尼市，当消费者打电话跟耐克进行订货时，其实接电话的是UPS的员工，由他们来帮耐克公司与客户进行沟通，直接接受客户的电话订单，然后由UPS的工作人员直接帮客户配货、发货，依靠UPS强大的现代物流作业系统和强大的航空货运能力，在最短的时间内把客户订购的耐克鞋运送到客户的手中。

可以说，全球供应链因航空货运的发展而改变，其使传统的生产—分销—零售—用户的供应链模式变得简单，生产商得以直接面对最终用户，实现了航空货运业与客户的商务同步融合。

第一单元 〉〉〉〉〉〉〉〉
航空运输概述

航空运输是目前世界上较先进、较理想的运输方式之一。航空运输与铁路、水路、公路和管道运输组成了整个运输业。航空货物运输是航空运输业的重要组成部分。早期航空货运只作为填补客运剩余吨位的一种附属的运输业务，20世纪60年代国际航空运输发展迅速，很多航空公司新开辟了定期全货运航线，航空货运渐渐成为一种独立的业务并从客运中脱离出来。随着民航货运的发展，航空运输越发突显出快速、高效、舒适的特点，在现代交通运输系统中占据着独特的地位，对国民经济建设起着重要的作用。

一、运输业与运输系统

（一）运输业

运输是借助于一定的运输工具实现运输对象空间位置变化的有目的的活动。运输业，又称为交通运输业，是国民经济中专门从事运送货物和旅客的社会生产部门。运输业是连接社会各方面的纽带。

运输业是一个服务性行业。运输业的产品是不能保存和积累的，运输业的生产过程和运输产品是运输对象的空间位移。运输本身不改变运输对象的属性和形态，也不生产任何新的实物形态的物质产品。运输产品，即位移，其生产和消费是同一过程，在空间和时间上是结合在一起的，不能储存，也不存在积压的问题。正是由于运输产品的同一性，所以不同的运输方式有可替代性，各种运输方式可以被综合利用，使得建立统一运输网成为可能。

我国的运输业自改革开放以来呈现持续性增长，各运输方式的运输线路在延长，运量在快速的增长，全社会的客货运周转量也增长明显。运输是发展国民经济的基础，在社会扩大再生产过程中处于纽带地位，因此，在建设上要超前，在运输能力上要保有后备，以便发挥运输业的先行作用。建立合理的运输业结构，要以提高经济效益和满足社会需要为目标，既要充分发挥各种运输方式的技术经济优势，又要保持各种运输方式的平衡衔接和按比例协调发展。

（二）运输系统

运输系统是指各种运输方式按其技术经济特点组成分工协作、有机结合、连续贯通，合理布局的交通运输综合体。

第一，运输系统是一个整体。运输系统是由铁路、公路、水路、管道和航空五种运输方式及其线路、站场等组成的综合体系。五种运输方式既相对独立又彼此相互依存，共同组成一个国家或一个地区的运输整体。就每一种运输方式而言，其内部也是由各种子系统组成的一个整体。其中，航空运输方式是由航空公司、航空器、机场、航线、空中交通管制、飞机维修工程、航材和航油供应等子系统所构成。

第二，运输系统的各子系统彼此间都是相关的。它们之间以相互联系、相互关联的形式存在。为了把运输对象送到目的地，常常需要多种运输方式联合运输。不同运输方式之间相互依存和互补。例如，一名旅客出门旅游，他可能要先乘坐巴士、出租车等公路运输方式到达机场，然后在机场乘坐飞机到达目的地机场，到达目的地机场后换乘机场巴士抵达市区。在这个过程中，公路运输和民航运输相互依存，共同满足旅客的出行要求，实现旅客的位移。

第三，运输系统的层次性十分突出。以航空运输为例，航空运输的航线有国内航线、

地区航线和国际航线；航空运输的场站有枢纽机场和支线机场；航空运输的重要主体，即承运人包括国家直属航空公司、民营航空公司、地方航空公司等。

第四，运输的建设与发展必须与其内外部环境相适应。要考虑的因素包括经济环境、政治法律环境、社会文化和自然环境，以及技术环境。经济环境因素包括经济增长情况对市场需求的影响，货币政策、利率汇率、投资就业等对经济的刺激，而经济环境是直接影响运输发展的重要因素；国际法规、国家和地区的法律法规对运输系统的建设和发展的影响也很明显；社会文化方面，教育的发展，人们的生活方式、社会价值观也是运输的动力之一；技术变革的速度、产品生产周期和生产效率等因素也刺激着运输的发展。

第五，运输系统具有明确的目的性，目的就是要完成社会、企业及个人的运输任务。货物运输是社会物资生产和流通的重要组成部分；旅客运输则是满足人们工作、学习、交流往来、生活和旅游等需要的重要条件。

二、运输方式

（一）铁路运输

铁路是我国社会经济发展的重要载体之一，也是我国综合交通运输系统的骨干，为社会经济发展创造了前提条件，对国民经济发展起到了强有力的支持作用。

铁路运输（图1.1）的基础设施属于资本密集型，一次性投资规模大、建设周期长，极易形成巨额的沉没成本。铁路设施建设仍以国家投资为主，有着天然垄断性，也有着较高的社会公益性。铁路运输的运价偏低，对企业生产控制成本起到了重要作用，也是交通运输费用承受能力较低的旅客的主要外出交通方式。铁路运输的运距长，运输能力大，适合于大批量客货的长距离运输，是关系我国国计民生的重要运输力量。

目前，我国已有大量的客运专线、城际铁路、高速铁路投入运营，铁路运输的服务质量也随着1997年以来的六次提速有了大幅度的提升，现在高铁和动车的服务质量已经逐渐向民航运输靠近。

图1.1　铁路运输

图1.2　公路运输

（二）公路运输

公路运输（图1.2）有快速、灵活、方便的特点，易于实现小批量、快速以及"门到门"的运输，更适用于客货的短程运输，并能作为其他运输方式的有效补充而存在。同时，因为高速公路和其他高等级公路的发展，公路运输在中、长途运输上也有一定的市场竞争优势。公路运输场站及车辆等服务设施和装备水平的提高，服务质量的逐步改善，使公路运输对旅客的吸引力也在提高。公路货运在高价值、高时效的区域内及区域间货物运输中占有重要地位。

改革开放以来，我国公路建设快速发展，公路里程、公路运输量和民用汽车保有量均大幅度增长，在交通运输系统中发挥了良好的基础作用。公路客货运输发展较快，特别是公路客运，现已在客运体系中占有重要地位。2013 年，我国共有国道干线公路 70 多条，总里程约 435.62 万千米。

我国公路网络由国道、省道、县乡道路以及专用公路构成。国道为我国公路的主骨架，省道和县乡道路是国道的支线。

（三）水路运输

我国水运货运由远洋运输、近洋运输和内河运输组成。其中近、远洋水上货运发展较好，但沿海及内河水运发展不太乐观。一方面，在远洋水运基础设施建设中，集装箱运输港口设施的建设和发展是比较快的，从改革开放初期就开始发展海上集装箱运输，在大批量的国际贸易商品运输上，我国的远洋海运优势明显。但是另一方面，内河水运在交通运输发展过程中的竞争能力较弱，原因主要是水上运输速度较慢，除煤炭等大宗货物运输外，在对时效要求较高的旅客和物资的运输上，水运难以满足需要。水上货运主要承担外贸进出口货物运输和国内能源（主要是煤炭）、矿建材料、粮食等的运输，其也有着不可替代的作用而稳步发展。

归纳起来，水路运输（图 1.3）的特点主要是：运输速度慢；受气候条件影响大，冬季可能断航；依赖江河湖海的贯通性，可达性较差；节约土地资源，可利用天然水道；运输成本较低。

图 1.3　水路运输

图 1.4　航空运输

（四）航空运输

航空运输（图 1.4）可以适应人们在长距离旅行时对时间、舒适性的高要求以及快速货物运输的需求，是我国正在快速发展的一种运输方式。

航空运输有下述几个显著特点。

首先，运输速度快。这是由飞机的性能所决定的。随着航空器制造业的不断发展和技术水平不断进步，飞机由小型向大型、窄体向宽体发展。到20世纪70年代，出现了巨型宽体喷气式飞机，飞行速度也大幅提高，这使民航运输在时间敏感型旅客和货物的运输上优势明显。

其次，运输路线短。相对于地面运输必然受到地形的影响，民航运输路线趋近于直线飞行，只要按照空管单位和安全飞行的要求飞行即可。

再次，航空运输更舒适。相比地面运输方式，航空客运市场定位为中高端旅客为主的旅客，而航空货运市场定位为高价值、高时效性的货物。这样的市场定位要求航空运输提供比地面运输更为舒适的服务。

除此之外，航空运输创汇较多，仅次于外贸部门。

我国的民航运输仍处于高速发展时期，据2014年的统计数据，航空运输中的客货运量每年增长速度保持在18%以上，同时，民航机场、民用飞机等均保持较高的发展速度。

（五）管道运输

管道运输（图1.5）是一种较为特殊的运输方式，目前我国采用管道运输的主要是石油和天然气。由于管道输送所涉及货物品类较少且较单一，因此，其在综合运输系统中的影响力小一些。但由于其安全性、稳定性较高，输送成本较低，而且占用土地较少，对环境基本不造成污染，因此管道运输在气体、液体物的运输上优势突出。

我国已经建成了横跨东西、纵贯南北、连通海外的油气管网格局，覆盖全国31个省区市和特别行政区，使近10亿人口受益。

图1.5　管道运输

除了广泛应用新技术来实现运输工具和运输设备的现代化，发展综合运输体系是当代运输系统发展的一个新趋势。交通运输是一个大系统，运输系统从侧重单一运输方式的建设发展向综合的建设和发展模式转变。多式联运的兴起和发展，对于解决多年来我国交通运输出现的不平衡状况有积极的帮助。一方面解决运输方式发展不平衡，避免一些运输方式严重超负荷，而另一些运输方式又不能充分发挥作用的现实问题；另一方面解决线路发展的不平衡，避免部分线路压力过大，而部分线路的运力又得不到充分发挥的问题。发展综合运输体系是按照各种运输方式的技术特点，建立合理的运输网络，使各种运输方式扬长避短，充分发挥运输生产力，提高经济效益。

三、航空运输业

航空运输业是通过使用航空器作为运输工具把旅客或货物通过空域从一地运往另一地，

从而使之发生地理位置上的转移的商业性的运输服务行业。民用航空业，由客运、货运、通用航空等组成，是交通运输这一独立的物质生产部门中的组成部分，它积极有效地参与社会财富创造，在国民经济中所占的比重越来越大。

航空运输业是一个资本密集型、技术密集型的服务行业，固定成本在总成本中所占比例较高，航空运输业的进入和退出壁垒也较高。航空运输业的变动成本低，每次飞行多运载一个旅客的边际成本低，这样航空公司就能运用收益管理，以距离起飞时间的远近来制订不同的价格，采用不同的价格方案。由于各航空公司都会以提高运力的方式来增加市场占有率，整个航空市场存在一定的运力过剩。航空运输业像其他的经济参与者一样，生产运营有规模经济性。生产规模的扩大，如在一条航线上航班频率提高、单架飞机飞行小时数增加、机队规模扩大、航空公司的航线网络整合扩大后，平均运输成本下降；或者枢纽机场的建设、评价服务成本下降等，使得收益增加，都能实现规模经济。

从行业的发展来说，航空运输业从诞生之日起发展到现在，一直在运营模式上积极探索和创新，中枢轮辐式航线网络的建设、低成本航空公司的兴起、新型信息系统的应用、收益管理、联盟合作等方式，给航空运输业带来了活力，增强了行业吸引力。

我国的航空运输业也有专业的分工整合，航空公司、机场、空管、服务保障系统及航空运输业的上下游企业都相对独立，并且相应的民航管理单位、法律法规齐全，全行业呈健康向上发展的态势。

国内的航空客运发展较快，航空运输总量位居全球前列，国内的民航运输保持了稳定增长（图1.6）。国内航空公司都建立了现代企业管理制度，积极应对国内外的竞争，服务国内外的市场需求。

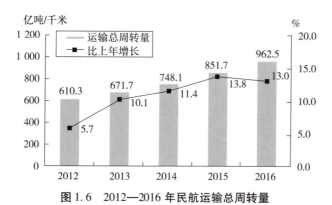

图1.6　2012—2016年民航运输总周转量

（来源：中国民用航空局于2017年5月发布的《民航行业发展统计公报》）

相比客运，航空货运虽然初期的发展大大落后于客运的发展程度，但在改革开放后开始加快，货运业是航空运输业的一个新的经济增长点。但是，国内航空货运占世界航空货运的比重仍然很小，与国际排名靠前的货运公司差距较大。现在国内的全货航主要有中国货运航空有限公司、中国邮政航空、扬子江快运、中国国际货运航空有限公司等。

我国的通用航空发展缓慢，但是随着2012年后低空空域的逐步开放，通用航空也迎来

了一个利好的环境，通航公司数量增加，通用航空的作业时间不断增长。截至 2013 年年底，获得通用航空经营许可证的通用航空企业有 189 家，通用航空企业适航在册航空器总数达到 1 519 架，其中教学训练用飞机 340 架。这个数据还将不断地上涨，以满足我国不断开发和兴起的通用航空市场的需要。

第二单元 》》》》》》》》》》
航空货运概述

一、航空货运业

航空货运业就是通过航空器将货物从一地运往另一地，使货物发生地理位移的商业性的运输服务行业。

航空货物运输有两个方面的特征：一方面是社会特征，航空货运的公用性、生产服务性、企业性和准军事性都属于航空货物运输的社会特征；另一方面是经济特征，货物通过航空运送速度快、安全性高，不受地理条件的限制，但成本和运价高、运量有限等，这些都属于航空货运的经济特征。总的来说，航空货运由于这些特征，更适合运送鲜活易腐和季节性强的商品，如鲜花、海产品等；由于运送成本高，航空货运更适用于运送高价值的产品，如手机、芯片、精密机械产品、商务文件等；由于航空货运的安全性高，对包装的要求比水运等运输方式低，因此，航空货运可以节省包装、保险等费用。

航空货物运输的分类：

（1）按照运输的不同性质，人们把航空货物运输分为国内航空货物运输和国际航空货物运输。

国内航空货物运输是指运送货物时，其始发地、目的地和经停点都在中华人民共和国境内的运输。

国际航空货物运输是指运送货物时，其始发地、目的地和经停点至少有一个不在中华人民共和国境内的运输。

（2）按运输的物品特征划分：普货运输、快件运输、特种运输。

普货运输：是指不具有特殊性质的一般货物的运输。

快件运输：是指托运人要求以最早航班和限定时间运送目的地，并经承运人同意受理的一种运输形式。

特种运输：包括活动物运输、鲜活易腐物品运输、贵重物品运输、化学危险品运输等。

（3）按运输方式划分：班机运输、包机运输、集中托运、联合运输、航空快递、货到付款、货主押运。

班机运输：是指通过在固定航线上定期航行既有固定始发站、固定经停站和固定目的站的航班所进行的运输。

包机运输：托运人为一定的目的，包用空运企业的飞机载运货物的一种运输形式。

集中托运：由集中托运者将若干票单独发运、发往同一方向的货物集中起来，作为一票货物，一同发往同一站点的运输方式。

联合运输：又称陆空联运。使用飞机、火车、卡车等运输工具的联合运输方式，简称为 TAT（Train Air Truck）。仅使用飞机和火车进行运输的联合运输方式，简称为 TA（Train Air）。

航空快递：由承运人（航空公司、货代公司或快递公司）组织专门人员，负责把文件、样品、小包裹等快递件以最早的航班或最快的方式运送到收货人手中。航空快递是一种较新型的运输方式。目前，航空快递的主要业务形式有："门到门""门到机场""机场到机场""专人随机派送"。

货到付款：是货物先予运输，运输费用在目的地支付的一种运输方式。

货主押运：指在运输过程中，由于货物需要专人照料或监护，由托运人派遣专人随机押运的一种运输方式。

我国的航空货运业是随着改革开放后的航空运输业一起发展的，各个公司在改革开放后纷纷开展航空货运业务，开始形成航空货运网络。近年来，航空货运业的发展较快，对国民经济的贡献也越来越大。世界经济贸易一体化的发展给航空货运提供了很好的发展环境，我国的经济贸易也呈持续稳定发展的态势，奠定了坚实的基础。但是，跟世界航空货运比起来，我国的航空货运还存在一些差距。航空货运的总量与世界航空货运比较差距较大，国内现在还没有能跟 UPS、联邦快递、汉莎货运等大型航空货运公司相抗衡的货运公司。国内航空货运公司的货运能力不大，在国际航线上的竞争力比较弱。

现在的航空货运发展随着现代物流和电子商务的繁荣，有了新的机遇。电子商务的发展，使得供应商直接跟最终用户沟通，为了满足最终用户的需求，必须依靠高效的航空运输来整合信息流、商品流、资金流。航空速递业应运而生，航空货运朝着物流化的方向发展，而且与物流业的整合度越高，航空货运的发展越是凸显出自身高效、高速的优势。

二、航空货物运输关系

航空货物运输关系是指由特定的运输主体、运输客体和运输内容三大部分相互联系、相互依存而构成的特定的运输关系。

（一）航空货物运输活动的主体

航空货物运输活动的主体是指航空货物运输活动的当事人或者参与者。

航空货运承运人：指包括接收托运人填开航空货运单或保存货物记录的航空承运人，以及运送或从事承运货物或提供该运输的任何其他服务的所有航空承运人。一般是承担货物运输的航空公司的法人代表。

承运人的责任一般说来主要是保证所运输的货物按时、安全地送达目的地。因此，承运人应对货物在运输过程中发生的货物灭失、短少、污染、损坏等负责。一旦发生此类情况，应按实际损失给予赔偿。这种损失必须发生在承运人的责任期间内。承运人的责任期间一般是从货物由托运人交付承运人时起，至货物由承运人交付收货人为止。

托运人：在货物运输合同中，将货物托付承运人按照合同约定的时间运送到指定地点，向承运人支付相应报酬的一方当事人，称为托运人。托运人一般是货物的发货人，托运人有可能是货主，有可能不是。如网购中的货主为最终用户，商品供应商是托运人，航空快递公司是承运人。因此，网购中的托运人就不能等同于货主。

收货人：航空货运单上指明的货物收取的一方。收货人的情况较为复杂，有可能是货主，有可能是货代，也有可能是进口商。

（二）航空货物运输活动的客体

航空货物运输活动的客体是指航空货物运输主体的经济行为所指向的对象。

（三）航空货物运输活动的内容

航空货物运输活动的内容是指航空货物运输主体和客体两者结合所构成的特定运输行为。货物的航空运输行为包括：托运人或收货人的交货、收货行为；代理人的揽接货、订舱、制单报关行为；航空公司的货物运送行为。

（四）航空货物运输的相关环节

航空货物运输的相关环节包括：海关、检验检疫、保险。

（1）海关。海关是国家在对外开放的口岸和海关监管业务集中的地点设立的机关。海关总署隶属于国务院领导，对全国各地的海关机构实行垂直领导，不受行政区划的分割和限制。海关的基本任务是：监管、征收关税和其他税费、查缉走私、编制海关统计。

（2）检验检疫。为维护各国对外贸易的信誉，保护各国的自身利益不受侵害，世界各国普遍制定了有关法律，对进出口商品实行强制性的检验、检疫制度。由国家授权有关机关实施管理。进、出口列入检验范围的货物，必须有检验、检疫机关签发的批准证件，海关才准许验放货物。

（3）保险。航空货物运输保险是航空运输保险人与被保险人，即保险公司与航空货物的进出口商之间订立的一项保险契约。在被保险人交纳了保险费后，保险人根据契约的规定，对货物在运输过程中发生的损失给予被保险人经济上的补偿。航空货物运输保险属于财产保险的范畴，它随着航空货物运输的发展而发展，但又反过来促进航空货物运输的发展。

第三单元 >>>>>>>>>>

航空货物运输的国际法律依据

航空法是规定领空主权、管理空中航行和民用航空活动的法律规范的总称。航空法主要是调整民用航空活动所产生的各种社会关系的法律。

一、航空法的重要作用

（1）维护国家领空主权和航空权益。

（2）加强政府职能。强化行业管理，协调各方面的关系，保证合理和有效地使用空域，充分发挥市场机制作用，加强宏观调控，促进民用航空持续、快速和健康发展。

（3）管理空中航行，维持空中交通秩序，严格技术标准和操作规程，保障飞行安全。

（4）加强安全保卫，严厉打击刑事犯罪活动，坚决制止一切非法扰民用航空活动的行为的发生。

（5）正确调整民用航空民商法律关系，保护民用航空活动当事人各方的合法权益，保护公众利益。

（6）正确处理发展民用航空和加强国防建设的关系，协调好军民航关系，平战结合，统筹规划。

二、航空法渊源

在航空法规的渊源中，多边国际公约是其中最重要的，36 个国际公约中，正在生效并普遍适用的有三大系列共 5 个公约，即《芝加哥公约》《华沙公约》《东京公约》《海牙公约》和《蒙特利尔公约》。除了多边国际公约外，航空法规的渊源还包括双边协定、国内法及法院判例、国际法的一般原则和习惯国际法、IATA 的各项决议等。

多边国际公约的三大体系是指：

《芝加哥公约》体系，以《芝加哥公约》为主体而形成的公法体系，称为航空公法。

《华沙公约》体系，以《华沙公约》为主体，处理在国际航空中承运人和乘客及货主之间的责任的法规，称为航空私法，包括其后的对该条约修改的各项议定书。

航空刑法体系，以《东京公约》《海牙公约》《蒙特利尔公约》《蒙特利尔议定书》为主体而形成的航空安全刑事法律体系，处理航空器上的犯罪行为，称为航空刑法。

自从我国加入了以上公约，这些国际航空法也成了我国开展国际民用航空活动的国际法律依据。

1. 芝加哥公约体系

《芝加哥公约》，也称《国际民用航空公约》，于 1944 年 12 月 7 日签署，1947 年 4 月 4 日生效，是当前国际广泛接受的国际公约之一，为管理世界航空运输奠定了法律基础，是国际民航组织的宪法。

我国是《芝加哥公约》的缔约国，1946 年 2 月 20 日中国政府批准加入该公约，1947 年 4 月 4 日公约对中国生效。1974 年 2 月 15 日，中华人民共和国政府函告国际民航组织，承认 1944 年 12 月 9 日当时的中国政府签署并于 1946 年 2 月 20 日交存批准书的该公约。该公约自 1997 年 7 月 1 日、1999 年 12 月 20 日起分别适用于香港、澳门特别行政区。

《芝加哥公约》的主要内容包括：

（1）确认国家航空主权原则。公约规定，缔约各国承认每一国家对其领土之上的空气空间具有完全的排他的主权。

（2）适用范围。公约只适用于民用航空器。

（3）飞机的权利。公约规定，关于不定期航空业务，各缔约国同意不需要事先批准，一飞机有权飞入另一国领土，或通过领土作不停降的飞行；关于定期航班，则需要通过签订双边协定的方式，才得以在该国领空飞行或进入该领土。

（4）国家主权。公约规定各缔约国有权拒绝外国飞机在其国内两个地点之间经营商业性客货运输，以及因军事需要或公共安全的理由可以设置飞行禁区。

（5）设立国际民用航空组织。为及时处理因民用航空迅速发展而出现的技术、经济及法律问题，设立国际民用航空组织作为公约的常设机构。公约规定了该机构的名称、目的，大会、理事会、航空委员会等的组成及职责。

（6）争议和违约。公约规定，缔约国发生争议可提交理事会裁决，或向国际法庭上诉；对空运企业不遵守公约规定者，理事会可停止其飞行权；对违反规定的缔约国，可暂停其在大会、理事会的表决权。

芝加哥公约对国际民航领域的基本问题作了规定，除序言外，有空中航行、国际民用航空组织、国际航空运输和最后条款四部分，另外还有有关国际标准和建议措施的 18 个附件，分别涉及了国际民用航空的各个领域，包括：

附件一：人员执照的颁发

附件二：《空中规则》

附件三：《国际航空气象服务》

附件四：《航图》

附件五：《空中和地面运行中所使用的计量单位》

附件六：《航空器的运行》

第 Ⅰ 部分　国际商业航空运输——定翼飞机

第 Ⅱ 部分　国际通用航空——定翼飞机

第 Ⅲ 部分　国际运行——直升机

附件七：《航空器国籍和登记标志》

附件八：《航空器适航性》

附件九：《简化手续》

附件十：《航空电信》（第 Ⅰ 、Ⅱ 、Ⅲ 、Ⅳ 和 Ⅴ 卷）

附件十一：《空中交通服务》

附件十二：《搜寻与援救》

附件十三：《航空器事故和事故征候调查》

附件十四：《机场》

第 Ⅰ 卷——《机场的设计和运行》

第 Ⅱ 卷——《直升机场》

附件十五：《航空情报服务》

附件十六：《环境保护》（第 Ⅰ 卷和第 Ⅱ 卷）

附件十七：《保安——保护国际民用航空免遭非法干扰行为》

附件十八：危险品的安全航空运输

2. 华沙体系

《华沙公约》，全称《统一国际航空运输某些规则的公约》，1929 年 9 月 12 日订于波兰华沙。1933 年 2 月 13 日生效，后经多次修改，我国于 1957 年 7 月通知加入，1958 年 10 月对我国生效。华沙公约就运输凭证和航空承运人责任形成统一规则，是私法领域的典范，涉及航空运输中的民事责任的认责。

华沙公约主要内容包括航空运输的业务范围，运输票证、承运人的责任、损害赔偿标准等，形成了国际航空运输上的"华沙体系"。具体有：

1929 年 10 月 12 日在华沙签订的《统一国际航空运输某些规则的公约》；

1955 年 9 月订于海牙的《海牙议定书》；

1961 年 9 月订于瓜达拉哈拉的《瓜达拉哈拉公约》；

1971 年 3 月订于危地马拉城的《危地马拉城议定书》；

1975 年 9 月 25 日于蒙特利尔达成并实施的 4 个对 1929 年《华沙公约》修改的议定书和附加议定书。

华沙公约用于解决国际航空运输中的旅客、行李、货物的损害事件的民事责任问题。航空活动的国际性，决定了当发生航空事故或与旅客、货主之间产生纠纷时，在管辖法院

与适用法律的选择上会引起复杂的问题，因此，一部统一的航空民事责任法典是必需的。华沙公约体系在调整国际航空运输私法关系上起到了重要作用。

但是，旧华沙体系有一定的弊端，华沙体系的几个文件是并存的，存在冲突。由于这样的原因，ICAO 成立专门小组，新的公约《统一国际航空运输的某些规则的公约》于1999 年在蒙特利尔诞生，这个新的文件也被称为《蒙特利尔公约》。"1999 年蒙特利尔公约"高度概括了旧华沙体制，并有了进一步的完善。

3. 航空刑法体系

以《东京公约》《海牙公约》《蒙特利尔公约》《蒙特利尔议定书》为主体而形成的航空安全刑事法律体系。这四个文件就犯罪定义、适用范围、指控、逮捕、拘留、初步调查程序、起诉和引渡、惩罚犯罪、缔约国权利和责任、机长权利都作了具体的规定，构成了国际航空的第三大序列，"航空刑法序列"。

1963 年的《东京公约》，全称《关于在航空器上犯罪及其他某些行为的公约》，规定了犯罪的定义为：①违反刑法的犯罪；②可能或确已危害航空器或其所载人员或财产的安全；③危害航空器内的正常秩序和纪律的行为。《东京公约》首次对机长的权利作了规定，这是一个重要的创举。

1970 年的《海牙公约》，全称《制止非法劫持航空器公约》，俗称"反劫机"公约，是在"东京公约"制止劫机事件不力的前提下诞生的。针对劫机，《海牙公约》对犯罪的定义为：①用暴力或用暴力威胁，或用其他精神胁迫方式，非法劫持或控制该航空器；②此类任何未遂行为；③以上 A、B 两项的共犯。

1971 年的《蒙特利尔公约》，全称《制止危害民用航空安全的非法行为公约》，俗称"反破坏"公约。由于《海牙公约》主要针对非法劫持或控制正在飞行中的航空器，然而，危害航空安全的犯罪无处不在，破坏航空器的犯罪经常发生。为了应对多种多样的犯罪行为，所以《蒙特利尔公约》诞生了。

除了以上三个公约，还有 1988 年的《蒙特利尔议定书》，全称为《制止在为国际民用航空服务的机场上的非法暴力行为的议定书》。这是 1971 年的《蒙特利尔公约》的补充，对犯罪的定义作了补充，犯罪的定义为：任何人使用一种装置、物资或武器，非法地、故意地作为下列行为，即为犯罪：①在用于国际民用航空的机场内，对人实施暴力行为，造成或足以造成重伤或死亡者；②毁坏或严重损害用于国际民用航空的机场设备或停在机场上不在使用中的航空器，或者中断机场服务以至危及或足以危及机场安全者。

第四单元 »»»»»»»»»
国际航空运输行业组织

一、国际民用航空组织

国际民用航空组织（ICAO，International Civil Aviation Organization，标志见图 1.7）是联合国的一个专门机构，是协调各国有关民航经济和法律义务，并制定各种民航技术标准和航行规则的国际组织。ICAO 的主要活动是研究国际民用航空的问题，制定民用航空的国际标准和规章，鼓励使用安全措施、统一业务规章和简化国际边界手续。ICAO 在

图 1.7 ICAO 标志

1944 年为促进全世界民用航空安全、有序地发展而成立，总部设在加拿大蒙特利尔，是 191 个缔约国（截至 2011 年）在民航领域中开展合作的媒介。我国是 ICAO 的第一类理事国。

1. ICAO 的成立背景

国际民航组织的前身为 1919 年《巴黎公约》成立的空中航行国际委员会（ICAN）。第二次世界大战后，航空器技术发展由于战争的推动有了巨大的进步，在世界范围内渐渐形成了包括客货运输在内的航线网络，随之也引起了一系列需要国际社会共同协商解决的政治上和技术上的问题。因此，在美国政府的邀请下，52 个国家于 1944 年 11 月 1 日至 12 月 7 日参加了在芝加哥召开的国际会议，签订了《国际民用航空公约》（通称《芝加哥公约》），按照公约规定成立了临时国际民航组织（PICAO）。

1947 年 4 月 4 日，《芝加哥公约》正式生效，国际民航组织也因之正式成立，总部设在加拿大的蒙特利尔。ICAO 于 5 月 6 日召开了第一次大会。同年 5 月 13 日，国际民航组织正式成为联合国的一个专门机构。1947 年 12 月 31 日，"空中航行国际委员会"终止，并将其资产转移给"国际民用航空组织"。

2. ICAO 的宗旨和目的

《国际民用航空公约》的第四十四条规定了国际民航组织（ICAO）的宗旨和目的：

国际民用航空组织的宗旨和目的在于发展国际航行的原则和技术，并促进国际航空运输的规划和发展，ICAO 的宗旨和目的主要有：

①保证全世界国际民用航空安全地和有秩序地发展；

②鼓励为和平用途的航空器的设计和操作艺术；

③鼓励发展国际民用航空应用的航路、机场和航行设施；

④满足世界人民对安全、正常、有效和经济的航空运输的需要；

⑤防止因不合理的竞争而造成经济上的浪费；

⑥保证缔约各国的权利充分受到尊重，每一缔约国均有经营国际空运企业的公平的机会；

⑦避免缔约各国之间的差别待遇；

⑧促进国际航行的飞行安全；

⑨普遍促进国际民用航空在各方面的发展。

以上宗旨和目的主要涉及国际航行和国际航空运输的技术、安全、经济、法律问题，要求国际航空运输的发展要公平合理，要尊重主权，保证国际民航安全、正常、有效、有序地发展。

3. ICAO 的权力机构

国际民航组织的最高权力机构是成员国大会，常设机构为理事会，常设执行机构为秘书处。下设航行、航空运输、技术援助、法律、行政服务 5 个局。

（1）大会。大会是最高权力机构，每三年举行一次。

大会的工作包括每次会议上选举主席等，审查财务预算、决定财务安排，审查理事会程式面报告，对报告采取适当行为，并就理事会向大会提出的任何式面作出决定，处理在本组织职权范围内未经明确指定归理事会处理的任何事项等。

（2）理事会。理事会是向大会负责的常设机构，由 33 个理事国组成，由每届大会选举产生。每年举行三次例会。理事会下设财务、技术合作、非法干扰、航行、新航行系统、运输、联营导航、爱德华奖八个委员会。

（3）秘书处。ICAO 的常设执行机构为秘书处，负责处理日常工作，设五局一室：航空技术、航空运输、法律、技术合作和行政服务五个局，以及对外关系办公室。另外，该组织设西非和中非（达喀尔），南美（利马），北美、中美和加勒比（墨西哥城），中东（开罗），欧洲（巴黎），东非和南非（内罗毕），亚洲和太平洋（北京）七个地区办事处。地区办事处直接由秘书长领导，主要任务是建立和帮助缔约各国实行国际民航组织制定的国际标准和建设措施以及地区规划。

4. ICAO 的主要活动

（1）法规。修订现行国际民航法规条款并制定新的法律文书。主要项目有：

①敦促更多的国家加入关于不对民用航空器使用武力的《芝加哥公约》第 3 分条和在包用、租用和换用航空器时由该航空器登记国向使用国移交某些安全职责的第 83 分条。

②敦促更多的国家加入《国际航班过境协定》。

③起草关于统一承运人赔偿责任制度的《新华沙公约》。

④起草关于导航卫星服务的国际法律框架。

（2）航行。制订并更新关于航行的国际技术标准和建议措施是国际民航组织最主要的工作，《芝加哥公约》的18个附件有17个都是涉及航行技术的。战略工作计划要求这一工作跟上国际民用航空的发展速度，保持这些标准和建议措施的适用性。

规划各地区的国际航路网络、授权有关国家对国际航行提供助航设施和空中交通与气象服务、对各国在其本国领土之内的航行设施和服务提出建议，是国际民航组织"地区规划"的职责，由7个地区办事处负责运作。由于各国越来越追求自己在国际航行中的利益，冲突和纠纷日益增多，致使国际民航组织的统一航行规划难以得到完全实施。战略工作计划要求加强地区规划机制的有效性，更好地协调各国的不同要求。

（3）安全监察。近年的全球民航重大事故率保持在一定水平，但随着航空运输量的增长，如果事故率不变，事故的绝对次数将上升。国际民航组织从20世纪90年代初开始实施安全监察规划，主要内容为各国在自愿的基础上接受国际民航组织对其航空当局安全规章的完善程度以及航空公司的运行安全水平进行评估。这一规划将在第32届大会上发展成为强制性的"航空安全审计计划"，要求所有的缔约国必须接受国际民航组织的安全评估。

安全问题不仅在航空器运行中存在，在航行领域的其他方面也存在，例如空中交通管制和机场运行等。为涵盖安全监察规划所未涉及的方面，国际民航组织还发起了"在航行域寻找安全缺陷"计划。作为航空安全的理论研究，实施的项目有"人类因素"和"防止有控飞行撞地"。

（4）制止非法干扰。制止非法干扰即中国通称的安全保卫或空防安全。这项工作的重点为敦促各缔约国按照附件17"安全保卫"规定的标准和建议措施，特别加强机场的安全保卫工作，同时大力开展国际民航组织的安全保卫培训规划。

（5）实施新航行系统。新航行系统即"国际民航组织通信、导航、监视/空中交通管制系统"，是集计算机网络技术、卫星导航和通信技术以及高速数字数据通信技术为一体的革命性导航系统，将替换现行的陆基导航系统，大大提高航行效率。20世纪80年代末期由国际民航组织提出概念，90年代初完成全球规划，21世纪初已进入过渡实施阶段。这种新系统要达到全球普遍适用的程度，尚有许多非技术问题要解决。战略工作计划要求攻克的难题包括：卫星导航服务（GNSS）的法律框架、运行机构、全球、各地区和各国实施进度的协调与合作、融资与成本回收等。

（6）航空运输服务管理制度。国际民航组织在航空运输领域的重点工作为"简化手续"，即"消除障碍以促进航空器及其旅客、机组、行李、货物和邮件自由地、畅通无阻地跨越国际边界"。18个附件中唯一不涉航行技术问题的就是对简化手续制定标准的建议措施的附件9"简化手续"。

在航空运输管理制度方面，1944 年的国际民航会议曾试图达成一个关于商业航空权的多边协定来取代大量的双边协定，但未获多数代表同意。因此，国家之间商业航空权的交换仍然由双边谈判来决定。国际民航组织在这方面的职责为，研究全球经济大环境变化对航空运输管理制度的影响，为各国提供分析报告和建议，为航空运输中的某些业务制定规范。战略工作计划要求国际民航组织开展的工作有：修订计算机订座系统营运行为规范、研究服务贸易总协定对航空运输管理制度的影响。

（7）统计。《芝加哥公约》第 54 条规定，理事会必须要求、收集、审议和公布统计资料，各成员国有义务报送这些资料。这不仅对指导国际民航组织的审议工作是必要的，而且对协助各国民航当局根据现实情况制定民航政策也是必不可少的。这些统计资料主要包括：承运人运输量、分航段运输量、飞行始发地和目的地、承运人财务、机队和人员、机场业务和财务、航路设施业务和财务、各国注册的航空器、安全、通用航空以及飞行员执照等。

国际民航组织的统计工作还包括经济预测和协助各国规划民航发展。

（8）技术合作。20 世纪 90 年代以前，联合国发展规划署援助资金中 5% 用于发展中国家的民航项目，委托给国际民航组织技术合作局实施。此后，该署改变援助重点，基本不给民航项目拨款。鉴于不少发展中国家引进民航新技术主要依靠外来资金，国际民航组织强调必须继续维持其技术合作机制，资金的来源，一是靠发达国家捐款，二是靠受援助国自筹资金，委托给国际民航组织技术合作局实施。不少发达国家认为国际民航组织技术合作机制效率低，还要从项目资金中提取 13% 的管理费，很少向其捐款，主要选择以双边的方式直接同受援国实施项目。

（9）培训。国际民航组织向各国和各地区的民航训练学院提供援助，使其能向各国人员提供民航各专业领域的在职培训和国外训练。战略工作计划要求，今后培训方面的工作重点是加强课程的标准化和针对性。

二、国际航空运输协会

国际航空运输协会（International Air Transport Association，简称 IATA，标志见图 1.8）是由承运人（航空公司）组成的国际协调组织，是最大的非政府、非营利性的国际性民间组织，是国际航空公司的行业协会，也是全世界最有影响力的航空运输组织。IATA 总部设在加拿大的蒙特利尔，执行机构设在日内瓦，在安曼、雅典、曼谷、达卡、中国香港、雅加达、吉达、吉隆坡、迈阿密、内罗毕、纽约、波多黎各、里约热内卢、圣地亚哥、华沙和华盛顿设有地区办事处。

图 1.8　IATA 标志

1. IATA 的发展简史

1945 年 4 月 16 日在哈瓦那会议上修改并通过了草案章程后，国际航空运输协会成立。同年 10 月，新组织正式成立，定名为国际航空运输协会。第一届年会在加拿大蒙特利尔召开。在全世界近 100 个国家设有办事处，280 家会员航空公司遍及全世界 180 多个国家。在中国有 13 家会员航空公司（除香港、澳门和台湾地区）。凡是 ICAO 成员国的任一经营定期航班的空运企业，经其政府许可后，都可成为该协会的会员。经营国际航班的航空运输企业为正式会员，只经营国内航班的航空运输企业为准会员。

2. IATA 的性质

国际航协从组织形式上是一个航空企业的行业联盟，属非官方性质组织，但是由于世界上的大多数国家的航空公司是国家所有，即使非国有的航空公司也受到所属国政府的强力干预或控制，因此航协实际上是一个半官方组织。它制定运价的活动，也必须在各国政府授权下进行，它的清算所对全世界联运票价的结算是一项有助于世界空运发展的公益事业，因而国际航协发挥着通过航空运输企业来协调和沟通政府间政策，解决实际运作困难的重要作用。

3. IATA 的宗旨

协会的宗旨是"为了世界人民的利益，促进安全、正常和经济的航空运输，扶植航空交通，并研究与此有关的问题"；"对于直接或间接从事国际航空运输工作的各空运企业提供合作的途径"；"与国际民航组织及其他国际组织协力合作"。

4. 组织结构

年度大会是最高权力机构；执行委员会有 27 个执行委员，由年会选出的空运企业高级人员组成，任期三年，每年改选 1/3，协会的年度主席是执委会的当然委员。常设委员会有运输业务、技术、财务和法律委员会；秘书处是办事机构。在新加坡、日内瓦、贝鲁特、布宜诺斯艾利斯、华盛顿设地区运输业务服务处；在曼谷、日内瓦、伦敦、内罗毕、里约热内卢和达喀尔设地区技术办事处；在日内瓦设清算所。

5. IATA 的机构组成

协会的最高权力机构为全体会议，每年一次，常设机构是"执行委员会"，另有 4 个专门委员会分管法律、业务、财务和技术。下属部门包括运输部、法律部、技术部、政府和行业事务部、行业自动化和财务服务部、公共关系部，同时 IATA 内部设置 5 个业务局，分别负责会员联络、航空培训、行业结算、航行与基础设施和人事行政事务。目前有雇员 1 700 多名，最高行政官员是理事长。

（1）全体会议。全体会议是国际航空运输协会的最高权力机构，每年举行一次会议，经执行委员会召集，也可随时召开特别会议。所有正式会员在决议中都拥有平等的一票表决权，如果不能参加，也可授权另一正式会员代表其出席会议并表决。全体会议的决定

以多数票通过。在全体会议上，审议的问题只限于涉及国际航空运输协会本身的重大问题，如选举协会的主席和执行委员会委员、成立有关的委员会以及审议本组织的财政问题等。

（2）执行委员会。执行委员会是全会的代表机构，对外全权代表国际航空运输协会。执行委员会成员必须是正式会员的代表，任期分别为一年、二年和三年。执行委员会的职责，包括管理协会的财产、设置分支机构、制定协会的政策等。执行委员会的理事长是协会的最高行政和执行官员，在执行委员会的监督和授权下行使职责并对执行委员会负责。在一般情况下，执行委员会应在年会即全体会议之前召开，其他会议时间由执行委员会规定。执行委员会下设秘书长、专门委员会和内部办事机构，维持协会的日常工作。目前执行委员会有 30 名成员。

（3）专门委员会。国际航空运输协会分为运输、财务、法律和技术委员会。各委员会由专家、区域代表及其他人员组成并报执行委员会和大会批准。目前运输委员会有 30 名成员，财务委员会有 25 名成员，技术委员会有 30 名成员，法律委员会有 30 名成员。

6. IATA 的基本职能和主要活动

协会的基本职能包括：国际航空运输规则的统一，业务代理，空运企业间的财务结算，技术上合作，参与机场活动，协调国际航空客货运价，航空法律工作，帮助发展中国家航空公司培训高级和专门人员。

国际航空运输协会的活动分为三种：

①同业活动——代表会员进行会外活动，向具有权威的国际组织和国家当局申诉意见，以维护会员的利益；

②协调活动——监督世界性的销售代表系统，建立经营标准和程序，协调国际航空运价，会员航空公司可以选择参加。主要讨论客票价格、货运费率与运价、代理人佣金率等问题；

③行业服务活动——承办出版物、财务金融、市场调研、会议、培训等服务项目。通过上述活动，统一国际航空运输的规则和承运条件、办理业务代理及空运企业间的财务结算、协调运价和班期时刻、促进技术合作、参与机场活动、进行人员培训等。

三、国际货运代理协会联合会

国际货运代理协会联合会（International Federation of Freight Forwarders Associations，标志见图 1.9）法文缩写 FIA-TA——"菲亚塔"，是一个非营利性的国际货运代理行业组织。国际货运代理协会联合会是世界国际货运代理的行业组织。该会于 1926 年 5 月 31 日在奥地利的维也纳成立，总部设在瑞士苏黎世，并分别在欧洲、美洲和太平洋、非洲、中东四个区域设立了地区办事处，任命有地区主席。其中亚洲和

图 1.9　FIATA 标志

太平洋地区秘书处设在印度孟买。

1. FIATA 的宗旨和目的

FIATA 的宗旨和目的是团结全世界的货运代理行业，保障和提高国际货运代理在全球的利益，其成员包括世界各国的国际货运代理行业，拥有 97 个国家级会员和 2 600 多个个体会员，代表了世界上 150 多个国家与地区的 40 000 多个货运代理公司和 800 万～1 000 万的从业人员，是一个全球物流行业中最大的非政府和非营利性国际组织，具有广泛的国际影响力。

FIATA 以顾问或专家身份参加国际性组织，处理运输业务，代表、促进和保护运输业的利益；通过发布信息、分发出版物等方式，使贸易界、工业界和公众熟悉货运代理人提供的服务；提高制定和推广统一货运代理单据、标准交易条件，改进和提高货运代理的服务质量，协助货运代理人进行职业培训，处理责任保险问题，提供电子商务工具。

2. FIATA 的机构组成

FIATA 的最高权力机构是会员代表大会，下设主席团。主席团对外代表 FIATA，对内负责 FIATA 的管理。代表权通常由主席团的两名成员共同行使。主席团由主席、上届主席、三位副主席、秘书长、司库组成，任期两年，每年至少召开两次会议，以多数票通过决议。在赞成票和反对票相当的情况下，主席拥有最终决定权。

FIATA 设有三个研究机构：航空货运研究部、海关事务研究部、多式联运研究部。研究部下设工作组，五个咨询部门：危险货物咨询委员会、信息技术咨询委员会、法律事务咨询委员会、公共关系咨询委员会、职业培训咨询委员会。

FIATA 每年举行一次世界性的代表大会，即 FIATA 年会。大会通过 FIATA 上年度的工作报告和财务预算，并对一年内世界货运代理业所发生的重大事件进行回顾，探讨影响行业发展的紧迫问题，通过主要的法规和条例，促进世界贸易和货运代理业健康发展。

FIATA 被联合国及许多政府组织、权威机构和非政府的国际组织，如国际商会、国际航空运输协会、国际铁路联合会、国际公路运输联合会、世界海关组织等认为是国际货运代理行业的代表。FIATA 制定了《国际货运代理业示范规则》《国际货运代理标准交易条件》以及有关单据、凭证格式，供会员采用。

第五单元 »»»»»»»
中国民用航空管理机构

一、中国民用航空局

中国民用航空局（简称中国民航局或民航局，Civil Aviation Administration of China，简称CAAC，标志见图1.10）是中华人民共和国主管民用航空事业的主管部门，归交通运输部管理。2008年以前是由国务院管理的中国民用航空总局，2008年3月，由国务院直属机构改制为部委管理的国家局，同时更名为中国民用航空局。

图 1.10 CAAC 标志

1. 历史沿革

中国民用航空局发展主要历经四个阶段：

（1）第一阶段（1949—1978年）：

1958年2月27日，国务院通知：中国民用航空局划归交通部领导。1960年11月17日，经国务院编制委员会讨论原则通过，决定中国民用航空局改称"交通部民用航空总局"。为部属一级管理全国民用航空事业的综合性总局，负责经营管理运输航空和专业航空，直接领导地区民用航空管理局的工作。

1962年4月13日，第二届全国人民代表大会常务委员会第五十三次会议决定民航局名称改为"中国民用航空总局"。

1962年4月15日，中央决定将民用航空总局由交通部属改为国务院直属局。

（2）第二阶段（1978—1987年）：

1980年2月14日，邓小平指出："民航一定要企业化"。同年3月5日，中国政府决定民航局脱离军队建制，把中国民航局从隶属于空军改为国务院直属机构，实行企业化管理。这期间中国民航局是政企合一，既是主管民航事务的政府部门，又是以"中国民航（CAAC）"名义直接经营航空运输、通用航空业务的全国性企业。

（3）第三阶段（1987—2002年）：

1987年，中国政府决定对民航业进行以航空公司与机场分设为特征的体制改革。组建了6个国家骨干航空公司，实行自主经营、自负盈亏、平等竞争。这6个国家骨干航空公司是：中国国际航空公司、中国东方航空公司、中国南方航空公司、中国西南航空公司、中国西北航空公司、中国北方航空公司。

1993 年 4 月 19 日，中国民用航空局改称中国民用航空总局，属国务院直属机构。同年 12 月 20 日，中国民用航空总局的机构规格由副部级调整为止部级。

（4）第四阶段（2002 年至今）：

2002 年 3 月，中国政府决定对中国民航业再次进行重组。主要内容有：

①重组六大集团公司，分别是：中国航空集团公司、东方航空集团公司、南方航空集团公司、中国民航信息集团公司、中国航空油料集团公司、中国航空器材进出口集团公司。成立后的集团公司与民航总局脱钩，交由中央管理。

②民航政府监管机构改革民航总局下属 7 个地区管理局（华北地区管理局、东北地区管理局、华东地区管理局、中南地区管理局、西南地区管理局、西北地区管理局、新疆管理局）和 26 个省级安全监督管理办公室（天津、河北、山西、内蒙古、大连、吉林、黑龙江、江苏、浙江、安徽、福建、江西、山东、青岛、河南、湖北、湖南、海南、广西、深圳、重庆、贵州、云南、甘肃、青海、宁夏），对民航事务实施监管。

③机场实行属地管理按照政企分开、属地管理的原则，对 90 个机场进行了属地化管理改革，民航总局直接管理的机场下放所在省（区、市）管理，相关资产、负债和人员一并划转；民航总局与地方政府联合管理的民用机场和军民合用机场，属民航总局管理的资产、负债及相关人员一并划转所在省（区、市）管理。首都机场、西藏自治区区内的民用机场继续由民航总局管理。2004 年 7 月 8 日，随着甘肃机场移交地方，机场属地化管理改革全面完成，也标志着民航体制改革全面完成。

2. CAAC 职责

①提出民航行业发展战略和中长期规划、与综合运输体系相关的专项规划建议，按规定拟订民航有关规划和年度计划并组织实施和监督检查。起草相关法律法规草案、规章草案、政策和标准，推进民航行业体制改革工作。

②承担民航飞行安全和地面安全监管责任。负责民用航空器运营人、航空人员训练机构、民用航空产品及维修单位的审定和监督检查，负责危险品航空运输监管、民用航空器国籍登记和运行评审工作，负责机场飞行程序和运行最低标准监督管理工作，承担民航航空人员资格和民用航空卫生监督管理工作。

③负责民航空中交通管理工作。编制民航空域规划，负责民航航路的建设和管理，负责民航通信导航监视、航行情报、航空气象的监督管理。

④承担民航空防安全监管责任。负责民航安全保卫的监督管理，承担处置劫机、炸机及其他非法干扰民航事件相关工作，负责民航安全检查、机场公安及消防救援的监督管理。

⑤拟订民用航空器事故及事故征候标准，按规定调查处理民用航空器事故。组织协调

民航突发事件应急处置，组织协调重大航空运输和通用航空任务，承担国防动员有关工作。

⑥负责民航机场建设和安全运行的监督管理。负责民用机场的场址、总体规划、工程设计审批和使用许可管理工作，承担民用机场的环境保护、土地使用、净空保护有关管理工作，负责民航专业工程质量的监督管理。

⑦承担航空运输和通用航空市场监管责任。监督检查民航运输服务标准及质量，维护航空消费者权益，负责航空运输和通用航空活动有关许可管理工作。

⑧拟订民航行业价格、收费政策并监督实施，提出民航行业财税等政策建议。按规定权限负责民航建设项目的投资和管理，审核（审批）购租民用航空器的申请。监测民航行业经济效益和运行情况，负责民航行业统计工作。

⑨组织民航重大科技项目开发与应用，推进信息化建设。指导民航行业人力资源开发、科技、教育培训和节能减排工作。

⑩负责民航国际合作与外事工作，维护国家航空权益，开展与港澳台的交流与合作。

⑪管理民航地区行政机构、直属公安机构和空中警察队伍。

⑫承办国务院及交通运输部交办的其他事项。

3. CAAC 机构设置

CAAC 机构设置包括：①综合司；②发展计划司；③国际司；④航空器适航审定司；⑤运输司；⑥飞行标准司；⑦机场司；⑧公安局；⑨全国民航工会；⑩航空安全办公室；⑪空管行业管理办公室；⑫财务司；⑬人事科教司；⑭政策法规司；⑮直属机关党委；⑯党组纪检组；⑰离退休干部局。

二、民航地区管理局

目前，我国拥有七个民用航空管理局，分别是：华北地区管理局、东北地区管理局、华东地区管理局、中南地区管理局、西南地区管理局、西北地区管理局、新疆管理局。相对应地管辖所属地区。

其职责如下：

（1）研究并提出民航事业发展的方针、政策和战略；拟订民航法律、法规草案，经批准后监督执行；推进和指导民航行业体制改革和企业改革工作。

（2）编制民航行业中长期发展规划；对行业实施宏观管理；负责全行业综合统计和信息化工作。

（3）制定保障民用航空安全的方针政策和规章制度，监督管理民航行业的飞行安全和地面安全；制定航空器飞行事故和事故征候标准，按规定调查处理航空器飞行事故。

（4）制定民用航空飞行标准及管理规章制度，对民用航空器运营人实施运行合格审定和持续监督检查，负责民用航空飞行人员、飞行签派人员的资格管理；审批机场飞行程序和运行最低标准；管理民用航空卫生工作。

（5）制定民用航空器适航管理标准和规章制度，负责民用航空器型号合格审定、生产许可审定、适航审查、国籍登记、维修许可审定和维修人员资格管理并持续监督检查。

（6）制定民用航空空中交通管理标准和规章制度，编制民用航空空域规划，负责民航航路的建设和管理，对民用航空器实施空中交通管理，负责空中交通管制人员的资格管理；管理民航导航通信、航行情报和航空气象工作。

（7）制定民用机场建设和安全运行标准及规章制度，监督管理机场建设和安全运行；审批机场总体规划，对民用机场实行使用许可管理；实施对民用机场飞行区适用性、环境保护和土地使用的行业管理。

（8）制定民航安全保卫管理标准和规章，管理民航空防安全；监督检查防范和处置劫机、炸机预案，指导和处理非法干扰民航安全的重大事件；管理和指导机场安检、治安及消防救援工作。

（9）制定航空运输、通用航空政策和规章制度，管理航空运输和通用航空市场；对民航企业实行经营许可管理；组织协调重要运输任务。

（10）研究并提出民航行业价格政策及经济调节办法，监测民航待业经济效益，管理有关预算资金；审核、报批企业购买和租赁民用飞机的申请；研究并提出民航行业劳动工资政策，管理和指导直属单位劳动工资工作。

（11）领导民航地区、自治区、直辖市管理局和管理民航直属院校等事业单位；按规定范围管理干部；组织和指导培训教育工作。

（12）代表国家处理涉外民航事务，负责对外航空谈判、签约并监督实施，维护国家航空权益；参加国际民航组织活动及涉及民航事务的政府间国际组织和多边活动；处理涉及香港、澳门特别行政区及台湾地区民航事务。

（13）负责民航党群工作和思想政治工作。

三、中国航空运输协会

中国航空运输协会（China Air Transport Association，CATA，简称中国航协，标志见图1.11）是依据我国有关法律规定，以民用航空公司为主体，由企、事业法人和社团法人自愿参加结成的、行业性的、不以营利为目的，经中华人民共和国民政部核准登记注册的全国性社团法人。成立于2005年9月26日。

图 1.11　CATA 标志

协会标志的各部分含义表述如下。

环绕的橄榄叶——国际化的象征，代表着和平与祥和，其枝繁叶茂预示着中国航空运输协会的不断发展壮大。

中间的地球形象——象征中国民航飞向世界，是协会成员业务范围的体现。

飞机——协会特点的展现，向上起飞的飞机代表着中国航空运输协会向上发展，腾飞的愿望。

蓝色的圆环——寓意协会为政府与企业以及会员单位之间搭建平台，成为连接各方的纽带。

9颗星——中华民族自古就有以九为大，以九为多之传承。在这里寓意中国航空运输协会将不断发展壮大，谱写璀璨篇章。

整个标志形象鲜明，特点突出，大气、美观，充分体现协会遵守宪法、法律法规和国家的方针政策，按照社会主义市场经济体制要求，努力为航空运输企业服务，为旅客和货主服务，维护行业和航空运输企业的合法权益，为会员单位之间及会员单位与政府部门之间的沟通，发挥桥梁和纽带作用的宗旨。

四、中国民用机场协会

中国民用机场协会（China Civil Airports Association，CCAA，标志见图1.12）是经中国民用航空总局、民政部批准的中国民用机场行业（不含香港、澳门和台湾）唯一的合法代表。协会总部设在北京。

协会按照"共同参与、共同分享、共同成就"的指导思想，以维护会员合法权益为宗旨，采用多

图1.12 CCAA标志

种形式服务会员，诸如举办各类国内外交流会议，收集和评估机场发展信息，组织课题调研和提出政策建言，并受政府委托，起草行业标准，推动新技术运用等。

第二部分 货运业务资料简介

【知识目标】 了解《航空货物运输指南》和《航空货物运价手册》的作用；

了解《航空货物运输指南》和《航空货物运价手册》的概况和主要内容；

学会运价表的使用。

【能力目标】 理解并掌握《航空货物运价手册》的重要作用和运价表的使用；

对《航空货物运输指南》和《航空货物运价手册》中涉及的知识能理解、掌握；

结合实例进一步理解和掌握《航空货物运输指南》和《航空货物运价手册》中的内容。

【案例导入】

北京某货主希望将一批货物从北京运到巴黎，货物共1件，重47 kg，是一件竹编制品，货运代理对货物进行核算以后，对每千克货物按普通货物价格37.51元收取，合计总价收取1 762.97元。货物运抵巴黎后，旅客经其他途径了解到此批货物的运价标准，要求货代重新核算。

根据《航空货物运价手册》中的货物运价规定，对普通货物，最低运价230.00 CNY；普通运价37.51 CNY；若货物重量超过45 kg，对应运价为28.13 CNY。这批货物是普通货物，但总重超过了45 kg，按公布直达运价，应收取每千克28.13元，合计总价应该收取1 322.11元，货代应该返还托运人440.86元。

第一单元 »»»»»»»»
《航空货物运输指南》

一、《航空货物运输指南》介绍

《航空货物运输指南》（OAG），即（OAG-CARGO, Official Airline Guide-Cargo），这是一本月刊，每月出版一期（封面见图1.13），集中了世界各大航空公司货物运输航班时刻表和运价，能够很方便地查询和使用。

二、内容介绍

《航空货物运输指南》的内容包括国际航空运输协会（IATA）的信息；国际时间换算表；银行和公众节日查询；世界上各航空公司及其代码查询；城市和机场代码查询；飞机代码查询；航线查询；航班时刻表查询等。

《航空货物运输指南》可以帮助用户通过查询航班时刻表和航空特性区域的情况来计划航班，提供有助于选择航班的信息，可以帮助用户查询航空公司代码，查询某家航空公司的共享运营商，查询城市机场代码，帮助用户建立和选择自己的中转航线，最短衔接时间、航线等。此外，还提供一些参考资料，包括全球航空公司、美国航空公司的免费电话号码，国际时间计算器，客户服务/广告刊登办法等。《航空货物运输指南》的目录页如图1.14所示。

图 1.13 OAG 封面

Contents	
White Pages	
IATA	3
Ganeral information	
International time calculator	4
Bank and public holidays	6
Airlines of the world	8
Airline designator codes	17
Airline Code nubers	20
City/ airport codes	22
Flight routings	30
Aircraft codes	38
How to use	
The worldwide city-to city schedules	
English	40
Francais	42
Deutsch	44
Espanol	46
Worldwide city-to city sche dules	49
Airline feature secition	AF1

图 1.14 《航空货物运输指南》目录页

其中"the worldwide city-to-city schedules"主要包括全货机机型和可装载集装货物的客机机型所执行的航班信息。

《航空货物运输指南》中对如何使用航班时刻表注释如图 1.15—图 1.17 所示。

图 1.15　如何使用航班时刻表注释一

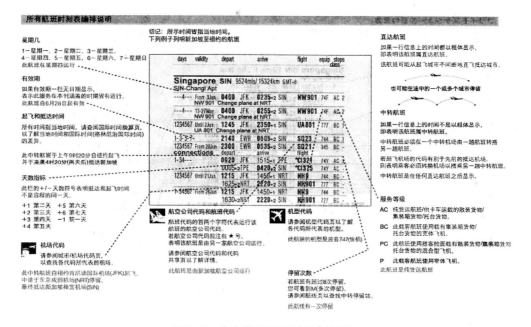

图 1.16　如何使用航班时刻表注释二

图 1.17　如何使用航班时刻表注释三

　　《航空货物运输指南》中公布了国际时间换算表，来准确换算当地时间和世界标准时间，如图1.18、图1.19所示。

349

International time calculator

Standard Clock Time is shown in hours and minutes fast (+) or slow (-) of Greenwich Mean Time (GMT). Many countries also have a period of Daylight Saving Time (DST). This is shown together with the period it is effective.

Countries with more than one time zone are marked **.
To establish the local time for any particular city, please refer to the entry in the Flight schedules section.

	Hours ±GMT	DST ±GMT	Daylight saving time DST (period)
A			
Afghanistan	+4.30		
Albania	+1	+2	27 Mar 05 - 30 Oct 05
Algeria	+1		
American Samoa	-11		
Andorra	+1	+2	27 Mar 05 - 30 Oct 05
Angola	+1		
Anguilla, Leeward Islands	-4		
Antarctica	-4		
Antigua and Barbuda, Leeward Islands	-4		
Argentina	-3		
Armenia	+4	+5	27 Mar 05 - 30 Oct 05
Aruba	-4		
Australia**			
Lord Howe Island	+10.30	+11	31 Oct 04 - 27 Mar 05
Capital Territory, NSW (excluding Lord Howe Island, Broken Hill), Victoria	+10	+11	31 Oct 04 - 27 Mar 05
Northern Territory	+9.30		
Queensland	+10		
South Australia, Broken Hill	+9.30	+10.30	31 Oct 04 - 27 Mar 05
Western Australia	+8		
Tasmania	+10	+11	31 Oct 04 - 27 Mar 05
Austria	+1	+2	27 Mar 05 - 30 Oct 05
Azerbaijan	+4	+5	27 Mar 05 - 30 Oct 05
B			
Bahamas	-5	-4	03 Apr 05 - 30 Oct 05
Bahrain	+3		
Bangladesh	+6		
Barbados	-4		
Belarus	+2	+3	27 Mar 05 - 30 Oct 05
Belgium	+1	+2	27 Mar 05 - 30 Oct 05
Belize	-6		
Benin	+1		
Bermuda	-4	-3	03 Apr 05 - 30 Oct 05
Bhutan	+6		
Bolivia	-4		
Bosnia and Herzegovina	+1	+2	27 Mar 05 - 30 Oct 05
Botswana	+2		
Brazil**			
Alagoas, Amapa, Bahia, Ceara, East Para, Maranhao, Paraiba, Pernambuco, Piaui, Rio Grande do Norte, Sergipe, Tocantins	-3		
Amazonas, Rondonia, Roraima, West Para	-4		
Acre, Tabatinga	-5		
Fernando de Noronha	-2		
Espirito Santo, Federal District, Goias, Minas Gerais, Parana, Rio De Janeiro, Rio Grande do Sul, Santa Catarina, Sao Paulo	-3	-2	02 Nov 04 - 19 Feb 05
Mato Grosso, Mato Grosso do Sul	-4	-3	02 Nov 04 - 19 Feb 05
Brunei Darussalam	+8		
Bulgaria	+2	+3	27 Mar 05 - 29 Oct 05
Burkina Faso	GMT		
Burundi	+2		
C			
Cambodia	+7		
Cameroon	+1		
Canada**			
Newfoundland Island excluding Labrador	-3.30	-2.30	03 Apr 05 - 30 Oct 05
Atlantic Area including Labrador	-4	-3	03 Apr 05 - 30 Oct 05
Eastern Time	-5	-4	03 Apr 05 - 30 Oct 05
Central Time except Saskatchewan	-6	-5	03 Apr 05 - 30 Oct 05
Mountain Time	-7	-6	03 Apr 05 - 30 Oct 05
Pacific Time	-8	-7	03 Apr 05 - 30 Oct 05
Atlantic Areas not observing DST	-4		
Eastern Areas not observing DST	-5		
Saskatchewan	-6		
Mountain Areas not observing DST	-7		
Cape Verde	-1		
Cayman Islands	-5		
Central African Republic	+1		
Chad	+1		
Chile**			
Mainland	-4	-3	10 Oct 04 - 12 Mar 05
Easter Island	-6	-5	10 Oct 04 - 12 Mar 05
China	+8		
Chinese Taipei	+8		
Christmas Island, Indian Ocean	+7		
Cocos (Keeling) Islands	+6.30		
Colombia	-5		
Comoros	+3		
Congo	+1		
Congo Democratic Republic of**			
Kinshasa, Bandunga, Bas-Congo, Equateur	+1		
Kasai, Kivu, Maniema, Katanga, Orientale	+2		
Cook Islands	-10		
Costa Rica	-6		
Cote d'Ivoire	GMT		
Croatia	+1	+2	27 Mar 05 - 30 Oct 05
Cuba	-5	-4	28 Mar 04 - 26 Mar 05
Cyprus**			
Cyprus except Ercan	+2	+3	27 Mar 05 - 30 Oct 05
Ercan	+2	+3	27 Mar 05 - 30 Oct 05
Czech Republic	+1	+2	27 Mar 05 - 30 Oct 05
D			
Denmark	+1	+2	27 Mar 05 - 30 Oct 05
Djibouti	+3		
Dominica	-4		
Dominican Republic	-4		
E			
Ecuador**			
Mainland	-5		
Galapagos Islands	-6		
Egypt	+2	+3	29 Apr 05 - 29 Sep 05
El Salvador	-6		
Equatorial Guinea	+1		
Eritrea	+3		
Estonia	+2	+3	27 Mar 05 - 30 Oct 05
Ethiopia	+3		
F			
Falkland Islands	-4	-3	05 Sep 04 - 22 Apr 05
Faroe Islands	GMT	+1	27 Mar 05 - 30 Oct 05
Fiji	+12		
Finland	+2	+3	27 Mar 05 - 30 Oct 05
France	+1	+2	27 Mar 05 - 30 Oct 05
French Guiana	-3		
French Polynesia**			
Marquesas Island	-9.30		
French Polynesia except Marquesas Island and Gambier Island	-10		
Gambier Island	-9		
G			
Gabon	+1		
Gambia	GMT		
Georgia	+3	+4	27 Mar 05 - 30 Oct 05
Germany	+1	+2	27 Mar 05 - 30 Oct 05
Ghana	GMT		
Gibraltar	+1	+2	27 Mar 05 - 30 Oct 05
Greece	+2	+3	27 Mar 05 - 30 Oct 05
Greenland**			
Greenland except Pituffik, Ittoqqortoormiit, Nerlerit Inaat	-3	-2	26 Mar 05 - 29 Oct 05
Pituffik	-4	-3	03 Apr 05 - 30 Oct 05
Ittoqqortoormiit, Nerlerit Inaat	-1	GMT	27 Mar 05 - 30 Oct 05
Grenada, Windward Islands	-4		
Guadeloupe	-4		
Guam	+10		
Guatemala	-6		
Guinea	GMT		
Guinea-Bissau	GMT		
Guyana	-4		
H			
Haiti	-5		
Honduras	-6		
Hong Kong (SAR) China	+8		
Hungary	+1	+2	27 Mar 05 - 30 Oct 05
I			
Iceland	GMT		
India including Andaman Islands	+5.30		
Indonesia**			
Western, including Sumatera, Jawa, Kalimantan Barat and Kalimantan Tengah	+7		
Central, including Sulawesi, Kalimantan Selatan, Kalimantan Timur and Nusa Tenggara	+8		
Eastern, Including Maluku and Papua	+9		
Iran Islamic Republic of	+3.30	+4.30	22 Mar 05 - 21 Sep 05
Iraq	+3	+4	01 Apr 05 - 01 Oct 05
Ireland Republic of	GMT	+1	27 Mar 05 - 30 Oct 05
Israel	+2	+3	01 Apr 05 - 09 Oct 05
Italy	+1	+2	27 Mar 05 - 30 Oct 05
J			
Jamaica	-5		
Japan	+9		
Jordan	+2	+3	25 Mar 05 - 28 Oct 05
K			
Kazakhstan**			
Western Kazakhstan, Aktau, Atyrau, Uralsk	+4	+5	27 Mar 05 - 29 Oct 05
Central Kazakhstan, Aktyubinsk	+5	+6	27 Mar 05 - 29 Oct 05
Eastern Kazakstan, all except Aktau, Aktyubinsk, Atyrau, Uralsk	+6	+7	27 Mar 05 - 29 Oct 05
Kenya	+3		
Kiribati**			
Gilbert Islands	+12		
Line Islands	+14		
Phoenix Islands	+13		
Korea Democratic People's Republic of	+9		
Korea Republic of	+9		
Kuwait	+3		
Kyrgyzstan	+5	+6	27 Mar 05 - 30 Oct 05
L			
Lao People's Democratic Republic	+7		
Latvia	+2	+3	27 Mar 05 - 30 Oct 05
Lebanon	+2	+3	27 Mar 05 - 29 Oct 05
Lesotho	+2		
Liberia	GMT		
Libyan Arab Jamahiriya	+2		
Liechtenstein	+1	+2	27 Mar 05 - 30 Oct 05
Lithuania	+2	+3	27 Mar 05 - 30 Oct 05
Luxembourg	+1	+2	27 Mar 05 - 30 Oct 05
M			
Macao (SAR) China	+8		
Macedonia Former Yugoslav Republic of	+1	+2	27 Mar 05 - 30 Oct 05
Madagascar	+3		
Malawi	+2		
Malaysia	+8		
Maldives	+5		
Mali	GMT		
Malta	+1	+2	27 Mar 05 - 30 Oct 05
Marshall Islands	+12		
Martinique	-4		
Mauritania	GMT		
Mauritius	+4		
Mayotte	+3		
Mexico**			
Mexico, Rest	-6	-5	03 Apr 05 - 30 Oct 05
Baja California Sur, Chihuahua, Nayarit, Sinaloa	-7	-6	03 Apr 05 - 30 Oct 05
Baja California Norte	-8	-7	03 Apr 05 - 30 Oct 05
Sonora	-7		
Micronesia Federated States of**			
except Kosrae, Pohnpei	+10		
Kosrae and Pohnpei	+11		
Moldova Republic of	+2	+3	27 Mar 05 - 29 Oct 05
Monaco	+1	+2	27 Mar 05 - 30 Oct 05
Mongolia	+8	+9	26 Mar 05 - 01 Oct 05
Montserrat, Leeward Islands	-4		
Morocco	GMT		
Mozambique	+2		
Myanmar	+6.30		

January, 2005

图1.18　国际时间换算表一

International time calculator

N	Hours ±GMT	DST ±GMT	Daylight saving time DST (period)
Namibia	+1	+2	05 Sep 04 - 03 Apr 05
Nauru	+12		
Nepal	+5.45		
Netherlands	+1	+2	27 Mar 05 - 30 Oct 05
Netherlands Antilles	-4		
New Caledonia			
including Loyalty Island	+11		
New Zealand**			
Mainland except Chatham Island	+12	+13	03 Oct 04 - 20 Mar 05
Chatham Island	+12.45	+13.45	03 Oct 04 - 20 Mar 05
Nicaragua	-6		
Niger	+1		
Nigeria	+1		
Niue	-11		
Norfolk Island	+11.30		
Northern Mariana Islands (except Guam)	+10		
Norway	+1	+2	27 Mar 05 - 30 Oct 05

O	Hours ±GMT	DST ±GMT	Daylight saving time DST (period)
Oman	+4		

P	Hours ±GMT	DST ±GMT	Daylight saving time DST (period)
Pakistan	+5		
Palau	+9		
Panama	-5		
Papua New Guinea	+10		
Paraguay	-4	-3	17 Oct 04 - 12 Mar 05
Peru	-5		
Philippines	+8		
Pitcairn Islands	-8		
Poland	+1	+2	27 Mar 05 - 30 Oct 05
Portugal**			
Mainland	GMT	+1	27 Mar 05 - 30 Oct 05
Madeira	GMT	+1	27 Mar 05 - 30 Oct 05
Azores	-1	GMT	27 Mar 05 - 30 Oct 05
Puerto Rico	-4		

Q	Hours ±GMT	DST ±GMT	Daylight saving time DST (period)
Qatar	+3		

R	Hours ±GMT	DST ±GMT	Daylight saving time DST (period)
Reunion	+4		
Romania	+2	+3	27 Mar 05 - 29 Oct 05
Russian Federation**			
Kaliningrad	+2	+3	27 Mar 05 - 30 Oct 05
Moscow, St Petersburg, Astrakhan, Naryan-Ma	+3	+4	27 Mar 05 - 30 Oct 05
Izhevsk, Samara	+4	+5	27 Mar 05 - 30 Oct 05
Perm, Nizhnevartovsk, Ekaterinburg	+5	+6	27 Mar 05 - 30 Oct 05
Omsk and Novosibirsk	+6	+7	27 Mar 05 - 30 Oct 05
Norilsk, Kyzyl	+7	+8	27 Mar 05 - 30 Oct 05
Bratsk, Ulan-Ude	+8	+9	27 Mar 05 - 30 Oct 05
Chita, Yakutsk	+9	+10	27 Mar 05 - 30 Oct 05
Khabarovsk, Vladivostock, Yuzhno-Sakhalinsk	+10	+11	27 Mar 05 - 30 Oct 05
Magadan	+11	+12	27 Mar 05 - 30 Oct 05
Petropavlovsk -Kamchatsky	+12	+13	27 Mar 05 - 30 Oct 05
Rwanda	+2		

S	Hours ±GMT	DST ±GMT	Daylight saving time DST (period)
Saint Helena including Ascension Island	GMT		
Saint Kitts and Nevis, Leeward Islands	-4		
Saint Lucia	-4		
Saint Pierre and Miquelon	-3	-2	03 Apr 05 - 30 Oct 05
St Vincent and the Grenadines	-4		
Samoa	-11		
San Marino	+1	+2	27 Mar 05 - 30 Oct 05
Sao Tome and Principe	GMT		
Saudi Arabia	+3		
Senegal	GMT		
Serbia and Montenegro	+1	+2	27 Mar 05 - 30 Oct 05
Seychelles	+4		
Sierra Leone	GMT		
Singapore	+8		
Slovakia	+1	+2	27 Mar 05 - 30 Oct 05
Slovenia	+1	+2	27 Mar 05 - 30 Oct 05
Solomon Islands	+11		
Somalia	+3		
South Africa	+2		
Spain**			
Mainland, Balearics, Ceuta, Melilla	+1	+2	27 Mar 05 - 30 Oct 05
Canary Islands	GMT	+1	27 Mar 05 - 30 Oct 05
Sri Lanka	+6		
Sudan	+3		

(continued)	Hours ±GMT	DST ±GMT	Daylight saving time DST (period)
Suriname	-3		
Swaziland	+2		
Sweden	+1	+2	27 Mar 05 - 30 Oct 05
Switzerland	+1	+2	27 Mar 05 - 30 Oct 05
Syrian Arab Republic	+2	+3	01 Apr 05 - 31 Oct 05

T	Hours ±GMT	DST ±GMT	Daylight saving time DST (period)
Tajikistan	+5		
Tanzania United Republic of	+3		
Thailand	+7		
Timor-Leste	+9		
Togo	GMT		
Tonga	+13		
Trinidad and Tobago	-4		
Tunisia	+1		
Turkey	+2	+3	27 Mar 05 - 30 Oct 05
Turkmenistan	+5		
Turks and Caicos Islands	-5	-4	03 Apr 05 - 29 Oct 05
Tuvalu	+12		

U	Hours ±GMT	DST ±GMT	Daylight saving time DST (period)
Uganda	+3		
Ukraine	+2	+3	27 Mar 05 - 30 Oct 05
United Arab Emirates	+4		
United Kingdom	GMT	+1	27 Mar 05 - 30 Oct 05
United States Minor Outlying Islands**			
Johnston Atoll	-10		
Midway Island	-11		
Wake Island	+12		
USA**			
Eastern Time except Indiana	-5	-4	03 Apr 05 - 30 Oct 05
Eastern Time, Indiana	-5		
Central Time	-6	-5	03 Apr 05 - 30 Oct 05
Mountain Time except Arizona	-7	-6	03 Apr 05 - 30 Oct 05
Mountain Time, Arizona	-7		
Pacific Time	-8	-7	03 Apr 05 - 30 Oct 05
Alaska	-9	-8	03 Apr 05 - 30 Oct 05
Aleutian Islands	-10	-9	03 Apr 05 - 30 Oct 05
Hawaiian Islands	-10		
Uruguay	-3	-2	19 Sep 04 - 12 Mar 05
Uzbekistan	+5		

V	Hours ±GMT	DST ±GMT	Daylight saving time DST (period)
Vanuatu	+11		
Venezuela	-4		
Viet Nam	+7		
Virgin Islands, British	-4		
Virgin Islands, US	-4		

W	Hours ±GMT	DST ±GMT	Daylight saving time DST (period)
Wallis and Futuna Islands	+12		

Y	Hours ±GMT	DST ±GMT	Daylight saving time DST (period)
Yemen	+3		

Z	Hours ±GMT	DST ±GMT	Daylight saving time DST (period)
Zambia	+2		
Zimbabwe	+2		

January, 2005

图 1.19　国际时间换算表二

第二单元 »»»»»»»»
《航空货物运价手册》

一、《航空货物运价手册》介绍

《航空货物运价手册》（The Air Cargo Tariff，TACT），是由国际航空出版社（IAP）与国际航空运输协会（IATA）合作出版的空运货物运价表。1975 年以前，一些航空公司各自出版其运价手册，其中的内容大致相同，但是格式相差甚远。为了减少浪费，并使运价手册更加具有实用性，国际航协决定共同出版一本通用的运价手册，即 TACT。

二、内容介绍

TACT 的规则以及内容非常全面，包括了 IATA 在国际运输中的所有规则，主要分为三个部分：

TACT Rules，即《规定手册》，包括一般的运输要求、操作程序及承运人的规定；

TACT Rates——North America，即《北美运价手册》，包括与美国、加拿大、波多黎各、美属维尔京群岛、圣皮埃尔、密克隆有关的运价；

TACT Rates——Worldwide，即《运价手册》，内容为除北美以外的各类运价。

其中：

——TACT Rules《规定手册》每年出版两期，4 月、12 月出版。

——TACT Rates《运价手册》每两个月出版一期，2 月、4 月、6 月、8 月、10 月、12 月出版。

TACT Rules 内容非常全面，包括了 IATA 在国际运输中的所有规则。主要内容有：

①General Information 通用信息。

②Acceptance for Carriage 货物收运。

③Transportation Charges 运输费用。

④Services and Related Charges 服务和相关费用。

⑤The Air Waybill 航空货运单。

⑥Payment Rates and Charges and Currency Conversion 运价、运费和汇率。

⑦Information by Countries 各国信息。

⑧Carriers Special Regulation 承运人特殊规则。

TACT Rates—North America《北美运价手册》包含了从北美出发或到北美的运价。主要内容有：

①Special Rates 特殊运价。

②Descriptions 描述。

③Notes。

④Rates 运价。

⑤Construction Rates。

⑥Domestic/Transporter Rates。

TACT Rates—Worldwide《世界（除北美）运价手册》包含了除北美的全世界的运价。主要内容有：

①Special Rates 特殊运价。

②Descriptions 描述。

③Notes。

④Rates 运价。

⑤Construction Rates。

在 TACT 运价手册——TACT RATES BOOK 上公布的运价就是国际航协运价，国际货物运价使用国际航协运价并遵守国际货物运输规则——TACT RULES。国际航协运价确定后，由国际航协通过 TACT 运价手册向全世界公布，主要目的是协调各国的货物运价，但从实际操作来看，各国从竞争角度考虑。很少有航空公司完全遵照国际航协运价。各国多进行了一定的折扣，TACT 运价手册是一个重要的参考标准。

第三部分 民航飞机机型

【知识目标】了解航空器构造的基本知识，了解飞机的分类
和布局的基本知识；
了解飞机的装运限制和规定；
了解现在航空公司使用的主要机型。

【能力目标】对用于货运的机型有初步的了解；
对货运飞机装载的限制和规定能理解并掌握。

第一单元 》》》》》》》》》

飞机结构简介

航空器是大气层中靠空气的反作用力，而不是靠空气对地（水）面的反作用力作支撑的任何器械。飞机是航空器的一种，是有动力装置的重于空气的固定翼航空器。飞机构造如图1.20所示。

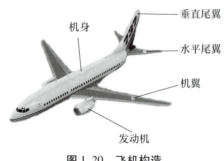

机身   垂直尾翼   水平尾翼   机翼   发动机

图1.20　飞机构造

一、飞机构造

飞机由机身、机翼、尾翼、起落架、动力装置和仪表设备组成。其中机身、机翼、尾翼、起落架合称机体。

1. 机身

机身是飞机的主体部分，现代民航机的绝大部分的机身是筒状的，机头装置着驾驶舱用来控制飞机，中部是客舱或货舱用来装载旅客、货物、燃油和设备，后部和尾翼相连。机身把机翼、尾翼和起落架连在一起。机身是飞机上用来装载人员、货物、武器和机载设备的部件。

2. 机翼

机翼是飞机的重要部件之一，安装在机身上。其最主要作用是产生升力，同时安装油箱，安装起落架，吊装发动机。

机翼（图1.21）由机翼前缘、后缘、翼根、翼尖组成，机翼上加装了前缘副翼、后缘襟翼，前缘缝翼、扰流板。

图 1.21 机翼

机翼结构由蒙皮、机肋、桁条、翼梁组成。机肋是横向骨架，桁条和翼梁是纵向骨架，蒙皮在整个骨架外承受空气动力，在气动载荷作用下能保持翼型形状。机翼在外载荷作用下应具有足够的强度、刚度和寿命，能够有抵抗扭转和弯曲变形的能力。

3. 尾翼

尾翼是安装在飞机后部的起稳定和操纵作用的装置。尾翼分为垂直尾翼和水平尾翼。

垂直尾翼由固定的垂直安定面和可以左右转动的方向舵组成，垂直安定面保持飞机的航向稳定性，方向舵控制飞机的航向。

水平尾翼由水平安定面和可以上下转动的升降舵组成，水平安定面保持飞机的俯仰稳定性，升降舵控制飞机的俯仰运动。

4. 起落架

起落架是飞机下部用于起飞降落、滑行时起支撑作用和移动作用的装置。起落架是唯一支撑整架飞机的部件，是飞机不可或缺的一部分。起落架的最下端装有带充气轮胎的机轮，机轮上装有刹车或自动刹车装置，此外起落架还包括承力支柱、减震器、收放机构、前轮减摆器和转弯操纵机构等。

对于在雪地和冰上起落的飞机，起落架上的机轮用滑橇代替。

5. 动力装置

动力装置是指为飞机飞行提供动力的整个系统，包括发动机、螺旋桨、辅助动力装置及其附件。动力装置主要目的是提供动力，使飞机有向前的推力，最主要的航空动力装置是发动机。

航空发动机分为活塞式发动机和喷气发动机两大类。现在的高速飞机都使用喷气发动机，小型低速飞机上使用活塞式发动机。

6. 仪表设备

飞机的仪表设备是飞机感知外部情况和控制飞行状态的核心。随着技术进步，飞机的仪表装置发展极快，能把多种仪表数据显示在一个屏幕上的电子综合仪表广泛应用在航线飞机上，替代了单独表头的仪表；飞机控制和管理系统也朝着自动化的道路发展，飞行计算机管理系统能够把各个单独的系统链接起来，统一在一个主机控制下，实现飞行的全自动化，飞行员从一个飞机操纵员变成了一个仪表监控管理员。飞机的仪表设备包括高度表、速度表、地平仪、航向指示仪、垂直速度表、侧滑仪、无线电距离磁指示器等。

二、飞机分类

飞机可以分为从事公共航空运输活动的商用航线飞机和从事通用航空活动的通用飞机。

1. 公共航空运输飞机

（1）按发动机分。飞机按发动机来分可以分为活塞式飞机、喷气式飞机、螺旋桨飞机。

（2）按飞机的外形分。

①窄体飞机：机身直径在 3.75 m 以内的，并且客舱内只有一条通道的飞机称为窄体飞机。

②宽体飞机：机身直径在 3.75 m 以上，客舱内有两条通道的飞机称为宽体飞机。

一般窄体飞机的下货舱只能装散货，宽体飞机的下货舱可以装散货，也可装集装箱。

（3）按航程的远近分。飞机按航程的远近可以分为远程飞机、中程飞机、短程飞机。一般的，航程在 3 000 km 以下的是短程飞机、在 3 000 ~ 8 000 km 的为中程飞机、在 8 000 km 以上的为远程飞机。

（4）按主舱所装对象分。飞机按主舱所装的对象又可以分为全客机、全货机、客货混装机；全货机的主舱、下货舱全部装货；全客机只在下货舱或者只在后货舱装载货物；客货混装机可以在主舱前部设有旅客座椅，后部装载货物，可以在主舱装客，在下货舱装载货物。

2. 通用飞机

通用飞机一般可以分为公务机、工农业机、教练机、私人飞机、其他多用途小飞机等。

公务机一般是为各国的政府高级官员和企业的高层进行公务或商务活动使用的小型飞机。

工农业机是专门为了工、农、林、牧、渔业等服务的飞机，如重型器件的吊装、农药喷洒、畜牧养殖的杀菌等。

教练机是用于培养飞行人员的专门飞机，初级教练机一般结构简单，易于操作；高级教练机与公务机相似。

私人飞机是供个人所有和使用的飞机，飞机用途多为个人及其随行人员自用或商用的出行提供方便。

其他多用途小飞机包括用作游览、救护、体育运动等类的小飞机。

三、飞机机身布局

1. 客机布局

窄体机只能布置一条通道，座位分布在通道的两边，按机体直径的不同可以布置一边 3 个座位，一边 2 个座位（3+2 式），也可以布置成两边各 3 个座位（3+3 式）或两边各 2 个座位（2+2 式），如图 1.22 所示。

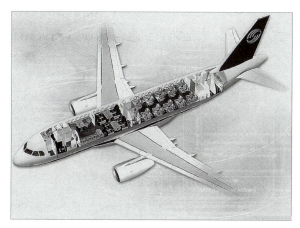

图 1.22 窄体机的客舱布局

宽体机可以布置两条通道，座位的安排可以有 3+4+3 式、3+3+3 式等多种形式。以 B767 和 B757 为例对比窄体机和宽体机的客舱布局如图 1.23 所示。

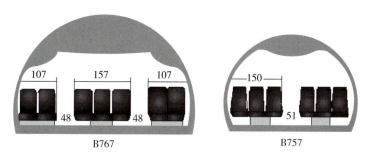

图 1.23 客舱布局

2. 全货机的布局

飞机的布局由主舱、下舱组成，下舱包括前货舱、后货舱、散货舱。

以 B747-100freighter 即波音 747 全货机为例，如图 1.24 所示。主货舱可并排放两个集装箱，分别以序号和大写的"R"（right）和"L"（left）标注。

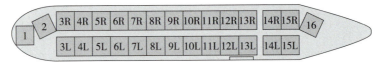

图 1.24　B747F 的主货舱

　　图 1.25 所示的是 B747 F 的侧面图和下舱，下舱中的前货舱、后货舱和散货舱分别有独立的舱门。

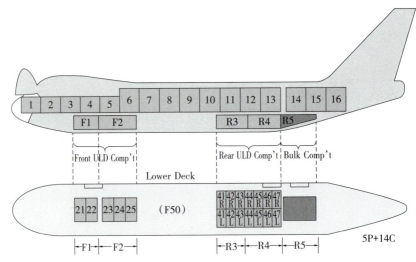

图 1.25　B747F 下舱

　　飞机的货舱有货物传动系统，传动系统固定在横梁结构上，能有效地帮助集装器在货舱内移动，如图 1.26 所示。

图 1.26　货舱中的传动系统

3. 客货混装机的布局

客货混装机可以主舱装客，下舱装货，如图 1.27 所示。

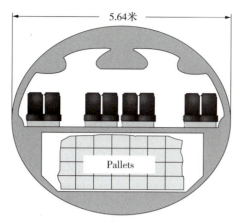

图 1.27　客货混装布局一

也可以主舱的前半部分装客，后半部分装货，如图 1.28 所示。

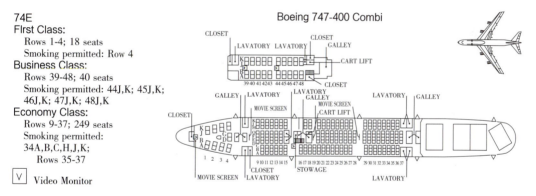

图 1.28　客货混装布局二

第二单元 »»»»»»»»»»
飞机机型简介

美国波音公司和欧洲空客公司是世界上两家最大的飞机制造商。波音公司是世界最大的航空航天公司，1997 年波音与麦道公司合并，其主要民机产品包括 717、737、747、757、767、777 和波音公务机。全球正在使用中的波音喷气客机达 11 000 多架。常见民航飞机型号见表 1.1。

欧洲空客公司成立于 1970 年，如今已成为美国波音飞机公司在世界民用飞机市场上的主要竞争对手。截至 2000 年，该公司共获得来自 175 家客户的订货 4 200 余架。

麦克唐纳-道格拉斯公司，1939 年由詹姆斯·麦克唐纳创办，称麦克唐纳飞机公司。1997 年并入波音公司。

表 1.1　常见民航飞机型号

飞机型号	制造厂商	发动机/台数	巡航高度/m	最大航程	每排座位/个	座位/个
A310-300	欧洲空中客车工业公司	2	9 450	6 820	6	204
A310-200		2	9 450			228
A340-200		4	9 450	12 510	8	340
A300-600		2	9 450			274
A320		2	11 920	5 400	6	165
B747-400COM	美国波音飞机制造公司	4			11	360
B747-400		4	10 670	12 780	11	400
B747COM		4	10 670			291
B747SP		4	10 670			291
B747-300		4	10 670		12	660
B707		4			6	155
B767-200		2	11 250		7	214
B767-300		2				225
B757-200		2	10 670	5 890		200
B737-200		2			6	218
B737-300		2	10 670	2 923	6	248
B737-500		2			6	133
B777-200A		2	11 000	9 000	6	380
B777-200B		2	11 000		10	292
MD-82	美国麦克唐纳道格拉斯公司	2	10 060	5 000	10	145
MD-90		2	10 060		5	153
MD-11		3	3 450	12 500	5	340
BAE146-100	英国宇航公司	4			9	88
BAE146-300		4				122

续表

飞机型号	制造厂商	发动机/台数	巡航高度/m	最大航程	每排座位/个	座位/个
YAK-42	俄罗斯柳辛设计集团	3				120
TU-154M		3				164
IL-86		4				350
FOK-100	荷兰福克公司	2				108
YN7	西安飞机制造厂	2				48~52
S34	瑞典					35
MD23	美国					16
ATR	法国					60~72
328	美国					32
DH8	加拿大					52

第四部分　航空货运代理业

【知识目标】了解航空货运代理人，代理人的地位、分类，
　　　　　　代理人与承运人的关系，代理人能提供的代理
　　　　　　服务；
　　　　　　了解货运飞机舱位控制的重要性和必要性。

【能力目标】理解货运代理人的服务内容；
　　　　　　对货运飞机舱位控制的重要性要有充分的
　　　　　　认识。

第一单元 》》》》》》
航空货运销售代理人

一、货运代理人简介

民航货物运输已经成为国民经济中新的增长点，航空货运代理业随着民航货物运输的发展而发展起来。从航空公司的角度来看，航空货运代理的存在，一方面使航空公司能更好地致力于自身主业，无须负责处理航运前和航运后繁杂的服务项目；另一方面，大多数的货主或托运人无法花费大量的精力熟悉繁复的空运操作流程。因此，航空货物代理的存在和发展是必然的。航空货运代理对航空运输环节和有关规章制度十分熟悉，与航空公司、机场、海关、检疫部门等有广泛而密切的联系，设在世界各地的分支机构方便掌握货物运输的全过程。

现在的航空货运代理公司有依托航空公司进行运营的，也有独立的运输代理公司。

1. 航空货运代理人

航空货物代理人就是在航空货物运输中，经授权代理承运人业务的航空货运活动的主体。航空运输代理人为承运人和托运人服务，提供承运人和托运人所需的各项服务。

2. 航空货运代理人与承运人的关系

航空货运代理人与承运人之间的关系是被委托和委托的关系，由代理人销售承运人所提供的舱位，代理人是承运人的委托人。承运人不接受托运人或货主的直接订舱，而把航班的舱位交给货运代理人进行统一销售。代理人和承运人以合作的形式同时参与货物的运输，双发配合，共同服务托运人。

货运代理人在开展业务时可以以托运人的名义，也可以以自己的名义来参与运输活动。以托运人的名义参与运输活动时，货运代理人只能在货主的授权范围内从事业务，其后果直接属于托运人。以自己的名义来参与运输活动时，可以与托运人签订委托合同，也可以与托运人签订运输合同。

3. 货运代理人分类

按不同的服务对象来划分，可以分为为托运人和货主服务的代理人、为承运人服务的代理人。

按公司的性质，可以分为独立航空货代人和航空公司下属货运代理人。

按其代理业务，又可分为国内航空货运代理和国际航空货运代理。

（1）国内航空货物运输代理业务是指对出发地、约定的经停地和目的地均在中华人民共和国境内的民用航空货物运输的代理业务。

（2）国际航空货运代理指接受进出口收货人、发货人的委托，以委托人的名义或以自己的名义，为委托人办理航空货物运输及相关业务并收取服务报酬的行业。具体分两种：

①国际航空货运代理。

这类代理仅作为进出口发货人、收货人的代理人，严禁从航空公司处收取佣金。

②国际航空运输销售代理。这类代理作为航空公司的代理人，代为处理国际航空客货运输销售及其相关业务。根据我国《民用航空运输销售代理业管理规定》，空运销售代理分为：

一类销售代理：经营国际航线或者中国香港、中国澳门、中国台湾地区航线的民用航空销售代理业务。

二类销售代理：经营国内航线的民用航空运输销售代理业务。

需要注意的是，在我国，申请设立国际航空货物销售代理的前提之一是必须首先成为国际货运代理。这表明，这类代理人一方面可以为货方提供代理服务，从中收取代理费；另一方面也可为承运方（航空公司）服务，收取佣金。

二、货运代理服务

航空货运代理人能提供的服务包括：

①准备文件，包括：托运书；航空货运单；商业发票；办理海关手续的文件；清关文件；特殊货物的证明文件：如检验检疫文件、活体动物的申报文件、始发地证明文件、危险品申报文件；其他文件等。

②提供咨询，协助托运人掌握进口国的规定和限制等信息。

③办理保险。

④代理包装。

⑤查询服务。

⑥安排货物的订舱、运输、交付。

⑦办理运输变更。

⑧集中托运业务、地面运输、多式联运服务。

第二单元 》》》》》》》
舱位控制与管理

一、舱位预订

1. 货舱预订的作用

承运人向托运人、代理人和其他承运人提供指定航班上的舱位预订服务，通过事先预订舱位，对航班上的有限的空间资源——货舱进行合理地安排和分配，从而实现舱位的最优化利用，实现航班利润最大化，同时也有利于客户事先安排生产和运输，更好地服务客户。舱位预订要把市场销售情况和运输情况结合起来，保证正常的运输秩序，保证销售和运营之间的紧密联系。

舱位的预订受多种因素的影响，航班的运营正常与否、市场的需求变化、航线的特点、国际国内航班的衔接、运输流程优化程度等，都会使舱位的供给发生变化，使得舱位的紧俏程度发生变化。有了舱位预订，航空公司就能对可能出现的影响运营的风险减到最小，合理安排飞机舱位，这样一来既能缓解市场需求，又能优化资源配置，做到利润与市场的兼顾。

归纳起来，舱位预订的作用有：事先安排，保证货物收运和运输的秩序，加速货物的流转；合理安排舱位，遵守货物运输安全规则，保证飞行安全；能对收运的货物进行统一调配，优化配置资源，充分利用运载能力，充分实现利润。

2. 舱位预订需提供的信息

为了保证承运人做好舱位控制和管理工作，托运人或者代理人在接收货物的时候应该收集和提供的信息有：货物的品种，货物的件数，货物的质量、体积、单件的尺寸，货物的目的站，以及货物的运输要求等（包括温度、装卸、时限等）。

3. 特殊货物舱位预订

这些要求是基于货物订舱是需要根据货物的特点和发货人的要求而确定的。一般来说，大宗货物、紧急物资、鲜活易腐物品、危险品、贵重物品等，必须预订舱位。非紧急的零散货物，可以不预订舱位。

通常对下列货物应当预订航班舱位，否则承运人可以不予受理。

①货物在中转时需要特殊对待。

②不规则形状或者尺寸超限的货物。

③批量较大的货物。

④特种货物，如危险品、活动物、贵重物品、灵柩、鲜活易腐货物等。

⑤需要两家及其以上承运人运输的联运货物。

⑥货物的声明价值超过 10 万美元或者其等价货币。

二、控制与管理

1. 舱位销售的原则

舱位销售有一定的原则，包括要保证有固定舱位配额的货物；要保证邮件、快件的舱位；优先预订运价较高的货物舱位；要保留一定的零散货物舱位；对于未订舱的货物，应按交运时间的先后顺序安排舱位；对于特殊货物，必须提前订妥舱位才能收运等。

2. 订舱时限

接受订舱有时限的要求，各个承运人接受订舱的时限要求有可能不同。如一些航空公司规定 24 小时内可接收国内航班货物的订舱电报、传真、电话、邮件，进行舱位预留。如果不能接受货物订舱要求时，拍发电报或传真、电话及其他方式通知订舱人，说明原因或提出其他解决办法，包括变更航班、更改目的站、改换包装等。又如一些承运人会对自己在主营基地接收的订舱货物可提前几天对航班舱位进行预订，在主营基地转港国际航线的航班舱位适当地延长，有利于客户提前安排。

3. 订舱等级

对舱位进行控制和管理需要了解不同货物的订舱等级，对等级高的货物优先保障，保障各订舱等级的货物得到合理的处理。

第一等级（SA）：政府命令急运的货物、紧急航材、急救药品、外交信袋、急件、邮件、新闻稿件、不正常运输货物及文件、鲜活物品（不包括低运价蔬菜、水果）、活体动物、灵柩、骨灰、快件、SB 级或临时拉下的订舱货物。

第二等级（SB）：根据销售协议必须保证舱位的货物。订舱中转货物、100% 运价货物、航班 SC 拉下的订舱货物。

第三等级（SC）：订妥航班舱位的普通货物。

第四等级（ST）：候补货物，其顺序为：

A. 已向托运人承诺候补运输的货物；

B. 未订舱的货物；

C. 低运价的填舱货。

在 ST 级货物中，已向托运人承诺航班候补运输的货物、出现航班拉货后，在安排后航班时，可根据情况提高货物订舱等级到 SC。没有在规定范围内的其他 ST 级候补货物，不能提高订舱等级。

模块二

民航货物运输实务

第一部分　货物收运

【知识目标】了解收运人承担的责任；

了解货物的包装、标志、标签要求；

了解货物的收运检查规定；

掌握托运书、货运单的填写方法；

掌握货物质量、尺寸的限制要求。

【能力目标】熟练进行托运书和货运单的填写；

熟练掌握货物托运的相关准备工作。

第一单元 »»»»»»»»»
托运人责任

一、应遵守的法律和规定

1. 托运人托运货物应当遵守适用的公约、法律和规定

因托运人违反公约、法律和规定托运货物给承运人造成损失的，托运人应当承担责任。因此，托运人应当保证：

①托运货物的出入境运输为始发地、目的地及经停地国家所允许；

②托运货物的包装符合航空运输要求；

③随附的运输文件必须齐全、有效；

④托运货物不会危及航空器、旅客及相关工作人员的安全；不会危及航班飞行安全；不会烦扰旅客。

2. 托运人托运需要经过行政当局检验、检查的货物，应在办理货物托运手续之前自行办妥相关资料或文件

办理货物托运时，托运人应提供这些必需的资料或文件，以便在货物交付收货人之前完成法律和规定要求的手续。因没有此种资料、文件，或者此种资料、文件不充足、不准确或者不符合规定造成托运货物不能按时运输或按时交付，托运人应当承担责任。

除法律和规定另有要求外，承运人不承担必须对上述资料或者文件进行检查的任务。

3. 托运人托运货物前应当了解承运人关于货物运输的相关规定和要求

因托运人违反这些规定或要求而给承运人造成的损失，托运人应当承担责任。

4. 托运人应当对货运单上所填写的各项内容的真实性、准确性和完整性负责

因托运人提供的货运单上所填写的内容不真实、不准确或者不完整而给承运人或者第三方造成的损失，托运人应当承担责任。

5. 如果托运人使用承运人的集装器自行组装货物，应遵守承运人的有关规定

由于托运人不按规定操作所造成的损失，托运人应当承担责任。

二、应承担的连带责任

①托运人承担向承运人付清所有费用的责任，保证支付收货人拒绝或不能足额支付的所有费用，包括到付运费、到付运费手续费、保管费等。托运人还应当承担根据其指示运回货物所产生的费用。

②托运人应当保证支付由于以下原因可能使相关承运人承担的所有开支、罚款、损失等费用：

a. 托运货物中有禁止运输的物品；

b. 限制运输的货物不符合限制条件；

c. 托运货物的标志、数量、地址、包装或者托运货物品名的不准确、不正确、不完整；

d. 托运货物的进出口许可或者所需证书或文件的缺失、延滞或者错误；

e. 托运货物的实际品名、质量、体积等与货运单不符；

f. 由于托运货物或文件的原因导致的海关、警察、检验检疫等行政当局的罚款、扣押、拒绝入境等。

第二单元 ≫≫≫≫≫
托运人文件

一、货物托运书

（一）一般规定

托运人托运货物应填写货物托运书。它是托运人用于委托承运人或其代理人填开航空货运单的一种表单，表单上列有填制货运单所需各项内容，并应印有授权于承运人或其代理人代其在货运单上签字的文字说明。

①托运书上的各项内容应填写完整，不得任意简化或者省略。托运人应在托运书上签字或盖章，对所填写的各项内容的真实性与准确性负责。托运人如委托其他人办理交货事宜，应出具委托证明并随附在托运书后。

②托运书应使用钢笔、圆珠笔填写，也可以使用机器打印。

③一份托运书只能有一个托运人，一个收货人。当收货人栏内同时出现单位和个人名称时，个人名称为收货人。

④运输条件不同、性质相互抵触、目的站不同或不同收货人的货物，托运人应分别填写货物托运书。

⑤托运书应与货运单存根联一起装订留存。

⑥托运人对托运书中所填内容的不真实、不正确或不完整而使承运人或承运人对之负责的第三人所遭受的一切损失负责。

（二）货物托运书的填写

货物托运书的填写见表2.1、表2.2。

（1）航空货运单号码栏（Air Waybill Number）。

由承运人填写该单货物的货运单号码。

（2）始发站栏（Airport of Destination）。

填写货物始发站机场所在城市的名称。地名应写标准中文全称，不得简写或使用英文三字代码。有两个或两个以上机场的城市，应在城市的名称后注明机场名称，例如：上海虹桥、上海浦东等。

（3）目的站栏（Airport of Destination）。

填写货物目的站机场所在城市的名称。地名应写标准中文全称，不得简写或使用英文三字代码。有两个或两个以上机场的城市，托运人应指定到达站机场，并在目的站名称栏内注明，例如上海虹桥、上海浦东等。

（4）托运人姓名、地址、邮编、联系电话栏（Shipper's Name and Address）。

填写托运人全名，托运人姓名要与其有效身份证件相符，地址和单位名称要详细，邮编和电话号码要清楚、准确。

（5）收货人姓名、地址、邮编、联系电话栏（Consignee's Name and Address）。

填写收货人全名，收货人姓名要与其有效身份证件相符，地址和单位名称要详细，邮编和电话号码要清楚、准确。此栏内只能填一个单位或一个人的名称。

（6）件数栏（No. of Pieces）。

填写不同种类货物的件数和货物的总件数。

（7）包装栏（Package）。

填写不同种类货物的外包装类型。如果同种货物包装不同，应分别写明数量和包装类型，如纸箱、铁桶、木箱等。体积较大的货物或轻泡货物还须写上外包装尺寸和体积，单位分别用厘米和立方米表示。货物尺寸按其外包装的长×宽×高×件数的顺序填写。

（8）货物品名栏（Description of Goods）。

填写货物的具体名称。不得填写表示货物类别的统称或品牌，如电视机、计算机等不能填写电子产品；心电图仪、压力表等不能填写仪器、仪表；急件、快件、押运货物、动物等不能作为货物品名。

（9）实际重量栏（Actual Weight）。

由收运人填写并复核不同种类货物的毛重和货物的总毛重。

（10）计费重量栏（Chargeable Weight）。

由收运人填写并复核填写数据以计收运费的货物质量。

（11）储运注意事项栏（Handling Information and Remarks）。

填写货物在保管运输过程中应注意的事项或其他有关事宜。

（12）运输声明价值栏（Declared Value for Carriage）。

办理声明价值的货物，托运人应将货物的声明价值填写在本栏内，不办理声明价值的应在本栏填写"无"字样。

（13）运输保险价值栏（Transportation Insurance Value）。

本着自愿的原则，托运人选择是否投保航空运输险，投保航空运输险的将投保价值填写在此栏内。

（14）托运人或其代理人签字、盖章栏（Shipper or His Agent，Signed and Sealed）。

由托运人或其代理人签字或盖章。

（15）托运人有效身份证件及号码栏（Shippers and Number of Valid ID）。

填写托运人或其代理人的有效身份证件的名称及号码。

（16）经办人签字及日期栏（Managers Signature and Date）。

由承运人或其代理人签字，并填写收运货物的日期。

表 2.1　国内航空货物托运书

深圳航空公司国内货物托运书

始发站		(2)		目的站		(3)
托运人姓名	(4)		协议编号	邮政编码		(4)
托运人地址	(4)			联系电话		(4)
收货人姓名	(5)			邮政编码		(5)
收货人地址	(5)			联系电话		(5)
件数	包装		货物品名	重量		
				实际		计费
(6)	(7)		(8)	(9)		(10)

续表

储运注意事项	(11)		运输声明价值	是否投保
			(12)	(13)
			货运单号码	
			(1)	

运输类型	限时运输当日达□ 限时运输次日达□ 非限时运输□			
运输方式	预付□ 到付□	提货方式	机场自提□ 市内自提□ 送货上门□	

托运须知：
1. 深航不收运危险物品，托运人应如实申报具体品名并保证货物中无易燃、易爆及易腐蚀等任何一类危险品及其他限制、禁止运输的货物；否则，造成的一切损失由托运人负责。
2. 深航货物运输遵守《中华人民共和国民用航空法》《中国民用航空国内货物运输规则》的有关规定。

本人郑重声明：本人接受托运须知的内容，并对以上所填内容的真实性和准确性负责。 托运单位：_____(14) 经手人签名：_____(14) 经手人身份证号码：_____(15) 　　　　　　　　　年　　月　　日	经办人签名：(16) 复核人签名： 　　　　　　　　　年　　月　　日

FORM 21 cm×29.7 cm

表2.2 国内航空货物托运书实例

深圳航空公司国内货物托运书

始发站		深圳		目的站		北京
托运人姓名	张三		协议编号	邮政编码		518128
托运人地址	深圳市宝安区宝安天虹			联系电话		××××××××
收货人姓名	李四			邮政编码		100000
收货人地址	北京西单北大街120号西单商场			联系电话		××××××××
件数	包装		货物品名	重量		
10	纸箱		金属饰品		实际	计费
					100	100

续表

储运注意事项	机场自提	运输声明价值	是否投保
		36 000	是
		货运单号码	
		479-12345678	

运输类型	限时运输当日达□　限时运输次日达□　非限时运输■		
运输方式	预付■　到付□	提货方式	机场自提■　市内自提□　送货上门□

托运须知：

1. 深航不收运危险物品，托运人应如实申报具体品名并保证货物中无易燃、易爆及易腐蚀等任何一类危险品及其他限制、禁止运输的货物；否则，造成的一切损失由托运人负责。
2. 深航货物运输遵守《中华人民共和国民用航空法》《中国民用航空国内货物运输规则》的有关规定。

本人郑重声明：本人接受托运须知的内容，并对以上所填内容的真实性和准确性负责。 托运单位： 　　天虹商场股份有限公司 经手人签名： 　　　　张三 经手人身份证号码： 　　　　×××××××× 　　　　　　　　　　2013 年 7 月 15 日	经办人签名：王五 复核人签名：李六 　　　　　　　2013 年 7 月 15 日

FORM 21 cm×29.7 cm

二、航空货运单

航空货运单（以下简称货运单，如表 2.3 所示）是指托运人或受托运人委托填写的名为航空货运单的文件，是托运人为在承运人的航班上运输货物与承运人订立运输合同的初步证据。

表 2.3　国内航空货运单

始发站 Airport of Departure	(3)	目的站 Airport of Destination	(4)	不得转让 NOT NE-GOTIABLE 航空货运单 AIR WAYBILL	深圳航空公司 SHENZHEN AIRLINES 深圳　黄田机场 HUANGITAN AIRPORT SHENZHEN. P. R. CHINA
托运人姓名、地址、邮编、电话号码 Consignee's Name, Address, Postcode & Telephone No.　(5)				印发人 Issued By	邮政编码 POST CODE 518128
				航空货运单一、二、三联为正本，并具有同等法律效力。 Copies 1, 2 and 3 of this Air Waybill are originals and have the same validity	
收货人姓名、地址、邮编、电话号码 Shipper's Name Address, Postcode & Telephone No.　(6)				结算注意事项 Accounting Infomation　(27)	
				填开货运单的代理人名称 (28) Issuing Carrier's Agent Name	

航线 (7) Routing	到达站 To (7a)	第一承运人 By First Carrier (7b)	到达站 To (7c)	承运人 By (7d)	到达站 To (7e)	承运人 By (7f)

航班/日期 Flight/Date (8a)	航班/日期 Flight/Date (8b)	运输声明价值 Declared Value for Carriage (9)	运输保险价值 Amount of Insurance (10)

储运注意事项及其他 Handling Information and Others　(11)

件数 No. of Pcs. 运价点 RCP	毛重（千克） Gross Weight (kg)	运价种类 Rate Class	商品代号 Comm Item No.	计费重量（千克） Chargeable Weight (kg)	费率 Rate/kg	航空运费 Weight Charge	货物品名（包括包装、尺寸或体积） Description of Goods (incl. Packaging. Dimensions or Volume)
(12)	(13)	(14)	(15)	(16)	(17)	(18)	(19)
(12a)	(13a)					(18a)	

预付 Prepaid (20)		到付 Collect (21)		其他费用 Other Charges (22)
(20a)	航空运费 Weight Charge	(21a)		本人郑重声明：此航空货运单上所填货物品名和货物运输声明价值与实际交运货物品名和货物实际价值完全一致。并对所填航空货运单和所提供的与运输有关文件的真实性和准确性负责。
(20b)	声明价值附加费 Valuation Charge	(21b)		Shipper certifies that description of goods and declared value for carriage on the face here of are consistent with actual description of goods and actual value of goods and that particulars on the face here of are correct.
(20c)	地面运费 Surface Charge	(21c)		托运人或其代理人签字、盖章 (29) _____
(20d)	其他费用 Other Charges	(21d)		Signature of Shipper or His Agent

续表

(20e)		(21e)	填开日期　填开地点　填开人或代理人签字、盖章
(20f)	总额（人民币） Total（CNY）	(21f)	Executed on（Date）　At（place）　Signature of Issuing Carrier of Its Agent
			（30a）　　（30b）　　　（30c）

付款方式
Form of Payment　　（23）

479-（2）

正本3（托运人联）甲
ORIGINAL 3（FOR SHIPPER）A

（一）货运单的组成

货运单至少一式八联，其中三联正本，五联副本。各联可以通过不同颜色进行区别，并且可以选择不同的颜色。承运人可以接收有颜色的货运单，也可以接收无颜色的货运单。下面以公司货运单为例介绍货运单的组成和作用。

货运单一式八联，其中正本3联，副本5联。三联正本的背面均有契约条件，并具有同等法律效力。

（二）货运单的作用

1. 货运单各联的用途

第一联（甲联）：正本3，蓝色，为托运人联。作为托运人支付货物运费、承运人承运货物的凭证。

第二联（乙联）：正本1，绿色，为财务联。作为记账凭证送交财务部门。

第三联（丙联）：副本7，粉红色，为第一承运人联。由第一承运人留交其财务部门作为结算凭证。

第四联（丁联）：正本2，黄色，为收货人联。在目的站交收货人。

第五联（戊联）：副本4，白色，为货物交付联。收货人提取货物时在此联签字，由承运人留存。

第六联（己联）：副本5，白色，为目的站联。由目的站机场留存；也可作为第三承运人联，由第三承运人留交其财务部门作为结算凭证。

第七联（庚联）：副本6，白色，为第二承运人联，由第二承运人留交其财务部门作为结算凭证。

第八联（辛联）：副本8，白色，为代理人联，由货运单填制人留存备查。

2. 货运单的作用

从上述货运单各联的用途，可归纳出货运单的作用如下：

①是承运人或其授权的货运代理人填开的最重要的货物运输文件，是承运人和托运人之间缔结运输合同的书面文件；

②是托运人将货物交给承运人、承运人将货物交付给收货人的凭证；

③是货物运费的凭证；

④是货物保险的凭证（如果承运人根据托运人的要求提供此项保险的）；

⑤是承运人员工处理、运送、交付货物的依据；

⑥是向海关申报的证明。

3. 货运单的有效期

货运单填开后，经托运人（或其代理人）和承运人（或其代理人）签字后生效。货物运至目的站，收货人提取货物并在货运单的交付联上签收后，货运单作为运输凭证，其有效期即告结束。但作为运输合同，其法律依据的有效期应延长到航班到达、应该到达或运输停止之日起两年内有效。

（三）填开货运单的责任

根据《华沙公约》《海牙议定书》和承运人的运输条件，货运单应当由托运人填写，连同货物一起交给承运人。如果承运人依据托运人提供的托运书填制货运单并经托运人复核签字，则该货运单应当被视为代托运人填写。

所以，托运人应当对货运单上所填写的各项内容的真实性与准确性负责。由于货运单上填写的内容不规范、不正确、不完整致使承运人或任何其他人遭受损失，托运人应负全部责任，不管货运单是否是托运人填制，还是由承运人或其代理人代替填制，托运人都应该承担责任。

货运单上只要有托运人的签字，就认为托运人接受了货运单背面的契约条件和承运人的运输条件。

在货运单右上方印制的"NOT NEGOTIABLE"字样，表示货运单只是作为航空货物运输使用，不能随意转让，并且在货运单上的"NOT NEGOTIABLE"字样不得随意删除或更改。

（四）货运单号码

在货运单的左上角、右上角和右下角均有承运人的三位数字代码和带有 1 位检查号的 8 位序列号。例如 479-12345675，这些为货运单号码。

货运单号码是货运单的主要部分，它包括两部分：一部分是三位数字代码，表示的是承运人；另一部分是货运单的具体编号。没有货运单号码，将无法识别货物、处理文件，造成运输混乱。

（五）货运单的填制

在填制货运单时，应按照货运单上每栏标题内容进行正确填制，带标题的阴影部分由承运人填写，没有标题的阴影部分不必填写。货运单上带圆圈的数字，是为了方便说明各栏内容而加上的。

一般使用计算机或英文打字机填制货运单，英文大写。

填写货运单时，各项内容应填写完整，不得任意简化或省略。

与托运书的填写要求相同，一份货运单只能有一个托运人、一个收货人。当收货人栏内同时出现单位和个人名称时，个人名称为收货人。

属于下列情况之一者，应分别填写货运单：

①运输条件不同的货物。

②性质相互抵触的货物。

③目的站不同的货物。

④不同收货人的货物。

货运单上的货物可以是单种货物，也可以是集运货物。

一份货运单上的货物运输可以采用直达航班运输，也可以采用中转航班运输。

当货运单内容填写出现错误需要修改时，应将错误处画去，在旁边空白处填写正确的内容，并在货运单各联的修改处加盖修改人的戳印。此种更改不影响货运单上的其他内容。

每份货运单各栏只限修改一次，不得超过三处（相关联的多栏目修改可视为一处，只限一次）。

如果发生多处填写错误或填写错误无法更改清楚时，应另填开新的货运单，原货运单作废。

已经作废的货运单，应在全部各联上加盖"作废"的戳印，随同货物销售日报送财务部门注销。

（六）货运单各栏内容

（1）票证代号：印制或打印票证注册代号，例如深航票证代号为"479"，国航票证代号为"999"。

（2）货运单号码栏：货运单号码由八位数字组成，前七位为顺序号，第八位为检查号。

（3）始发站栏：填写货物始发站机场所在城市的名称，地名应写标准中文名称，不得简写或使用英文三字代码。有两个或两个以上机场的城市，应在城市名称后注明机场名称，如上海虹桥、上海浦东等。

（4）目的站栏：填写货物目的站机场所在城市的名称，地名应写标准中文名称，不得简写或使用英文三字代码。有两个或两个以上机场的城市，应请托运人指定到达机场名称，并在城市名称后注，例如：上海虹桥、上海浦东等。

（5）托运人姓名、地址、邮编、电话号码栏：填写托运人的全名，托运人姓名要与其有效身份证件相符，单位和地址要详细，邮编和电话号码要清楚、准确。

（6）收货人姓名、地址、邮编、电话号码栏：填写收货人的全名，收货人姓名要与其有效身份证件相符，单位和地址要详细，邮编和电话号码要清楚、准确。收货人只能是一个单位或一个人的名称（当收货人栏内同时出现一个单位和一个人的名称时，则人名为具体收货人）。

（7）航线：

（7a）到达站（第一承运人运达站）栏：填写目的地机场或第一中转站机场的英文三字代码。

（7b）第一承运人栏：填写自始发站承运货物的第一承运人的英文两字代码。

（7c）到达站（第二承运人运达站）栏：填写目的地机场或第二中转站机场的英文三字代码。

（7d）第二承运人栏：填写第二承运人的英文两字代码。

（7e）到达站（第三承运人运达站）栏：填写目的地机场或第三中转站机场的英文三字代码。

（7f）第三承运人栏：填写第三承运人的英文两字代码。

（8）航班/日期：

（8a）航班/日期（始发航班）栏：填写已订妥的航班/日期。

（8b）航班/日期（续程航班）栏：填写已订妥的续程航班/日期。

（9）运输声明价值栏：填写托运人向承运人声明的货物在目的地交付时的价值。托运人不声明价值时，必须填写"无"字样。

（10）运输保险价值栏：托运人通过承运人向保险公司投保的货物价值。托运人不投保时，必须填写"无"字样。

（11）储运注意事项栏及其他栏：填写货物在保管、运输过程中应注意的事项或其他有关事宜。不得填写超出承运人储运条件的内容。

（12）件数/运价点：填写货物的件数。如果适用的货物运价种类不同时，应分别填写，总件数在（12a）栏内。如货物运价是分段相加组成时，将运价组成点（运价点）的城市三字代码填写在件数下面。

（13）毛重栏：在与货物件数相对称的同一行处，填写货物的毛重。如分别填写时，总重量填写在（13a）栏内。

（14）运价种类栏：填写不同的运价种类代号，如：

M—最低运费；

N—45 kg 以下普通货物运价；

Q—45 kg 以上普通货物质量分界点运价；

C—指定商品运价；

S—等级货物运价。

（15）商品代号栏：应根据下列情况分别填写。

如果在（14）栏中填入指定商品运价代号"C"，则在本栏内填写商品代号，如C0007。

如果在（14）栏中填入等级货物运价代号"S"，则在本栏内填入适用的普通货物运价

的百分比数，如 N100、N150、Q110、Q150 等。

如果在（14）栏内填入代号"Q"的，即在本栏内填入适用的计费分界点重量（一般用 Q45、Q100、Q500……表示）。

（16）计费重量栏：填写货物的毛重。如果按体积计得的重量大于实际毛重，应将体积重量填入本栏。采用"从低原则"计算航空运费时，对应的计费分界点重量即为该票货物的计费重量。

如按最低运费计收运费，本栏可不填写。

（17）费率栏：填写货物始发站与目的站之间，不同种类货物所适用的运价。

（18）航空运费栏：填写根据费率和货物计费重量计算出的航空运费额。如分别填写时，应将总数填在（18a）栏内。

（19）货物品名（包括包装、尺寸或体积）栏：填写货物的具体名称。不得填写表示货物类别的统称或品牌，如计算机、电视机等不能填写电子产品；心电图仪、压力表等不能填写仪器、仪表；急件、快件、押运货物、动物、展品等不能作为货物品名。

填写每件货物的包装类型，如果该批货物包装不同，应分别写明数量和包装类型，如：纸箱、铁桶、木箱、编织袋等；

填写每件货物尺寸或总体积；

本栏填写顺序为：货物品名、件数/包装、货物尺寸或体积。

（20）预付：

（20a）预付航空运费栏：填写（18）或（18a）中的航空运费总额。

（20b）预付声明价值附加费栏：填写按规定收取的货物声明价值附加费。

（20c）预付地面运费栏：填写根据地面运费费率和计费重量计算出的货物地面运费总额。

（20d）预付其他费用栏：填写（22）栏中列明的各项费用的总数。即填写除航空运费、声明价值附加费和地面运费以外的根据规定收取的其他费用。

（20e）空栏（可以填写保险费率和保险额）。

（20f）预付总额栏：填写（20a）至（20e）栏的总额。

（21）到付：

（21a）到付航空运费栏：填写（18）或（18a）中的航空运费总额。

（21b）到付声明价值附加费栏：填写按规定收取的货物声明价值附加费。

（21c）到付地面运费栏：填写根据地面运费费率和计费重量计算出的货物地面运费总额。

（21d）到付其他费用栏：填写（22）栏中列明的各项费用的总数。即填写除航空运费、声明价值附加费和地面运费以外的根据规定收取的其他费用。

（21e）空栏（可以填写保险费率和保险额）。

（21f）到付总额栏：填写（21a）至（21e）栏的总额。

（22）其他费用栏：分别填写除航空运费、声明价值附加费、地面运费以外的根据规定收取的其他费用的项目名称和数额。

（23）付款方式栏：填写托运人或收货人支付各项费用的方式，如现金、支票、信用卡等，并填写支票、信用卡的号码。

（24）收货人签字/日期栏：由收货人签字并填写提取货物时的日期。

（25）收货人有效身份证件号码栏：填写收货人的有效身份证件名称及号码。

（26）交付人签字/日期栏：由交付货物的经办人签字并填写交付货物时的日期。

（27）结算注意事项栏：填写收费的有关注意事项及指定内容，也可以填写付款方式。

（28）填开货运单的代理人名称栏：填写填制货运单的销售代理人名称。

（29）托运人或其代理人签字、盖章栏：由托运人或其代理人签字、盖章。

（30）日期、地点及签字：

（30a）填开日期栏：货运单的填制日期。

（30b）填开地点栏：货运单的填制地点。

（30c）填开人或其代理人签字、盖章栏：填制货运单的承运人或其代理人的签字、盖章。

三、其他文件

托运人在托运货物时，除了要填写货物托运书、货运单外，还要提供与运输有关的文件，主要包括：

托运危险品时，应提供所需的危险品托运人申报单（Shipper's Declaration of Dangerous Goods）以及相关文件；

托运活体动物时应提供所需的活体动物托运人证明书（Shipper Certificate of Live Animals）、动植物检疫部门出具的动物检疫证明书（Health Certificate）、《濒危野生动植物种国际贸易公约》即 *The Convention on International Trade in Endangered Species of Wild Fauna and Flora*（CITES）相关文件等；

集装货物清单（Consolidation as per attached list）；

进、出口和过境所需的文件（Import/Transit/Export Licence）；

在 IATA 3 区和 1 区之间使用指定商品运价的货物需要商业发票（A copy of the Vendors Commercial Invoice）；

中国海关及其他政府有关部门对出口所需的文件及有关国家政府要求的进口和过境所需的文件；

其他文件。

第三单元 »»»»»»
货物重量和尺寸

一、一般要求

根据航班机型及始发站、中转站和目的站机场的设备条件、装卸能力确定可收运货物的最大重量和尺寸。非宽体飞机，单件货物重量一般不超过 80 kg，尺寸以不超过航线机型的货舱门尺寸为宜。

非宽体飞机，对于木箱、铁箱等硬质包装的货物，须确保包装完好，即外部有软质衬垫物包装，且配有便于装卸的把手，此类货物单件重量不超过 120 kg。

对于服装等一类软质包装的货物，单件重量不超过 150 kg。

货物的最小尺寸，除可直接随附货运单的文件、信函类货物外，其他货物的长、宽、高之和不得小于 40 cm，单边长度不得少于 5 cm。低于以上标准者，由托运人加大包装。

二、货物重量要求

毛重：是指货物及其包装的重量。

净重：是指除去包装的货物重量，也即货物本身的重量。

体积重量：是指按货物体积折算的重量。

计费重量：是指据以计收货物运费的重量。

实际重量：指货物过秤所得的实际重量。

（一）货物计重

货物毛重通过称重确定，计量单位为千克。重量不足 1 kg 的尾数四舍五入。贵重物品毛重的计量单位为 0.1 kg，计费重量以 0.5 kg 为单位，0.5 kg 以下按 0.5 kg 计算，0.5 kg 以上进升为整数。

货物的体积重量按一票货物的总体积计算，每 6 000 cm³ 折合 1 kg。折算方法：以厘米为单位（厘米以下四舍五入），度量出货物最长、最宽、最高部分的尺寸，计算出总体积，再除以 6 000 cm³/ kg，得出体积重量。体积重量以千克为单位，千克以下四舍五入。

$$体积重量 =（最长 \times 最宽 \times 最高）/6 000$$

货物的计费重量以千克为单位，不足 1 kg 的按 1 kg 计算。

当货物的毛重与体积重量不一致时，取其高者作为货物的计费重量。

（二）在接收货物时，货物的重量不能超过飞机货舱地板承受力

飞机货舱地板承受力是指飞机货舱每平方米地板所能够承受的最大重量。如果超过此承受能力，地板和飞机结构就会遭到破坏。所以，装载货物时，一定不能超过机舱地板的承受能力。这里涉及货物的接地面积和受力面积两个概念：

货物的接地面积是指货物底部与集装器或飞机货舱地板接触部分的面积。

货物的受力面积是指货物底部可以承受货物重量的面积范围。

对于底部没有枕木的货物，其接地面积就是货物的底面积，此时，货物的受力面积等于货物底面积。而对于底部带有枕木的货物，货物的受力面积是指以最外两条枕木的外边沿之间的区域。

货物对飞机地板的压力（kg/m²）= 货物重量（kg）÷货物接地面积（m²）

特别需要注意的是，有些货物有承重木（底部的木条或枕木）。这些货物的质量是通过承重木压在货舱地板上的，因此在计算货物对地板的压力时，应根据承重木与地板的接触面积计算。

将货物对机舱地板的压力与飞机货舱的地板承受力进行比较，当前者大于后者时，表示需要加垫板，小于则不需要。

垫板的最小面积（m²）=（货物重量+垫板重量）÷适用机型货舱的地板承受力（kg/m²）

计算货物垫板面积时，应考虑垫板的重量，重量的测算有多种方法和习惯，本教材按照货物重量的4%计算。

货物受力面积外边沿向外扩展的垫板尺寸等于垫板面积与货物受力面积之差除以受力面积的周长。

垫板的厚度为货物受力面积外边沿向外扩展的垫板尺寸的1/3。垫板厚度一般为2～5 cm，不足2 cm的按2 cm计算。另外，应注意垫板的长度、宽度和厚度都是以厘米为单位，计算结果出现小数，一律进整。垫板面积保留两位小数，有余数就进位。

货物垫板一般用于单件重量较大、底面积较小的货物。使用垫板可以有效扩大货物的接地面积，使货物的重量均匀地分布在飞机货舱地板上，从而使货物对飞机货舱地板的压力控制在飞机地板承受力的范围内，保证飞机货舱结构的安全。当超重货物装在集装板上时，使用垫板可以保证货物质量均匀地分布在集装板上，保持集装板平展、坚挺不变形，从而避免在装卸过程中因集装板变形造成货舱内的集装器传送系统损坏。同时，使用垫板，还可以保护集装器不受损坏，保证装卸作业顺利进行。

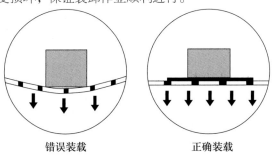

错误装载　　　　　　　正确装载

图2.1

民航货物运输

如图 2.1 中，左图因为没有添加垫板，造成机舱地板的变形，而右图正确施加了垫板，使货物对机舱地板的压力均匀分布，起到了保护机舱地板的作用。

本书只介绍单件货物装在散货舱的情况。

例 1 一件货物重 120 kg，长、宽、高为 40 cm×30 cm×30 cm，货物不可倒置和倾斜，底部无枕木，请问：能否装在波音系列机型的散货舱？

解 第一步，计算货物对飞机货舱地板的压力

货物对飞机地板的压力（kg/m²）＝货物重量（kg）÷货物接地面积（m²）＝120÷（0.4×0.3）＝1 000 kg/m²>732 kg/m²

第二步，确定是否需要加垫板

货物对飞机货舱地板的压力大于机舱的地板承受力，因此需要加垫板。

第三步，如果需要加垫板，计算垫板面积

需加垫板面积（m²）＝货物重量（kg）×1.04÷飞机地板承受力（kg/m²）＝120×1.04÷732≈0.18 m²（保留两位小数，后有余数就进位）

第四步，确定垫板的长度和厚度

货物受力面积外边沿向外扩展的垫板尺寸等于垫板面积与货物受力面积之差除以受力面积的周长。

$$S_{垫板} - S_{受力} = 0.18 \text{ m}^2 - 0.12 \text{ m}^2 = 0.06 \text{ m}^2$$

受力面积四周应扩展的垫板长度：0.06×104÷[（40+30）×2]≈5 cm

垫板厚度＝5 cm÷3≈2 cm（垫板厚度不足 2 cm 按 2 cm 计算）

所以，该件货物的垫板尺寸为：长＝5 cm+40 cm+5 cm＝50 cm，宽＝5 cm+30 cm+5 cm＝40 cm，厚＝2 cm。

例 2 一件货物，重 240 kg，长、宽、高为 80 cm×60 cm×50 cm，货物不可倒置和倾斜，底部有三条同样的枕木，枕木尺寸为 80 cm×10 cm。请问：能否装在波音系列机型的散货舱？

解 1）计算货物对飞机货舱地板的压力

货物对飞机地板的压力（kg/m²）＝货物重量（kg）÷货物底部与机舱的接触面积（m²）＝240÷（0.8×0.1×3）＝1 000 kg/m²>732 kg/m²

2）确定是否需要加垫板

货物对飞机货舱地板的压力大于机舱的地板承受力，因此需要加垫板。

3）如果需要加垫板，计算垫板面积

需加垫板面积（m²）＝货物重量（kg）×1.04÷飞机地板承受力（kg/m²）＝240×1.04÷732≈0.35 m²（保留两位小数，后有余数就进位）

4）确定垫板的长度和厚度

货物受力面积为 0.8×0.6＝0.48 m²

垫板铺设时，应与枕木交叉铺设。

当 $S_{垫板}<S_{受力}$ 时，垫板的长度为货物受力面积的长（80 cm），宽为受力面积的宽（60 cm）。

垫板厚度 =（垫板面积-接地面积）÷枕木地面的总周长÷3×102 =（0.35-0.8×0.1×3）÷ [（0.8+0.1）×2×3]÷3×102 =（0.35-0.24）÷5.4÷3×102 ≈ 1 cm（垫板厚度不足 2 cm 按 2 cm 计算）

所以，该件货物的垫板尺寸为：长 80 cm，宽 60 cm，厚 2 cm。

三、货物尺寸要求

货物的最长、最宽、最高的限制取决于所装机型的舱门大小和机舱容积。如果货物过长、过宽或过高而无法装入飞机货舱时，也就不能放在该机型的飞机上正常运输。对于这样的货物，除非承运人可以安排较大的机型，否则拒绝接收。对于散货舱货物来说，可以通过其所装机型的装载表来判断是否可以接收。

例如，一件 50 kg，长、宽、高分别是 230 cm×85 cm×70 cm 的货物，并且此货物不能倾斜，是否可以装入 B737-800 前下货舱内？

表 2.4　货物装载表

B737-800 前下货舱货物装载尺寸（轻货，人工装载）

高/cm	宽/cm									
	12	25	38	50	63	76	88	101	114	121
12	711	701	693	614	520	452	401	360	330	294
25	703	695	635	533	459	403	360	327	299	284
30	703	693	591	500	434	383	342	312	287	279
35	698	673	558	477	429	368	330	302	279	271
40	695	627	523	449	401	353	317	289	269	261
45	693	579	490	424	373	335	302	279	259	254
50	645	533	457	398	353	317	289	266	248	243
55	586	492	424	373	332	299	274	254	238	231
60	533	449	391	347	309	281	256	238	226	220
66	477	408	360	320	287	261	238	223	210	205
71	426	373	314	294	266	241	223	208	195	193
76	381	332	297	266	241	220	203	187	180	175
81	332	294	264	238	215	195	180	167	160	157
86	284	254	228	205	185	170	154	144	137	134
长/cm										

如表 2.4 中，没有对应的数据时，选择数据上限，选择宽 88 cm、高 71 cm，对应的 223 cm 为允许的最长，而货物实际长度为 230 cm>223 cm，所以此货物不能装入 B737-800 前下货舱。

第四单元 »»»»»»»»
货物包装

货物包装是否符合空运要求，决定了此货物能否安全地运达目的地。

一、一般要求

托运人有责任采用适当的方式包装货物，以保证货物在正常操作过程中安全运输，且不能危害飞机、人员及其他物品的安全。航空运输货物的包装要坚固、结实，具有通风、防潮、防震、防漏、防腐蚀、防散失、防盗窃等性能。

收运时如发现包装件破损或包装方式不符合运输要求，应要求托运人修复或重新包装，直到其符合运输要求为止。

①包装应适合货物的性质、状态和重量。

货物的包装和货物的性质息息相关，不同的货物，性质不同，包装的方式也不同。例如危险品、活体动物、水产品，它们的包装都有严格的要求，具体参阅 IATA DGR、LAR 和 PCR。

即使是同一类货物，名称不同，同样也要采取不同的包装方式，例如活体动物，运输犬类和灵长类动物，采用的包装也不相同。货物的状态不同，包装方式也不相同。例如，鱼类，活的还是冷冻、冷藏等，包装也不相同。还比如，有的货物为固体，有的为液体，还有的为气体或粉末状货物，采取的包装方式也不尽相同。货物的重量不同，包装也不相同。

②货物包装应坚固、完好。

③货物包装应防止伤害操作人员或损坏飞机、地面设备及其他物品。

④包装还要便于搬运、装卸和码放。

⑤包装外表面不能有突出的钉、钩、刺等，外部要整洁、干燥，没有异味和油渍。

⑥使用木屑、纸屑作为衬垫材料货物，包装必须严密，衬垫物不能泄漏。

⑦可以使用包装袋来加强货物的包装，以保证货物在运输过程中不致散开。

⑧严禁使用稻草制品、动物产品或泥土制品作为包装及捆扎材料。

⑨集合包装（或称为组合运输包装），是指将若干个单件运输包装组成一件大包装，应能保证在运输过程中各个单独的包装件不会分离。

二、部分货物的特殊包装要求

（一）液体货物

液体货物的包装容器内部必须留有 5%～10% 的空隙，封盖必须严密，不得溢漏。

如果用玻璃容器盛装的液体，每一容器的容量不得超过 500 mL。单件货物毛重不宜超过 25 kg。箱内应使用衬垫和吸附材料填实，防止晃动或液体渗出。盛放液体的包装应能承受因高度变化而产生的压力和温度变化。

水产品的包装，应根据货物种类选择符合安全要求的包装方式。见 IATA《活体动物运输规则》和《鲜活易腐货物运输规则》。

（二）粉状货物

粉状货物的包装不能使用袋状外包装。

用硬纸桶、木桶、胶合板桶盛装的，要求桶身不破、接缝严密、桶盖密封，桶箍坚固结实。

用玻璃瓶做内包装的，每瓶内装物的重量不宜超过 1 kg。用铁制或木制材料作外包装，箱内用衬垫材料填实，单件货物毛重不宜超过 25 kg。

（三）精密易损，质脆易碎货物

单件精密易损，质脆易碎的货物毛重以不超过 25 kg 为宜，可以采用以下方法进行包装：

①多层次包装：即内装物—衬垫材料—内包装—衬垫材料—运输包装（外包装）。

②悬吊式包装：即用几根弹簧或绳索，从箱内各个方向把货物悬置在箱子中间。

③防倒置包装：即底盘大、有手提把环或屋脊式箱盖的包装；不宜平放的玻璃板、风挡玻璃等必须使用此类包装。

④玻璃器皿的包装：应使用足够厚度的泡沫塑料及其他衬垫材料围裹严实，外加坚固的瓦楞纸箱或木箱，箱内物品不得晃动。

（四）裸装货物

有些大型机械设备、建筑材料、金属构件、轮胎等在运输中可以不用包装，但这些货物必须安装有便于运输操作的设施，如供叉车用的底盘、便于搬运的把手等。轮胎等不便操作的物品，应将其固定在托盘上；对于机械设备上的易损部件，应对其进行保护性包裹；对于裸装货物中的探出部分或尖锐边缘应进行包装，以避免损伤操作人员或损坏飞机及设备。

（五）大型货物

体积或重量较大的货物底部应有便于叉车操作的枕木或底托，货物外包装上应注明重心位置以避免在叉车操作时货物失去平衡，导致损坏。

需要吊车操作的超大超重货物，应注明重心位置和由此吊起的图示，如图2.2所示。

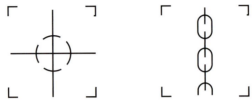

图2.2　货物重心位置和由此吊起

三、部分货物包装的基本要求

（一）纸箱

纸箱应能承受同类包装货物码放3 m或4层高的总重量。当同种类的货物码放至3 m或4层高时，最底一层货物的包装不应有变形或凹陷。

（二）木箱

木箱的厚度及结构要适合货物安全运输的需要，不得有腐蚀、虫蛀、裂缝等缺陷。如果目的站国家要求将包装进行熏蒸处理后才可使用，托运人应遵守此规定并提供相关证明。对于未进行检疫除害处理的木质包装材料及货物，在进口港将被进行除害、焚烧或退还处理。但下列情况除外：

①厚度未超过6 mm；

②经高温加压方式胶合；

③经油漆或染色剂处理；

④经木焦油或其他防腐剂处理；

⑤已盛装酒类的木质容器。

（三）金属桶

金属桶的厚度及强度应与内装货物的重量相适应。接缝处必须焊接完好。桶的外部应装有便于搬运的把手，否则应将一个或数个桶固定在便于叉车操作的托盘上。

第五单元 »»»»»»»»»

货物标志

货物标志包括货物标记、货物标签。托运人或其代理人必须在货物包装上书写货物标记，并粘贴或拴挂货物标签。

一、货物标志

货物标记是由托运人书写、印刷或粘贴在货物外包装上的有关信息、操作注意事项和说明等。在对货物进行交付、组装、仓储、装卸机时，要遵循操作要求，从而保证货物的安全运输。

（一）货物标记的内容

托运人或其代理人必须在货物外包装书写货物的始发站、目的站、收发货人名称、地址、电话或传真号码等内容。

除此之外，根据货物的性质，注明如下内容：

①货物合同号、贸易标记、包装系列号等；

②货物储运注意事项，如"向上""易碎"等，大件货物的包装表面标明的"重心点""由此吊起"等由文字及/或图案组成的操作图示，如图2.3所示。

图2.3　货物外包装上的部分标记

③货物的单件毛重及/或净重。

（二）书写货物标记注意事项

①货物标记应与货运单的有关内容相一致。

②托运人使用旧包装，必须清除原包装上的残旧货物标记。

③货物包装上的标记应附着牢固，字迹、图案清晰，容易识别。

④托运人应在其托运的每一件货物的包装上书写货物标记。如果货物表面不便于书写，可写在纸板、木板或布条上，再钉、拴在外包装上面。

二、标签

货物标签包括识别标签、特种货物标签和操作标签。

（一）识别标签

识别标签是粘贴或拴挂在货物外包装上，便于运输过程中识别货物流向及相关信息，保证运输正常的货物标志之一。识别标签是标明货物的货运单号码、始发站、目的站、件数、重量（包括本件货物重量）的标志。为了区分不同承运人的货物，在识别标签上均有承运人的名称和标志。

识别标签有两种，分为粘贴用的软纸不干胶标签和拴挂用的硬纸标签，如图2.4和图2.5所示。

图2.4　粘贴式识别标签

图2.5　拴挂式硬纸标签

（二）特种货物标签

特种货物标签主要是要求工作人员按照货物的特性进行操作，预防事故的发生。特种货物标签主要有活体动物、鲜活易腐和危险品等标签，其图形、名称、尺寸、颜色均应符合国家及国际标准。

1. 鲜活易腐货物标签

"鲜活易腐货物"标签表示货物在运输过程中容易发生腐烂变质，需要给予特殊照顾，如图2.6、图2.7所示。

图2.6　粘贴式鲜活易腐货物标签　　图2.7　拴挂式鲜活易腐货物标签

2. 活体动物标签

运输活体动物时，包装件上粘贴"活体动物标签"，表示货物的性质，以便于引起注意。

活体动物标签有两种颜色，橘红颜色标签要粘贴在"实验用动物"的外包装上，在运输中要特别注意，为防止受细菌感染，此类动物应装入经消毒的容器内，除非是收货人或在收货人的指导下，否则任何人不得随意开启包装检查或喂食、喂水，以免此动物的健康受到影响；绿颜色标签粘贴在其他活体动物的外包装上。如图 2.8—2.11 所示。

图 2.8　粘贴式活体动物标签

图 2.9　拴挂式活体动物标签

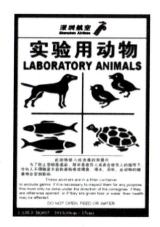

图 2.10　粘贴式实验用动物标签

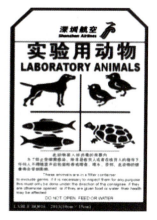

图 2.11　拴挂式实验用动物标签

在动物运输中，为保证通风，一般不要求使用贴签，而是用挂签。

3. 危险品标签

危险品标签的图形、尺寸由国际航协统一制定。

每一类危险品或同一类中不同项的危险品，都有各自不同的象形图案或颜色，标签的下角处都标有危险品的类别或项别编号，参见图 2.12 为 IATA 危险品标签。危险品标签又分为危险性标签和操作性标签。

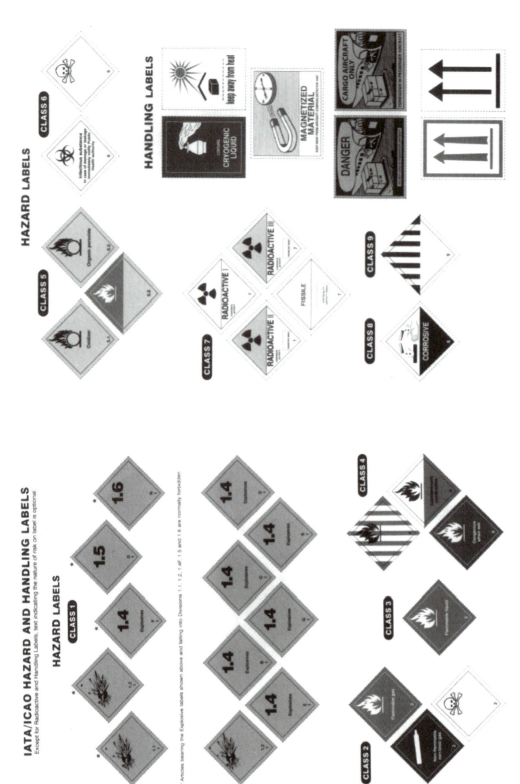

图 2.12　IATA危险品标签

（三）操作标签

操作标签是指标明货物储运注意事项的各类标签。其作用是提示工作人员按标签的要求操作，以达到安全运输的目的。操作标签的图形、名称、尺寸、颜色均应符合国家及国际标准。

操作标签包括向上标签、易碎物品标签、谨防潮湿标签、"货物"标签（对于作为货物运输的行李以及其外形类似于集装设备的货物，为防止在运输过程中漏卸、丢失，应粘贴或拴挂的标签）、紧急航材（AOG）标签、急件货物标签及其他表示货物性质或储运要求的标签。

1. 急件货物标签

适用于急件或有运输时间限制的货物，如图2.13所示。

图2.13 急件货物标签

2. 易碎物品标签

适用于精密仪器、玻璃器皿及其他质脆易碎货物，如图2.14所示。

图2.14 易碎货物标签

3. 小心轻放标签

适用于活体动物、精密仪器、危险物品、灵柩等货物，如图2.15所示。

4. 向上标签

适用于所有在运输中必须保证货物直立向上、不能倾斜或倒置的货物，如图 2.16 所示。

图 2.15　小心轻放标签　　　　　图 2.16　向上标签

5. 谨防潮湿标签

适用于所有在运输过程中必须保证货物干燥、不能受潮或水浸的货物，如图 2.17 所示。

6. 紧急航材标签（AOG）

适用于飞机停场或在外发生故障抢修所急需的航材，如图 2.18 所示。

图 2.17　谨防潮湿标签　　　　　图 2.18　紧急航材标签

7. 押运货物标签

仅适用于国内运输的押运货物，如图 2.19 所示。

8. 不正常货物标签

适用于不正常运输的货物，如图 2.20 所示。

9. 温度限制标签

适用于在运输过程中有温度限制要求的货物，如图 2.21 所示。

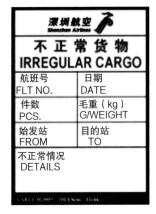

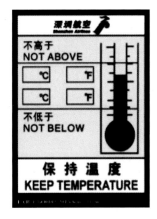

图 2.19 押运货物标签　　　图 2.20 不正常货物标签　　　图 2.21 温度限制标签

（四）标签的填写、粘贴和拴挂

识别标签上的各项内容应与货运单一致，字迹清晰，容易辨认。粘贴或拴挂标签时要注意如下事项：

①货物标签应由托运人粘贴（或拴挂）。承运人应协助托运人正确地粘贴（或拴挂）标签，并检查标签粘贴（或拴挂）情况，发现错、漏或位置粘贴不当时，应立即纠正。

②所有货物标签应粘贴（或拴挂）在与收货人姓名、地址相邻的位置。

③托运人使用旧包装时，必须清除原包装上的残旧标签。

④每件货物应至少牢固地粘贴（或拴挂）一个识别标签。如果一个包装件超过 0.4 m³（15 ft³），应在包装件上粘贴（或拴挂）2 个识别标签。当一件货物需粘贴（或拴挂）两个或两个以上标签时，应在包装两侧对称部位粘贴（或拴挂）。

⑤因货物包装材料或其他限制原因，不能保证货物标签在运输过程中不会脱落时，应将货运单号码、始发站、目的站写在货物的外包装上。

⑥包装形状特殊的货物，应根据情况将标签粘贴（或拴挂）在明显部位。

⑦特种货物应粘贴（或拴挂）特种货物标签。

⑧用玻璃瓶作为内包装的货物和精密易损、质脆易碎的货物，必须粘贴（或拴挂）易碎物品标签、谨防潮湿或者向上标签。

⑨含有液体的货物包装上必须粘贴向上标签。

⑩标签应粘贴（或拴挂）在货物的侧面，不得粘贴（或拴挂）在货物的顶部或底部。

⑪标签不得粘贴（或拴挂）在包装带上。

⑫在装卸、仓储保管过程中要注意保持标签的完整。遇有脱落或辨认不清的，应根据货运单及时核对补齐。

第六单元 »»»»»»»
货物收运检查

一、禁止运输物品

货物禁止运输通常是指国际公约、始发站、中转站、目的站国家法律、法规、政府规定及相关承运人禁止运输的物品。

承运人可以在一段时间内拒绝运输任何的某个航程、某个航段、某个区域之内、某个中转站、某个品名及等级的货物。

承运人一旦作出禁运决定，应向各个代理人、承运人及有关部门发出禁运通告。生效日为次日 GMT 时间 0001，在生效之前仍可运输。

如果货物禁运取消，承运人会发布取消禁运的通告。取消时间以禁运通告中发布的时间为准。在禁运通告中未发布取消时间的，以取消禁运的通告发布时间为准。

例如 2003 年意大利政府发出紧急通知（文件号 583，2003 年 4 月 4 日），即日起禁止来自中国（包括香港地区）的活体动物运至意大利（包括从其他国家经中国中转至意大利）。

2005 年 4 月 8 日，公司下发取消禁运通知：根据意大利政府动物检疫部门的通知，意大利政府已解除对来自中国（包括香港地区）的活体动物（禽鸟类动物除外）的禁运通知。

二、限制运输货物

介绍货物收运检查前，首先应了解货物收运中的限制条件。

（一）一般规定

国际货物运输必须遵守有关国际公约、始发站、目的站和中转站国家的法律和行政法规。严禁收运有关国家法律和行政法规禁止运输的物品。

相关国家的法律和规定限制运输的货物，必须具备符合规定的手续和条件。

货物的重量、包装、外形尺寸、货物标志均应符合国货航及相关承运人的规定。

货物不致危害飞机、人员、财产的安全，也不能使机组、旅客感到不适。

托运人提出的货物储运要求不能超出相关承运人的储运条件。

（二）货物性质的限制

由于活体动物、危险品、鲜活易腐货物、贵重物品、湿货、尸体、枪械、弹药、汽车运输的特殊性，会存在各种的限制条件，详见特种货物收运章节。

非密封包装的机器或铸件、钢架等货物要便于装卸，易损坏部分要进行保护性包装，并且包裹其突出部分以免伤及飞机和人员。

带有电源的电器、玩具、工具等货物时，应将电源独立包装；不能分开包装的应采取措施防止开关在储运过程中被意外开启。使用干电池作为电源的警棍、电筒、电钻、玩具等物品，必须将干电池取出或将电池正负极倒放。

（三）货物声明价值的限制

除另有约定外，国内运输每票货物的声明价值不得超过 80 万元人民币，国际运输每份货运单的货物声明价值的最高限额不超过 10 万美元或其等值货币。一份货运单的货物声明价值超过 10 万美元或其等值货币时，请托运人用几份货运单托运货物，由此产生的费用差额由托运人承担；或报请承运人批准，方可收运。

（四）货物重量和包装尺寸的限制

①如前所述，根据航班机型及始发站、中转站和目的站机场的设备条件、装卸能力确定可收运货物的最大重量和尺寸。

②非宽体飞机，单件货物的最大重量一般不超过 150 kg。

③宽体飞机，可以根据航线机型的装载能力、货舱舱门尺寸和可装载货物长度确定可收运货物的最大尺寸和重量。

④货物包装的最小尺寸为 30 cm×20 cm×10 cm，低于此数据的货物，由托运人加大包装。

对于一般文件、信函、X 光片、零星托运的新闻录像带、录音带、光碟等，应要求托运人使用纸箱或木箱作为货物外包装。使用其他材料作为外包装的，包装强度必须能够保证货物在运输过程中不会因积压而损坏。使用布质口袋或网袋作外包装的，应有内包装。

⑤货物对地板的压力不能超过机舱地板的最大承受能力，否则添加垫板。

⑥货物的最长、最宽、最高取决于所装机型的舱门大小和机舱容积。

对于散货舱货物来说，可以通过其所装机型的装载表来判断是否可以接收。

对于集装货物来说，可以通过集装器适配机型来判断是否可以接收。

（五）压力、通风和温度的限制

不同的机型对货舱内的压力、通风和温度的调整范围有很大的差异。

对于有温度要求的活体动物或鲜活易腐货物，应装在能进行温度调控的货舱内。

一些飞机的下货舱没有通风系统，只有产生压差时，空气才会通过客货舱通气活门进行内部流通。当飞机停在机坪上、舱门关闭后，就不会有任何空气流通。

有一些飞机的下货舱温度无法控制，在飞行过程中，这些货舱靠地板下或地板下面的空调散热管道的余温加热。

三、货物收运检查

承运人或代理人收运货物时，应查验托运人的有效身份证件及/或当地政府主管部门要求的其他有效文件。

收运货物时应认真检查货物包装，核对货物品名，清点货物件数，凡不符合航空运输要求的，应请托运人改进。

所有收运的货物必须通过计重获取货物的毛重，通过度量货物的包装尺寸获取货物的体积。

对托运人托运的货物有疑问时，收运人员应核查运输文件并会同托运人检查货物。托运人不得谎报品名或者在普通货物内夹带禁止或限制运输的物品。

为什么要进行文件和货物的检查呢？这些涉及货物按什么收运、如何运输等问题。

下面就为什么进行货物品名、重量、尺寸、付款方式、文件等内容的检查作一介绍。

（一）货物品名的检查

通过货物品名的检查，可以确认：

是否是危险品。如果是危险品的话，要按照 IATA《危险品规则》收运货物。

是否是活体动物。如果是活体动物的话，要按照 IATA《活体动物运输规则》收运货物。

是否是鲜活易腐货物。如果是鲜活易腐货物的话，要按照 IATA《鲜活易腐货物规则》收运货物。

是否属于国家或承运人禁止或限制货物。如果属于有关国家或承运人禁止运输的货物，应拒绝接收；如果属于限制运输的货物，具备运输条件时，才可接收。

特种货物有没有特殊操作要求，是否需要操作设施，是否有温度要求。运输贵重物品是否有安全措施；有温度要求的货物，是否有相应的仓库，比如冷藏库或冷冻库等。

货物品名是计算货物运费的依据。不同货物的品名，采用的运价不同，有普通货物运价、指定商品运价、等级货物运价等。

还可以根据货物品名确定正确的操作方法，如"向上""易碎""鲜活易腐"货物等。

（二）重量检查

货物的重量是计算货物运费、准备飞机配载与平衡、确认货物破损或丢失时承运人责任、计算货物垫板（需要的话）、是否需要特殊操作设施、适用机型等的依据。

（三）尺寸的检查

根据货物尺寸可以确认是否要用体积重量计收货物运费、是否可以装入某类机型的货舱内、在集装器或货舱内最大容积、是否大于最小要求的尺寸等内容。

（四）付款方式的检查

付款方式是采用运费预付还是到付。如果是运费到付，目的站国家和承运人是否可以办理运费到付业务，采用现金、支票、信用卡还是杂费证支付货物运费。

如果是货到付款，承运人是否接受此项业务。

（五）文件检查

检查货物托运书、货运单、危险品申报单、活体动物证明书等运输文件是否填写正确、完整；允许进出口等文件是否有效等。

（六）国家规定

检查货物运输的始发站、目的站、中转站等国家有关规定，是否属于禁止运输或限制运输的货物。

（七）货物安全检查

根据《民航法》和《中华人民共和国民用航空安全保卫条例》的规定，所有空运的货物必须经过安全检查（以下简称安检）。经过安检仪器检查合格的货物方可收运；对无法经过安检仪器检查的货物，可以实行开箱检查。

托运人要求免检的货物，既无法通过安检仪器检查又不能开箱检查的超大超重货物，应要求托运人提供关于货物符合航空安全规定的保函。托运人为单位的，保函由本单位保卫部门出具；托运人为个人的，保函应是民航总局公安局或当地机场公安部门出具的同意货物免检或运输的证明文件。货物托运后，保函由收运站留存备查。

既无法通过安检仪器检查，又不能开箱检查，托运人又无法出具保函的货物，必须在仓库内存放24小时以后方可运输。货物的入库时间作为计算存放24小时的起始时间。对于到美国或经美国境内中转的货物，存放48小时以后方可运输。

对有疑问的货物，应进一步检查或检测。对确认有问题的货物或始终不能确定性质的货物应拒绝收运。必要时报告公安部门处理。已经办妥安检手续，托运人临时将货物提出仓库的，再次入库时必须重新安检。

第二部分 运价管理

【知识目标】掌握计费重量的计算；
　　　　　　掌握运价运费的分类及计算；
　　　　　　掌握声明价值附加费的计算；
　　　　　　了解其他费用的计算。

【能力目标】根据货物的实际情况熟练、正确地计算航空运费。

第一单元 》》》》》》》》

运价与运费基础知识

一、基本概念

（一）运价

运价是指托运人与承运人签订货物运输合同当日承运人对外公布生效，或合同双方约定的货物自始发地机场至目的地机场之间的航空货物运输价格。不包括市内与机场之间、同一城市两个机场之间的运费及其他费用。

运价又称为费率，是承运人运输单位重量的货物所收取的从始发地机场到目的地机场的运输费用，不包括其他费用。

例如，北京到曼谷运输一票货物，其运价如图 2.22 所示：

运输 45 kg 以下的普通货物，运价为每千克 36.66 元人民币；

运输 45 kg 以上（含）300 kg 以下的普通货物，运价为每千克 27.50 元人民币；

运输 300 kg 以上（含）的普通货物，运价为每千克 23.46 元人民币；

从上述可看出，运价是运输单位重量的货物的价格，并且随着重量的增加，运价逐渐降低。

Date/ type	note	item	Min. Wght	Local Curr.
BEIJING				BJS
Y. RENMINBI		CNY	CN	KGS
BANGKOK		TH		
			M	230.00
			N	36.66
			45	27.50
			300	23.46

图 2.22

（二）航空运费

航空运费是指承运人将一票货物自始发地机场运至目的地机场所收取的航空运输费用，是依据货物的计费重量与填开航空货运单当日承运人公布的有效适用的运价相乘计算的费用。计算公式为：

$$航空运费＝计费重量×适用的运价$$

（三）货物运费

货物运费是指在航空货物运输中产生的，应向托运人或收货人收取的费用。货物运费包括航空运费、货物声明价值附加费和其他费用。

（四）最低运费

最低运费是指在两点间运输一票货物应收取的最低航空运费。例如北京到曼谷运输一票货物，不管重量多轻或体积多小，其最低收取标准为人民币230.00元。

（五）其他费用

其他费用是指托运人在托运货物时或收货人提取货物时须向承运人支付的，除航空运费和声明价值附加费以外的与货物运输有关的其他所有费用。除非在公布运价中另有说明，这些费用应包括但不限于：

①货物提取、发送及自/至承运人提供服务的机场或市内货站的服务。

②仓储费。

③保险费。

④运费到付服务费。

⑤海关费用。

⑥主管机构征收或收取的费用或罚金，包括海关关税。

⑦承运人由于修补不完好包装而产生的费用。

⑧重新装机费用或以其他形式退运货物及退回始发站的运输费用。

⑨附加费。

⑩其他类似服务或收费。

二、计费重量

我们知道，飞机的载量是受货物的重量和体积的限制，即飞机所能装载货物的多少，取决于飞机的最大业载（重量）和飞机的货舱体积。如果飞机装的均是重而小的货物，在货舱还没有装满时，已达到飞机的最大业载，这样就浪费了飞机容积；如果飞机装的均是轻而大的货物，在还没有达到飞机的最大业载时，飞机的货舱已装满，同样浪费了飞机的业载。鉴于以上原因，在逻辑上，国际航协建立了一个计费重量。计费重量顾名思义就是指计算货物运费的重量，在此特指计算航空运费的重量。

根据 IATA RULES 3.9.4，国际货物的计费重量以 0.5 kg 为最小单位，重量尾数不足 0.5 kg 的，按照 0.5 kg 计算；0.5 kg 以上不足 1 kg 的，按 1 kg 计算。当货物重量以磅表示时，计费重量以 1 磅为最小单位，小数点后的部分全部进为 1。

国内航空运输的每张航空货运单的货物重量不足 1 kg 时，按 1 kg 计算。贵重物品按实际毛重计算，计算单位为 0.1 kg。

货物计费重量可以是货物的实际毛重、货物的体积重量或较高重量分界点的重量。对于重量重体积小的货物，计费重量一般为货物的实际毛重；对于重量轻体积大的货物，计费重量一般按货物的体积计算。至于什么时间用较高重量分界点处的重量，在运价计算中再作介绍。

（一）尺寸的测量

在测量货物外包装尺寸时，不论是规则的，还是不规则的，都要测量它的最长、最宽、最高，对量出的尺寸进行四舍五入，见表 2.5。

表 2.5 对量出的尺寸进行四舍五入

货物实际尺寸	进位后的尺寸
55.4 cm×36.6 cm×28.5 cm	55 cm×37 cm×29 cm
66.9 cm×77.5 cm×88.1 cm	67 cm×78 cm×88 cm
66.0 cm×77.0 cm×88.0 cm	66 cm×77 cm×88 cm
23（1/2）in×33（3/4）in×16（3/8）in	24 in×34 in×16 in
33（1/8）in×18（3/4）in×22（7/8）in	33 in×19 in×23 in

如果是圆桶，那么，它的最长和最宽应为桶的直径。

（二）体积重量的计算

TACT RULES 3.9.4 规定，每 6 000 cm³ 折合 1 kg；每 366 in³ 折合 1 kg；每 166 in³ 折合 1 磅。

例 1 从印度始发运输的鲜切花和活的植物，从斯里兰卡始发运输指定商品编号为 1024 和 1401 货物时，按照每 7 000 cm³ 折合 1 kg 计算体积重量。

在实际中，应用最多的是按 6 000 cm³ 折合成 1 kg 计算。

计算公式为：

$$货物体积重量 = 货物体积（cm³）÷6 000 cm³/kg$$

轻泡货物的衡量标准：

每 6 000 cm³ 的货物，重量小于 1 kg；或每 366 in³ 的货物，重量小于 1 kg；或每 166 in³ 的货物，重量小于 1 磅。

1. 单件货物的体积重量计算

一票货物，只有一件货物，按照此件货物的尺寸计算体积重量。计算体积重量时，保留小数点后三位数字，再按照计费重量的进位单位进行进位。

例 2 一件尺寸为 38.3 cm×86.5 cm×21.8 cm 的货物，其体积重量计算如下：

此件货物的体积：38.3 cm×86.5 cm×21.8 cm＝38 cm×87 cm×22 cm＝72 732 cm^3

体积重量：72 732 cm^3÷6 000 cm^3／kg＝12.122 kg＝12.5 kg

2. 多件货物的体积重量计算

一票货物，包括多件货物，其体积重量按照多件货物的总体积计算体积重量。

例 3 一票货物，有三种包装方式，数据见表 2.6。

表 2.6 包装方式

包装方式	件　数	尺　寸	毛　重
Drums	4	Diameter 43 cm Height 42 cm	76.1 kg
Crates	2	261 cm×99 cm×80 cm	570 kg
boxes	7	44 cm×27 cm×37 cm	67.6 kg

此票货物的总体积：43 cm×43 cm×42 cm×4＋261 cm×99 cm×80 cm×2＋44 cm×27 cm×37 cm×7＝310 632 cm^3＋4 134 240 cm^3＋307 692 cm^3＝4 752 564 cm^3

体积重量：4 752 564 cm^3÷6 000 cm^3／kg＝792.094 kg＝792.5 kg

（三）计费重量的确定

在确定计算重量时，通常情况下，用货物的实际毛重和体积重量作比较，较高者为计费重量。

例 4 8 boxes，尺寸为 28 in×20 in×20 in，总毛重为 240.1 kg。

体积重量为 28 kg×20 kg×20 kg×8÷366＝244.808 kg＝245.0 kg

体积重量大于货物毛重，所以，此票货物的计费重量按照货物体积重量计算。

计费重量为 245.0 kg。

三、货币及付款方式

（一）货币

从 1990 年 1 月 1 日起，国际标准化组织（International Organization for Standardization，ISO）公布了统一的货币代号，每一 ISO 货币代号由两个字母的国家代号和每一个国家货币的缩写组成。

例如：China→CN，Yuan Renminbi→Y，CN＋Y→CNY

关于各国的当地货币代号请参阅 TACT RULES 5.7.1（CURRENCY TABLE）和 TAC-TRATES 5.3.1（CUNSTRUCTION EXCHANGE RATES）部分。

在一些国家，运价是用美元表示的，而不是真正的当地货币，在组合运价时使用美元兑换率。在国际货物运输中，运价、运费的计算和将一种货币换算成另外一种货币都存在货币的取舍问题。

在本节中只介绍货币的进位规则。

需要进行取舍的货币数值要计算到表中取舍单位后一位。如取舍单位为 1、5、10，则保留小数点后一位，第 2 位舍去；如取舍单位为 0.1、0.5 要保留到小数点后 2 位，第 3 位舍去；0.01、0.10、0.50 要保留小数点后 3 位，第 4 位舍去，依次类推。按照"一半原则"进行取舍。

例 5　已知进位单位，将给出的进位金额进行进位，见表 2.7。

表 2.7

序号	进位金额	进位单位	进位单位的一半	可能的数值	最后数值比较	最后结果
1	100.237	0.01	0.005	100.24 100.23	0.007>0.005 进位	100.24
2	103.2	10	5	110 100	3.2<5 舍去	100
3	106.2	5	2.5	110 105	1.2<2.5 舍去	105
4	100.287	0.50	0.25	100.50 100.00	0.287>0.25 进位	100.50
5	156	20	10	160 140	16>10 进位	160

或者按下列方法计算：

（1）进位单位为 0.01（一半为 0.005），100.237 = 100.23+0.007（>0.005 进位）= 100.24

（2）进位单位为 10（一半为 5），103.2 = 100+3.2（<5 舍去）= 100

（3）进位单位为 5（一半为 2.5），106.2 = 105+1.2（<2.5 舍去）= 105

（4）进位单位为 20（一半为 10），156 = 140+16（>10 进位）= 160

（二）货物运费的支付方式

运费的支付形式分为两种：一种为运费预付；一种为运费到付。

运费预付是指由托运人在始发站支付货物运费的形式，英文称为"Charges Prepaid"，缩写为"PP"。运费到付是指由收货人在目的站支付货物运费的形式，英文称为"Charges

Collect"，缩写为"CC"。

航空运费与声明价值附加费必须同时全部预付或者全部到付。在始发站发生的其他费用全部预付或者全部到付，在始发站能预先确定中转站或目的站所发生的费用，则亦可预付。在运输途中发生的其他费用应全部到付。

（三）货物运费的付款方式

在航空货物运输中，可以使用现金、支票、信用卡支付货物费用。如果承运人同意接收银行转账支票、银行汇票时，还可以使用支票或汇票支付货物费用。

如果旅客将其行李作为货物运输，还可以使用杂费证（Miscellaneous Charges Order，MCO）来支付相关费用。

杂费证是由承运人或者其代理人填开的，是与旅客客票、行李有关的文件，杂费证自填开之日起一年内有效。杂费证在旅客运输中使用比较广泛，所以又称为旅费证，在货物运输中，仅限于支付作为货物运输的行李的运费。

指定运输用的杂费证价值不限，但是不能超过要求提供服务的实际费用。如果杂费证的价值超过 5 000 美元，必须得到填开该杂费证的承运人的确认后方能接受。

非指定运输用和其他服务用的杂费证的价值不能超过 750 美元或者其等值货币，为退款填开的杂费证不受价值限额限制。

填开杂费证的承运人之间必须有业务代理或者财务结算关系。杂费证仅限指定的承运人或者经过签转后指定的承运人使用。但是，任何承运人均可接受未指定接受承运人的杂费证。

除了以上支付货物运费方式外，还有一种支付方式，就是美国政府提单（U. S. Government Bill of Lading，GBL）。

四、运价分类及使用

（一）运价的分类

国际货物运价可以分为 TACT 公布运价和承运人非公布运价。

TACT 公布运价是指航空公司（运输企业）在 TACT RATES 手册中，对公众公开发布和销售的运价。

航空公司非公布运价是航空公司（运输企业）有选择性地提供给特定组织或个人的，不对公众公开发布和销售的运价。

TACT 公布运价有以下分类：

1. 按货物运价的组成分类

按货物运价的组成，运价分为公布直达运价和非公布直达运价（包括比例运价和分段相加运价）。

在 TACT RULES 4.3 公布的自始发地至目的地的运价为公布直达运价。

比例运价是指货物的始发地至目的地无公布直达运价时，采用此运价与已知公布的普通货物运价或指定商品运价相加，构成非公布直达运价。分段相加运价是指货物的始发地至目的地无公布直达运价、同时也不能使用比例运价时，选择适当的运价相加点，按分段相加的方式组成全程最低运价。

2. 按货物的性质分类

按货物的性质，运价分为普通货物运价、指定商品运价、等级货物运价和集装货物运价。普通货物运价是指除了等级货物运价和指定商品运价以外的适合于普通货物运输的运价。它分为 45 kg 以下货物运价（如无 45 kg 运价，则为 100 kg 以下运价）和 45 kg 以上各个质量等级的运价。

指定商品运价是指适用于指定始发站至目的站之间的某些特定品名的货物运价。一般低于普通货物运价。

等级货物运价适用于规定地区内的，在普通货物运价的基础上增加或递减一定的百分比作为某些特定货物的运价，但是这些货物必须无指定商品运价。

集装货物运价是指适用于货物装入集器交运而不另加包装的特别运价。

（二）运价使用一般规定

1. 货物运价应是填开货运单当日有效的货物运价

假如今天是 2009 年 2 月 12 日，则只能使用 TACT RATES 75 期（有效期为 2009 年 2 月 1 日—2009 年 5 月 31 日）的运价，而不能再使用 TACT RATES 74 期（有效期为 2008 年 10 月 1 日—2009 年 1 月 31 日）的运价。

2. 货物运价的使用必须按照货物运输的正方向使用，而不能反方向使用

运价的制订与当地国家的经济条件密切相关。经济条件好的，运价就高，相反运价就低。

例如：北京到东京的 N 运价为每千克 37.51 元人民币，运价如图 2.23 所示。

如果按照反方向使用运价，则东京到北京的 N 运价为每千克 900 日元。

TACT RATES 75 期中，货币换算：

USD1 = CNY 6.82892

USD1 = JPY 95.75500

JPY 900 per kg = CNY 64.18 per kg 明显高于 CNY 37.51 per kg

从以上计算结果可以看出，运输单位重量的货物，使用正方向和反方向运价是不同的，有时相差很多。所以运价只能正方向使用，不能反方向使用。

Date/ Type	note	item	Min. Wght	Local Curr.
BEIJING				BJS
Y. RENMINBI		CNY	CN	KGS
TOKYO		JP		
			M	230. 00
			N	37. 51
			45	28. 13
		0008	300	18. 80
		0300	500	20. 61
		1093	100	18. 43
		2195	500	18. 80

图 2. 23

3. 使用货物运价时，必须符合 TACT 注解和说明中提出的要求和规定的条件

见运价表使用部分的解释。对于不适用的运价，一定要查阅国家和承运人的特殊要求。

4. 在使用货物运价时，应注意按照"从低原则"计算航空运费

当货物重量（毛质或体积重量）接近某一个较高的重量分界点重量时，将该货物重量和对应的货物运价所计算出的航空运费与该重量分界点的重量和对应的货物运价所计算出的航空运费相比较，取其低者。

例如：北京—东京运输 1 件 35 kg 的货物（不考虑体积重量），则航空运费为 35 × 37. 51 = CNY 1 312. 85，运价如图 2. 24。

当计费重量为 45 kg 时，航空运费为 45×28. 13 = CNY 1 265. 85

$$CNY \ 1 \ 265. \ 85 < CNY \ 1 \ 312. \ 85$$

Date/ Type	note	item	Min. Wght	Local Curr.
TOKYO				TYO
Y. RENMINBI		JPY	JP	KGS
BEIJING		CN		
			M	8 500
			N	900
			45	750
		2195	100	480
		6002	100	470

图 2. 24

运输 45 kg 比运输 35 kg 还要支付较少的航空运费，显然是不合理的。为了保护货主的利益，运输 35 kg 时收取与 45 kg 相同的运费，这就是"从低原则"。35 kg 接近较高重量分界点 45 kg，将 35 kg 和对应的货物运价所计算出的航空运费与该重量分界点的重量 45 kg 和对应的货物运价所计算出的航空运费相比较，取其低者。依次类推。

（三）运价代号

运价代号是指在货运单上运价等级栏内注明的代号，特指所使用的运价。

M—Minimum charge，最低运费。

N—Normal Rates，45 kg 以下的普通货物标准运价。当不存在 45 kg 以下运价时，例如 LONDON - NAIROBI 运价，无 45 kg 重量分界点，N 就是指 100 kg 以下运价。

Q—Quantity Rates，重量分界点运价，45 kg（含）以上普通货物运价，包含不同重量分界点（100、300、500…）相对应的运价。

C—Specific Commodity Rates，指定商品运价。

P—International priority service rate，国际优先服务运价。

S—Surcharge Class Rates，附加等级运价。

R—Reduce Class Rates，附减等级运价。

（四）运价使用顺序

1. 使用公布直达运价

只要自始发地至目的地有公布直达运价时，各航空公司都应使用公布直达运价，任何采用分段相加而获得的较低运价都不得使用。

2. 使用比例运价

如果自始发地至目的地无公布直达运价时，应首先使用比例运价组成全程直达运价。

3. 使用分段相加运价

如自始发地至目的地无公布直达运价和比例运价时，最后只能通过选择最合理的运价相加点，分段相加组成最低的全程运价。

第二单元 »»»»»»»»
最低运费

一、基本概念

最低运费是指在两点间运输一票货物应收取的最低航空运费。也就是说，一票货物自始发地机场运至目的地机场航空运费的最低限额。如前所述，北京到曼谷运输一票货物，不管重量多轻或体积多小，航空运费最低收取人民币 230.00 元。

二、使用规定

当使用适用运价乘以计费重量计算出的航空运费低于最低运费时，应取最低运费。

最低运费优先于任何组合的最低运费和除在其他规定中特别指明外的按其他任何规定计算出的最低运费。

最低运费中不包括声明价值附加费。

最低运费适用于一票货物。也就是说，在计算货物运费时，一票货物的总运费不能低于最低运费。

在 TACT RATES 中，没有公布的最低运费，可从 TACT RULES 3.4.2 区域性最低运费中查阅，即某国至某一区域或国家航空运费的最低限额。

第三单元 》》》》》》》》
普通货物运价与运费

一、基本概念

普通货物运价（GENERAL CARGO RATES，GCR）是指除了等级货物运价和指定商品运价以外的适合于普通货物运输的运价。在 TACT RATES 4.3 中以两点间直达运价形式公布。从运价表中可以看出，重量越高，对应的运价越低，呈递减趋势。普通货物运价代号有 N、Q、M。

二、计算方法

根据"航空运费＝计费重量×适用的普通货物运价"计算公式，可知计算步骤如下：

①根据货物实际毛重和体积重量，确定计费重量。

②根据计费重量，确定重量分界点，选择适用的普通货物运价。

③如存在较高重量分界点、较低运价时，要遵循"从低原则"。

④最低运费的检查。也就是说，由以上公式计算的航空运费，如低于最低运费时，按最低运费收取费用。

例 1　按照普通货物运价的 N 运价（GCR N）收取的航空运费，运价如图 2.25。

Routing：BJS/TYO

Commodity：Ceramic Kitchen Wares

Total Gross Wt：15 kg

Dims：1 box，50 cm×40 cm×30 cm

Payment：PP

Date/Type	note	item	Min. Wght	Local Curr.
BEIJING Y. RENMINBI	CNY	CN	BJS KGS	
TOKYO	JP			
			M	230.00
			N	37.51
			45	28.13
		0008	300	18.80
		0300	500	20.61
		1093	100	18.43
		2195	500	18.80

图 2.25

体积重量：50 cm×40 cm×30 cm÷6 000＝10 kg<毛重 15 kg，

则计费重量为 15.0 kg

适用运价：CNY 37.51 per kg

航空运费：15.0×37.51＝CNY 562.65>Min Charge CNY 230

在填写运价计算栏时，Rate Class 栏内填写 N 字样，代表按照普通货物运价的 N 运价计算货物航空运费。另外，在品名栏内，按照名称（具体名称）、尺寸（长×宽×高×件数）、体积（以立方米为单位，保留 2 位小数，第二位数字后有数就进位）的顺序填写。

本题运价计算栏的填写如图 2.26 所示。

Currency CNY	CHGS Code	WT/VAL		Other		Accounting Information	
		PPD ×	COLL	PPD ×	COLL	Declared Value for Carriage NVD	Declared Value for Customs NCV
Handling Information							

No of Pieces RCP	Cross Weight	kg 1b	Rate Class			Rates / Charge	Total	Nature and Quantity of Goods (incl. Dimensions or Volume)
				Commodity Item No.	Chargeable Weight			
1	15.0	K	N		15.0	37.51	562.65	CERAMIC KITCHEN WARE DIMS：50 cm×40 cm×
1	15.0						562.65	30 cm×1 0.06 m³

图 2.26

例 2 按照普通货物 Q 运价（GCR Q）收取的航空运费

Routing：BJS/TYO

Commodity：TELEVISIONS APPARATUS

Total Gross Wt：125 kg

Dims：5 box，50 cm×40 cm×30 cm each

Payment：PP

体积重量：50 cm×40 cm×30 cm×5÷6 000＝50. 0 kg

毛重：125 kg

计费重量：125 kg

适用运价：CNY 28. 13 per kg

航空运费：125. 0×28. 13＝CNY 3 516. 25＞Min Charge CNY 230. 00

运价计算栏的填写如图 2. 27 所示。

Currency CNY	CHGS Code	WT/VAL		Other		Accounting Information	
		PPD ×	COLL	PPD ×	COLL	Declared Value for Carriage NVD	Declared Value for Customs NCV
Handling Information							
No of Pieces RCP	Cross Weight	kg 1b	Rate Class		Rates	Total	Nature and Quantity of Goods (incl. Dimensions or Volume)
			Commodity Item No.	Chargeable Weight	Charge		
5	125. 0	K	Q		125. 0	28. 13	3 516. 25	TELEVISIONS APPARTUS DIMS：50 cm×40 cm×
5	125. 0						3 516. 25	30 cm×5 0. 30 m³

图 2. 27

例 3 按照最低运费（M）收取的航空运费。

Routing：BJS/TYO

Commodity：HANDICRAFTS

Total Gross Wt：2. 5 kg

Dims：1 box，30 cm×25 cm×15 cm

Payment：CC

体积重量：30 kg×25 kg×15 kg÷6 000＝1. 875 kg<2. 5 kg

毛重：2. 5 kg

适用运价：GCR N＝CNY 37. 51 per kg

航空运费：2. 5×37. 51＝CNY 93. 775＝CNY 93. 78<Minimum Charge CNY 230. 00

所以运输上述货物的航空运费取最低运费 CNY 230. 00

在运价计算栏的 "Rate Class" 栏内填写 M，代表按照最低运费收取货运运费，在 "Rate/Charge" 和 "Total" 栏内均填写最低运费金额。

运价计算栏的填写如图 2. 28 所示。

| Currency CNY | CHGS Code | WT/VAL | | Other | | Accounting Information | |
		PPD ×	COLL	PPD ×	COLL	Declared Value for Carriage NVD	Declared Value for Customs NCV
Handling Information							

| No of Pieces RCP | Cross Weight | kg 1b | | Rate Class | | Rates / Charge | Total | Nature and Quantity of Goods (incl. Dimensions or Volume) |
				Commodity Item No.	Chargeable Weight			
1	2.5	K	M		2.5	230.00	230.00	HANDICRAFTS DIMS: 30 cm×25 cm×
1	2.5						230.00	15 cm×1 0.02 m³

图 2.28

例 4 存在较高质量分界点、较低运价，遵循"从低原则"（GCRN 与 GCRQ 比较，取低者）计收的航空运费，运价如图 2.29 所示。

Routing：PEK/LON BY CA

Commodity：TRANSISTORS

Total Gross Wt：34.7 kg

Dims：3 box，50 cm×30 cm×30 cm each

Payment：PP

Date/ Type	note	item	Min. Wght	Local Curr.
BEIJING				BJS
Y. RENMINBI		CNY	CN	KGS
LONDON		GB		
			M	320.00
			N	63.19
			45	45.22
			300	41.22
			500	33.42
			1 000	30.71

图 2.29

体积重量：50 cm×30 cm×30 cm×3÷6 000＝22.5 kg<34.7 kg（毛重）

计费重量：34.7 kg＝35.0 kg

适用运价：GCR N＝CNY 63.19 per kg

航空运费：35×63.19＝CNY 2 211.65

但是，当计费重量为 45 kg 时，运价为 GCRQ 45＝CNY 45.22 per kg

航空运费为 45.0×45.22＝CNY 2 034.90<CNY 2 211.65

所以按照"从低原则"，选择较低运费 CNY 2 034.90 为最后结果。

在运价计算栏的"Rate Class"栏内填写 Q，代表按照普通货物的 Q 运价收取航空运费。

在"Chargeable Weight"内填写 45.0，代表按照较高重量分界处重量计算航空运费。

运价计算栏的填写如图2.30所示。

		WT/VAL		Other		Accounting Information	
Currency CNY	CHGS Code	PPD ×	COLL	PPD ×	COLL	Declared Value for Carriage NVD	Declared Value for Customs NCV
Handling Information							

No of Pieces RCP	Cross Weight	kg 1b	Rate Class		Rates / Charge	Total	Nature and Quantity of Goods (incl. Dimensions or Volume)
			Commodity Item No.	Chargeable Weight			
3	34.7	K	Q	45.0	45.22	2 034.90	TRANSISTORS DIMS：50 cm×30 cm×
3	34.7					2 034.90	30 cm×3 0.14 m³

图 2.30

第四单元 》》》》》》》》
等级货物运价与运费

一、基本概念

等级货物运价是指在普通货物运价的基础上附加或附减一定的百分比的运价。

活体动物、贵重货物、尸体骨灰、机动车辆等的运价是附加运价；书报杂志和作为货物运输的行李的运价是附减运价。

等级货物运价，适用于等级货物在某一区域或两个区域之间运输时，使用的运价。等级货物运价在 TACT RATES 中没有直接公布，而是按照 TACT RULES 3.7 规则计算而得的。

由几个空运企业联运的等级货物，如果各承运人无特殊规定时，可使用自始发地至目的地的直达运价；如果联运时，某个承运人航段有特殊百分比规定时，则只能按分段相加的办法组成全程等级运价。

下面介绍活体动物、贵重货物、尸体骨灰、机动车辆、书报杂志和作为货物运输的行李的运价具体使用方法。

本节介绍的等级货物运价不适用于 ECAA 间的国家、到/从澳大利亚和美国与 ECAA 之间的运价。涉及以上区域的等级货物运价，参阅相应国家或承运人的特殊要求。

二、活体动物运价

（一）活体动物运价如图 2.31 所示（TACT RATES 3.7.2）

	ZATA AREA					
ALL LIVE ANIMALS Except：Baby Poultry Less than 72 hours old	Within 1	Within 2（see also Rules 3.7.1.3）	Within 3	Between 1 & 2	Between 2 & 3	Between 3 & 1
	175% of Normal GCR	175% of Normal GCR	150% of Normal GCR Except：1 below	175% of Normal GCR	150% of Normal GCR Except：1 below	150% of Normal GCR Except：1 below
BABY POULTRY Less than 72 hours old	Normal GCR	Normal GCR	Normal GCR Except：1 below	Normal GCR	Normal GCR Except：1 below	Normal GCR Except：1 below
Exception：Within and from the South West Pacific sub-area：200% of the applicable GCR.						

图 2.31

（二）最低运费

最低运费，按适用的最低运费的 200% 收取。

（三）活体动物运价表的使用说明

当图 2.31 中出现"175%（150%）of Normal GCR"，表示适用运价为普通货物运价 N 运价的 175%（150%）。即 N×175%（N×150%）得出的运价。不考虑货物的计费重量。记作：SN 175 或 SN 150。

当图 2.31 中出现"Normal GCR"，表示适用运价为普通货物运价的 N 运价。也不考虑货物的计费重量。记作：SN 100。

例外：在西南太平洋次区之内或从西南太平洋次区始发，运价为 200% of the applicable GCR，表示适用运价为适用的普通货物运价的 200%，记作：SN 200 或 SQ 200。此时，要考虑货物的计费重量了。

注意，动物容器、食物等包括在货物计费重量之内。

（四）活体动物运价与运费的计算

例 1　Routing：BJS/TYO

Commodity：1 LIVE DOG

Total Gross Wt：60.5 kg

Dims：120 cm×40 cm×70 cm×1

Payment：PP

Date/ Type	note	item	Min. Wght	Local Curr.
BEIJING				BJS
Y. RENMINBI	CNY	CN	KGS
TOKYO		JP		
			M	230.00
			N	37.51
			45	28.13
	0008	300	18.80
	0300	500	20.61
	1093	100	18.43
	2195	500	18.80

图 2.32

活体动物运价如图 2.32 所示，BJS 到 TYO 运输活体动物，属于 3 区之内运输犬类，其运价为 150% of Normal GCR。

体积重量：56 kg<60.5 kg

适用运价：SN 150＝CNY 37.51 per kg×150%＝CNY 56.265 per kg

根据 TACT RULES 5.7.1，CNY 进位单位为 0.01，对运价进行进位。

CNY 56.265 per kg＝CNY 56.27 per kg

航空运费：60.5×56.27＝CNY 3 404.335≈CNY 3 404.34（航空运费同样也要进行进位）。

运价计算栏的填写：

运价计算栏的品名栏，除填写活体动物的具体名称、尺寸外，还应填写 LIVE ANIMAL 或者 AVI 字样，如图 2.33 所示。

Currency CNY	CHGS Code	WT/VAL		Other		Accounting Information	
		PPD ×	COLL	PPD ×	COLL	Declared Value for Carriage NVD	Declared Value for Customs NCV
Handling Information SHIPPER'S CERTIEICATION FOR LIVE ANIMALS ATTACHED							
No of Pieces RCP	Cross Weight	kg 1b		Rate Class		Rates / Charge	Total	Nature and Quantity of Goods (incl. Dimensions or Volume)
				Commodity Item No.	Chargeable Weight			
1	60.5	K	S	N150	60.5	56.27	3 404.34	I LIVE DOG DIMS：120 cm×40 cm× 70 cm×1 0.34 m³ AVI
1	60.5						3 404.34	

图 2.33

例2 Routing：BJS/TYO

Commodity：Day Old Chicks

Total Gross Wt：58 kg

Dims：40 cm×40 cm×20 cm×5

Payment：PP

活体动物运价如图 2.34 所示，BJS 到 TYO 运输活体动物，属于 3 区之内运输幼禽类，其运价为 Normal GCR.

Date/ Type	note	item	Min. Wght	Local Curr.
BEIJING				BJS
Y. RENMINBI	CNY	CN		KGS
TOKYO		JP		
			M	230.00
			N	37.51
			45	28.13
		0008	300	18.80
		0300	500	20.61
		1093	100	18.43
		2195	500	18.80

图 2.34

体积重量：27.0 kg<58.0 kg

适用运价：SN 100＝CNY 37.51per kg×100%＝CNY 37.51per kg

航空运费：58.0×37.51＝CNY 2 175.58

运价计算栏的填写如图 2.35 所示。

Currency CNY	CHGS Code	WT/VAL		Other		Accounting Information	
		PPD ×	COLL	PPD ×	COLL	Declared Value for Carriage NVD	Declared Value for Customs NCV
Handling Information SHIPPER'S CERTIEICATION FOR LIVE ANIMALS ATTACHED							
No of Pieces RCP	Cross Weight	kg 1b	Rate Class		Rates / Charge	Total	Nature and Quantity of Goods (incl. Dimensions or Volume)
			Commodity Item No.	Chargeable Weight			
5	58	K	S N100	58.0	37.51	2 175.58	DAY OLD CHICKS DIMS：40 cm×40 cm× 20 cm×5
5	58					2 175.58	0.16 m³ AVI

图 2.35

三、贵重货物运价

（一）运价（TACT RULES 3.7.6）（见表 2.8）

表2.8　运价

Area：	Rate：
ALL IATA areas （within Europe see also RULES 3.7.1.3）	200% of the Normal GCR
Exceptions alphabetically listed by country：	
From：	% of the Normal GCR /charge per kg.
· France to all areas	250%
· Russia to all areas（expect Canada，USA）	300%
· Russia to Canada，USA	
a. consignments weighing up to 1 000 kg.	300%
b. consignments weighing 1 000 kg. or over	200%

特别说明：国内运输等级货物运价为该航线基础运价（即公布运价）N 或者最低运费 M 附加 50% 得到的运价，适用于贵重物品、急件、特种货物。

（二）最低运费

按适用最低运费的 200% 收取，但不得低于 50 美元或 200 元人民币或其等值货币。

例外：从法国始发，按适用最低运费的 400% 收取，但不得低于 50 美元或其等值货币。在沙特阿拉伯，按适用最低运费的 200% 收取，但不能低于 SAR 190。

（三）运价与运费计算

例3　Routing：BJS/TYO

Commodity：GOLD WATCHES

Total Gross Wt：15 kg

Dims：40 cm×40 cm×40 cm×1

Payment：CC

体积重量：40 cm×40 cm×40 cm÷6 000＝10.667 kg＝11.0 kg

计费重量：15.0 kg

适用运价（运价如图 2.36 所示）：SN 200＝CNY 37.51 per kg×200%＝CNY 75.02 per kg

航空运费：15.0×75.02＝CNY 1 125.30

SM 200 = 230.00×200% = CNY 460.00

USD 50×6.828 92 = CNY 341.00（按照最低运费进行进位，进位单位为1）

Date/ Type	note	item	Min. Wght	Local Curr.
BEIJING				BJS
Y. RENMINBI	CNY	CN		KGS
TOKYO	JP			
			M	230.00
			N	37.51
			45	28.13
	0008		300	18.80
	0300		500	20.61
	1093		100	18.43
	2195		500	18.80

图 2.36

比较以上费用，取高者 CNY 1 125.30。今后，如不是取最低运费为最后结果，可以不将 SM 200 和 USD 50 写出来。

运价计算栏的填写如图 2.37 所示。

Currency CNY	CHGS Code	WT/VAL		Other		Accounting Information	
		PPD ×	COLL	PPD ×	COLL	Declared Value for Carriage NVD	Declared Value for Customs NCV
Handling Information							
No of Pieces RCP	Cross Weight	kg 1b		Rate Class		Rates / Charge	Total	Nature and Quantity of Goods (incl. Dimensions or Volume)
				Commodity Item No.	Chargeable Weight			
1	15.0	K	S	N200	15.0	75.02	1 125.30	GOLD WATCHES DIMS：40 cm×40 cm×
1	15.0						1 125.30	40 cm×1 0.07 m³

图 2.37

例 4 Routing：BJS/TYO

Commodity：WATCH，Delared Value for carriage CNY 15 thousand.

Total Gross Wt：1.5 kg

Dims：30 cm×20 cm×20 cm×1

Payment：PP

USD 1 = CNY 6.828 92

体积重量：30 cm×20 cm×20 cm÷6 000 = 2 kg

计费重量：2.0 kg

Date/ Type	note	item	Min. Wght	Local Curr.
BEIJING				BJS
Y. RENMINBI	CNY	CN		KGS
TOKYO	JP			
			M	230.00
			N	37.51
			45	28.13
	0008	300		18.80
	0300	500		20.61
	1093	100		18.43
	2195	500		18.80

图 2.38

货物每千克毛重的声明价值为 （15 000.00÷1.5）÷6.828 92＝USD 1 464.36 大于 USD 1 000

此票货物按贵重物品计收运费。

适用运价（运价如图 2.38 所示）：SN 200＝CNY 37.51 per kg×200%＝CNY 75.02 per kg

航空运费：2.0×75.02＝CNY 150.04

SM 200＝230.00×200%＝CNY 460.00

USD 50×6.828 92＝CNY 341.00（按照最低运费进行进位，进位单位为 1）

比较以上费用，取高者 CNY 460.00。

运价计算栏的填写如图 2.39 所示。

Currency CNY	CHGS Code	WT/VAL		Other		Accounting Information	
		PPD	COLL	PPD	COLL	Declared Value for Carriage NVD	Declared Value for Customs NCV
		×		×			

No of Pieces RCP	Cross Weight	kg 1b		Rate Class		Rates / Charge	Total	Nature and Quantity of Goods (incl. Dimensions or Volume)
				Commodity Item No.	Chargeable Weight			
1	1.5	K	S	M200	2.0	460.00	460.00	GOLD WATCH DIMS：30 cm×20 cm×20 cm×1 0.02 m³ VAL
1	1.5						460.00	

Handling Information

图 2.39

例 5 Routing：PAR/CTU BY LH

Commodity：OPALS

Total Gross Wt：4.2 kg

Dims：30 cm×30 cm×20 cm×1

Payment：PP

体积重量：30 cm×30 cm×20 cm÷6 000＝3 kg

计费重量：4.5 kg

Date/ Type	note	item	Min. Wght	Local Curr.
PARIS				PAR
EURO		EUR	FR	KGS
CHENGDU	CN			
			M	80.03
			N	18.31
			100	8.75
			300	6.53
		LH	M	75.00
		LH	N	5.85
		LH	100	4.50

图 2.40

适用运价（运价如图 2.40 所示）：SN 200＝EUR 18.31per kg×250%＝EUR 45.775 per kg ＝EUR 45.78 per kg

航空运费：4.5×45.78＝EUR 206.01

SM 400＝75.00×400%＝EUR 300.00

USD 50×0.788 94＝EUR 39.45（按照最低运费进行进位）

比较以上费用，取高者 EUR 300.00.

运价计算栏的填写如图 2.41 所示。

Currency EUR	CHGS Code	WT/VAL		Other		Accounting Information		
		PPD ×	COLL	PPD ×	COLL	Declared Value for Carriage NVD		Declared Value for Customs NCV

Handling Information								
No of Pieces RCP	Cross Weight	kg 1b		Rate Class		Rates / Charge	Total	Nature and Quantity of Goods (incl. Dimensions or Volume)
				Commodity Item No.	Chargeable Weight			
1	1.5	K	S	M400	4.5	300.00	300.00	OPALS DIMS：30 cm×30 cm× 20 cm×1 0.02 m³ VAL
1	1.5						300.00	

图 2.41

四、尸体、骨灰运价

（一）运价（TACT　RULES 3.7.9）（见表2.9）

表 2.9

Area:	Ashes:	Coffin:
ALL IATA areas （except within area 2）	Applicable GCR	Normal GCR
within area 2 （欧洲之内，参阅 TACT RVLES 3.7.1 第 3 段）	300% of Normal GCR	200% of Normal GCR

（二）最低运费

运输尸体、骨灰的最低运费为适用的最低运费，表示为 SM 100。

而在 IATA 2 区之内运输尸体、骨灰，最低运费为 200% 的适用的最低运费，但不能低于 65.00 美元或等值货币，表示为 SM 200。

（三）运价与运费计算

例6　Routing：BJS/TYO

Commodity：HUMAN　REMAINS　IN　COFFIN

Total Gross Wt：180 kg

Payment：PP

Date/ Type	note	item	Min. Wght	Local Curr.
BEIJING				BJS
Y. RENMINBI		CNY	CN	KGS
TOKYO		JP		
			M	230.00
			N	37.51
			45	28.13
		0008	300	18.80
		0300	500	20.61
		1093	100	18.43
		2195	500	18.80

图 2.42

计费重量：180.0 kg

适用运价（运价如图 2.42 所示）：SN 100 = 37.51×100% = CNY 37.51 per kg

航空运费：180.0×37.51 = CNY 6 751.80

运价计算栏的填写如图 2.43 所示。

Currency CNY	CHGS Code	WT/VAL		Other		Accounting Information	
		PPD ✕	COLL	PPD ✕	COLL	Declared Value for Carriage NVD	Declared Value for Customs NCV
Handling Information							
No of Pieces RCP	Cross Weight	kg 1b	Rate Class		Rates	Total	Nature and Quantity of Goods（incl. Dimensions or Volume）
			Commodity Item No.	Chargeable Weight	Charge		
1	180.0	K S	N100	180.0	37.51	6 751.80	HUMAN REMAINSIN COFFIN HUM
1	180.0					6 751.80	

图 2.43

例 7　Routing：LON/NBO

Commodity：HUMAN REMAINS IN COFFIN

Total Gross Wt：180 kg

Payment：PP

Date/ Type	note	item	Min. Wght	Local Curr.
LONDON				LON
UK POUND		GBP	GB	KGS
NAIROBIKE			M	60.00
			N	6.45
			100	5.37

图 2.44

计费重量：180.0 kg

适用运价（运价如图 2.44 所示）：SN 200＝6.45×200%＝GBP 12.90 per kg

航空运费：180.0×12.90＝GBP 2 322.00

运价计算栏的填写如图 2.45 所示。

Currency GBP	CHGS Code	WT/VAL		Other		Accounting Information	
		PPD ✕	COLL	PPD ✕	COLL	Declared Value for Carriage NVD	Declared Value for Customs NCV
Handling Information							
No of Pieces RCP	Cross Weight	kg 1b	Rate Class		Rates	Total	Nature and Quantity of Goods（incl. Dimensions or Volume）
			Commodity Item No.	Chargeable Weight	Charge		
1	180.0	K S	N200	180.0	12.90	2 322.00	HUMAN REMAINSIN COFFIN HUM
1	180.0					2 322.00	

图 2.45

五、报纸、期刊等货物运价

(一) 运价 (TACT RULES 3.7.7)

此类货物包括报纸、杂志、期刊、书、目录、盲人打字机和盲人读物，运输这些物品的货物大于或等于 5 kg 时，按表 2.10 运价计算费用。

表 2.10

Areas:	Rate:
· Within IATA area 1 within Europe (see also RULES 3.7.1.3) Between IATA areas 1 and 2	67% of the Normal GCR
· All other areas	50% of the Normal GCR
Exceptions alphabetically listed by country:	
From:	% of the Normal GCR or as indicated
· From and within Germany on Lufthansa cargo Services	Applicable GCR

上述运价表示方法说明：

67% (50%) of the Normal GCR，表示为 RN67 (RN50)。

Applicable GCR，表示为 RN100 或 RQ100。

(二) Q 运价

如果按普通货物 45 kg 以上运价 (Q 运价) 计得的航空运费，低于按照上述运价计算的航空运费，可以使用 Q 运价计算航空运费。

(三) 最低运费

不能低于 TACT RATES 4.3 和 RULES 3.4 公布的最低运费，表示为 RM100。

(四) 运价与运费的计算

例 8　Routing：BJS/TYO

Commodity：FOOTBALL MAGAZINES

Total Gross Wt：150 kg

Dims：50 cm×50 cm×50 cm×5

Payment：PP

体积重量：50 cm×50 cm×50 cm×5÷6 000 = 104.5 kg<150.0 kg

计费重量：150.0 kg

适用运价 (运价如图 2.46 所示)：RN50 = 37.51×50% = CNY 18.76 per kg (进位单位 0.01)

Date/ Type	note	item	Min. Wght	Local Curr.
BEIJING				BJS
Y. RENMINBI		CNY	CN	KGS
TOKYO	JP			
			M	230. 00
			N	37. 51
			45	28. 13
		0008	300	18. 80
		0300	500	20. 61
		1093	100	18. 43
		2195	500	18. 80

图 2.46

航空运费：$150.0 \times 18.76 = CNY\ 2\ 814.00$

运价计算栏的填写如图 2.47 所示。

		WT/VAL		Other		Accounting Information	
Currency CNY	CHGS Code	PPD ×	COLL	PPD ×	COLL	Declared Value for Carriage NVD	Declared Value for Customs NCV
Handling Information							
No of Pieces RCP	Cross Weight	kg 1b	Rate Class		Rates	Total	Nature and Quantity of Goods (incl. Dimensions or Volume)
			Commodity Item No.	Chargeable Weight	Charge		
5	150. 0	K	R N50	150. 0	18. 76	2 814. 00	FOOTBALL MAGAZINES DIMS: 50 cm×50 cm× 50 cm×5
5	150. 0					2 814. 00	0. 63 m³ NWP

图 2.47

例 9　Routing：TSN/LON

Commodity：WOMEN WEEKLY

Total Gross Wt：1 060 kg

Dims：60 cm×40 cm×40 cm×50

Payment：PP

体积重量：$60\ cm \times 40\ cm \times 40\ cm \times 50 \div 6\ 000 = 800\ kg$

实际毛重：1 060 kg

计费重量：1 060.0 kg

适用运价（运价如图 2.48 所示）：$RN50 = 63.19 \times 50\% = CNY\ 31.60\ per\ kg$（进位单位 0.01）

Date/Type	note	item	Min. Wght	Local Curr.
TLANJIN	CN			TSN
Y. RENMINBI	CNY	CN		KGS
LONDON	GB			
			M	320. 00
			N	63. 19
			45	45. 22
			300	41. 22
			500	33. 42
			1 000	30. 71

图 2.48

航空运费：1 060. 0×31. 71＝CNY 32 552. 60

运价计算栏的填写如图 2.49 所示。

Currency CNY	CHGS Code	WT/VAL		Other		Accounting Information	
		PPD ×	COLL	PPD ×	COLL	Declared Value for Carriage NVD	Declared Value for Customs NCV

Handling Information

No of Pieces RCP	Cross Weight	kg 1b		Rate Class		Rates / Charge	Total	Nature and Quantity of Goods (incl. Dimensions or Volume)
				Commodity Item No.	Chargeable Weight			
50	1 060. 0	K	Q		1 060. 0	30. 71	32 552. 60	WOMEN WEEKLY DIMS：60 cm×40 cm× 40 cm×50
50	1 060. 0						32 552. 60	4. 80 m³ NWP

图 2.49

注意：如果 GCRQ 运价低于 RN50 运价，按照普通货物运价计算的航空运费较低。

六、作为货物运输的行李运价

（一）运价（TACT RULES 3. 7. 8）（表 2. 11）

表 2.11

IATA Areas/county	Rate
· From all IATA Areas，Except from Malaysia and South West Pacific	Applicable GCR
· From Malaysia	50% of the Normal GCR
· From Papua New Guinea	75% of the Normal GCR
· From New Zealand to Niue, Samoa and Tonga	Applicable GCR
· From New Zealand to all other countries	50% of the Normal GCR

续表

IATA Areas/county	Rate
· From the rest of South West Pacific	50% of the Normal GCR
· From Croatia	75% of the Normal GCR

运价使用说明：

Applicable GCR，表示为 RN 100 或 RQ 100。

50%（75%）of the Normal GCR，表示为 RN 50（75%）。

（二）Q 运价

如果按普通货物 Q 运价计算的运费低于按照上述规定计算的运费，可以使用 GCRQ
运价。

（三）最低运费

不能低于 RATES 4.3 和 RULES 3.4 公布的最低运费，表示为 RM 100。

（四）运价与运费计算

例 10　Routing：KUL/BJS

Commodity：BAGGAGE SHIPPED AS CARGO

Total Gross Wt：25 kg

Dims：70 cm×50 cm×20 cm×1

Payment：PP

体积重量：70 kg×50 kg×20 kg÷6 000＝12 kg＜25 kg

计费重量：25.0 kg

适用运价（运价如图 2.50 所示）：RN 50＝13.66×50%＝MYR 6.83 per kg（进位单位
0.01）

Date/ Type	note	item	Min. Wght	Local Curr.
KUALALUMPUR				KUL
MALAYSLAN RI		MYR		KGS
BEIJING		CN	M	75.00
			N	13.66
			45	10.25

图 2.50

航空运费：25.0×6.83＝MYR 170.75＞Min Charge MYR 75.00

运价计算栏的填写如图 2.51 所示。

		WT/VAL		Other		Declared Value for Carriage	Declared Value for Customs
Currency MYR	CHGS Code	PPD ×	COLL	PPD ×	COLL	NVD	NCV

Accounting Information
TKT：999 2113914025
KUL／BJS CA709／MAY 22

Handling Information

No of Pieces RCP	Cross Weight	kg 1b	Rate Class		Rates / Charge	Total	Nature and Quantity of Goods（incl. Dimensions or Volume）
			Commodity Item No.	Chargeable Weight			
1	25.0	K R	N50	25.0	6.83	170.75	BAGGAGE SHIPPED AS CARGO DIMS：70 cm×50 cm× 20 cm×1
1	25.0					170.75	0.07 m³

图 2.51

例 11　Routing：LON／BJS

Commodity：PERSONAL EFFECTS

Total Gross Wt：60 kg

Dims：50 cm×50 cm×40 cm×2

Payment：PP

体积重量：50 cm×50 cm×40 cm×2÷6 000＝33.5 kg

计费重量：60.0 kg

适用运价（运价如图 2.52 所示）：Applicable GCR，RN 100＝GBP 8.17 per kg

Date/ Type	note	item	Min. Wght	Local Curr.
LONDON				KUL
U. K. POUND		GBP		KGS
BEIJING		CN	M	60.00
			N	8.17
			100	6.14
			300	3.18

图 2.52

航空运费：60.0×8.17＝GBP 490.20（进位单位0.01）

运价计算栏的填写如图 2.53 所示。

或者，按照普通货物运价方法填写运价计算栏，但是，在"Accounting Information"栏就不必填写"旅客机票号、航程、航班及日期"了，如图 2.54 所示。

Accounting Information TKT：999 2113914025 LON/BJS CA938/MAY22							
Currency GBP	CHGS Code	WT/VAL		Other		Declared Value for Carriage NVD	Declared Value for Customs NCV
		PPD ×	COLL	PPD ×	COLL		
Handling Information							
No of Pieces RCP	Cross Weight	kg 1b	Rate Class		Rates / Charge	Total	Nature and Quantity of Goods（incl. Dimensions or Volume）
			Commodity Item No.	Chargeable Weight			
2	60.0	K R	N100	60.0	8.17	490.20	2 SUITCASES OF PERSONAL EFFECTS DIMS：50 cm×50 cm× 40 cm×2 0.20 m^3
2	60.0					490.20	

图 2.53

Accounting Information							
Currency GBP	CHGS Code	WT/VAL		Other		Declared Value for Carriage NVD	Declared Value for Customs NCV
		PPD ×	COLL	PPD ×	COLL		
Handling Information							
No of Pieces RCP	Cross Weight	kg 1b	Rate Class		Rates / Charge	Total	Nature and Quantity of Goods（incl. Dimensions or Volume）
			Commodity Item No.	Chargeable Weight			
2	60.0	K N		60.0	8.17	490.20	2 SUITCASES OF PERSONAL EFFECTS DIMS：50 cm×50 cm× 40 cm×2 0.20 m^3
2	60.0					490.20	

图 2.54

七、其他等级货物运价

（一）机动车辆

运输机动车或发动机时，不同的承运人有不同的要求，可以在 TACT RULES 8.2.3 查阅承运人公布的收费规定。以国航为例介绍如何收取货物运费。

当机动车或发动机所占位置不超过一块 PMC 或同等规格集装板的位置时，若为底板位（即其重量、尺寸可以装载在下货舱），则机动车或发动机的最低计费重量为 1 800 kg；若为高板位（即因其重量、尺寸限制只能装载在主货舱），则机动车或发动机的最低计费重量为 2 750 kg。

当机动车或发动机所占位置超过一块 PMC 或同等规格集装板的位置时，则机动车或发

动机的最低计费质量为 5 500 kg。

航空运费按照指定商品运价计算，或按照适用的普通货物运价计收。

通常情况下（无指定商品运价），按照适用的普通货物运价和计费重量相乘计算航空运费。

例 12 Routing：PEK/GOT by CA

Commodity：CAR

Total Gross Wt：1 872 kg

Dims：490 cm×182 cm×150 cm×1

Payment：PP

体积重量：490 cm×182 cm×150 cm÷6 000＝2 229.5 kg

计费重量：1 872 kg

汽车长度 490 cm 超过 PMC 集装板的长度 318 cm，按照规定，最低计费重量应为 5 500 kg。经比较，计费重量为 5 500.0 kg。

适用运价（运价如图 2.55 所示）：GCRQ 1 000＝CNY 36.84 per kg（进位单位 0.01）

Date/ Type	note	item	Min. Wght	Local Curr.
BEIJING				BJS
Y. RENMINBI		CNY	CN	KGS
GOTHENBURG	SE	M	320.00
		N	53.21
		45	44.62
		300	40.41
		500	39.88
		1 000	36.84

图 2.55

航空运费：5 500.0×36.84＝CNY 202 620.00

运价计算栏的填写如图 2.56 所示。

Currency CNY	CHGS Code	WT/VAL PPD ×	WT/VAL COLL	Other PPD ×	Other COLL	Accounting Information Declared Value for Carriage NVD	Declared Value for Customs NCV

Handling Information
TEL：×××××××   KEY ATTANCHED
DANGEROUS GOODS AS PER ATTANCHED SHIPPER'S DECLARATION

No of Pieces RCP	Cross Weight	kg 1b	Rate Class Commodity Item No.	Chargeable Weight	Rates / Charge	Total	Nature and Quantity of Goods (incl. Dimensions or Volume)
1	1 872.0	K Q		5 500.0	36.84	202 620.0	CAR DIMS：490 cm×182 cm× 150 cm×1
1	1 872.0					202 620.0	13.38 m³

图 2.56

（二）国际快件即为指定航班服务（Flight Definite Service-FDS）。（TACT RULES 3.11）

1. 快件货物不能包含如下货物

危险品（第9类危险品除外）、贵重物品、活体动物、尸体和骨灰。

2. 付款形式

快件货物可以采用运费预付和运费到付的形式付款。

3. 运费与运价

国际快件运价为适用的普通货物运价的140%，记作 SN 140 或 SQ 140。

最低运费为适用的最低运费的140%，记作 SM 140。

针对不同的承运人，有不同的规定。例如 CA 规定，快件不能包括危险品（并没有指明第9类危险品除外）、贵重物品、活体动物、鲜活易腐货物。

例 13　Routing：PEK／HKG

Commodity：TUBE PREAMPLIFIER-FDS

Total Gross Wt：92.5 kg

Dims：75 cm×75 cm×45 cm×1，70 cm×63 cm×35 cm×2

Payment：PP

体积重量：94.0 kg

计费重量：94.0 kg

适用运价（运价如图2.57所示）：SQ 140 = 13.50×140% = CNY 18.90 per kg

Date/ Type	note	item	Min. Wght	Local Curr.
BEIJING				BJS
Y. RENMINBI	CNY	CN		KGS
HONG KONG	HK	M		90.00
		N		18.00
		45		13.50

图 2.57

航空运费：94.0×18.90 = CNY 1 776.60（进位单位0.01）

运价计算栏的填写如图2.58所示。

							Accounting Information	
Currency CNY	CHGS Code	WT/VAL		Other		Declared Value for Carriage NVD		Declared Value for Customs NCV
		PPD ×	COLL	PPD ×	COLL			
Handling Information								
No of Pieces RCP	Cross Weight	kg 1b	Rate Class		Rates / Charge		Total	Nature and Quantity of Goods（incl. Dimensions or Volume）
			Commodity Item No.	Chargeable Weight				
3	92.5	K　　S	Q140	94.0	18.90		1 776.60	TUBE PREAMPLIFIER DIMS：75 cm×75 cm× 45 cm×1
3	92.5						1 776.60	70 cm×63 cm× 35 cm×2 0.57 m³

图 2.58

第五单元 »»»»»»»»
指定商品运价与运费

一、基本概念

指定商品运价（Specific Commodity Rates，SCR）是指适用于自指定的始发地至指定的目的地公布的低于普通货物运价的特定商品的运价。这类运价的每一不同运价都有一个不同的最低重量。例如北京到釜冈，指定商品编号为0008，最低重量为300 kg；0300 对应的最低重量为500 kg。指定商品运价可以由 IATA 成员制定。

指定商品运价产生的主要原因有两个方面：一方面，有些货主经常在某些特定航线上（如北京到釜冈）运输特定品名的货物（例如新鲜的蔬菜或水果），托运人要求承运人提供一个较低的优惠价格（采用0008 对应的每千克18.80 元人民币，远低于普通货物45 重量分界点对应的运价每千克25.04 元人民币），运价如图2.59 所示；另一方面，承运人对市场调查研究发现，在某两个地区间有开展商业交流的需求，为了占领航空运输市场，更有效地利用航空公司的运力，保证飞机有较高的载运率，提供一个较有竞争力的优惠运价。制定指定商品运价可以鼓励指定商品的运输，鼓励大宗商品的物流，促进地区间商品贸易的交流与发展。

指定商品运价低于相应的普通货物运价，有规定的起讫地点、货物品名和最低重量。

指定商品运价代号为 C。

指定商品运价的品名编号及分组（TACT RATES 2.3）。

Date/ Type	note	item	Min. Wght	Local Curr.
BEIJING				BJS
Y. RENMINBI		CNY	CN	KGS
FUKUOKA		JP		
			M	230.00
			N	33.38
			45	25.04
		0008	300	18.80
		0300	500	20.61
		1093	100	18.43
		2195	500	18.80

图 2.59

指定商品运价查找顺序。

①查找两点间的指定商品运价。

②记录指定商品品名编号。

③符合 TACT RULES 3.1 注释要求。

④查找 TACT RATES 2.4，选择适用的品名编号及运价。

二、计算方法

原则 1：两地间既有指定商品运价，又有普通货物运价，优先使用指定商品运价。如果按普通货物运价计算的运费低于按指定商品运价计算的运费，可以使用普通货物运价计算的运费（即两者比较取低者，为最后的计算结果）。

例 1　Routing：LON/NBO

Commodity：Aircraft Parts

Total Gross Wt：306 kg

Dims：125 cm×125 cm×30 cm×3

Payment：PP

体积重量：125 cm×125 cm×30 cm×3÷6 000＝234.375 kg<306 kg（毛重）

计费重量：306.0 kg

适用运价：货物名称为飞机零件，属于 4000—4999 机器、车辆和电器设备类的指定商品。而 LON/NBO 存在编号为 4110、4235、4327、4402、4700 的指定商品运价，其分别代表：

Date/ Type	note	item	Min. Wght	Local Curr.
LONDON				LON
UK POUND		GBP	GB	KGS
NAIROBI		KE		
			M	60.00
			N	6.45
			100	5.37
		2199	500	3.27
		2203	100	5.08
		4110	100	5.08
		4110	250	4.53
		4235	100	4.48
		4235	500	3.03
		4327	100	4.88
		4327	500	4.71
		4327	1 000	4.15
		4402	100	5.08
		4700	100	5.08
		6002	100	5.09

图 2.60

4110—AIRCRAFT ENGINES, AIRCRAFT PARTS (EXCLUDING FUSELAGES, WINGS).

4235—MOTORSCOOTERS, MOTORCYCLES, CYCLES, PARTS OF SURFACE VEHICLES (INCLUDING ACCESSORIES), PARTS OF SELF-PROPELLED AGRICULTURAL MACHINERY (INCLUDING ACCESSORIES) EXCLUDING STEAMSHIP PARTS, MOTORSHIP PARTS.

4327—OFFICE MACHINES (INCLUDING SUPPLIES).

4402—ELECTRIC EQUIPMENT, ELECTRIC APPLIANCES, E × CLUDING BUSINESS MACHINERY, OFFICE MACHINERY.

4700—MACHINERY, TOOLS, EXCLUDING STEAMSHIP MACHINERY PARTS, MOTORSHIP MACHINERY PARTS.

从以上所指定的具体品名中，可以确定，运输 AIRCRAFT PARTS 时，可以用编号为 4 110 价。

适用运价（运价如图 2.60 所示）：SCR 4110—Aircraft Parts, Min Weight 250, 运价 GBP 4.53 per kg 或表示成 C 4110/250＝GBP 4.53 per kg

航空运费：306.0×4.53＝GBP 1 386.18

如选择普通货物运价，GCRQ 100＝5.37，计费重量相同，显然，按照普通货物运价计算的航空运费（306.0×5.37＝GBP 1 643.22）高于按照指定商品运价计算的航空运费（GBP 1 386.18）。

一般情况下当货物毛重或体积重量高于指定商品运价最低重量分界点时，按照指定商品运价计算的航空运费较低，不必再按照普通货物运价计算了。

运价计算栏的填写如图 2.61 所示。

Currency GBP	CHGS Code	WT/VAL		Other		Accounting Information	
		PPD ×	COLL	PPD ×	COLL	Declared Value for Carriage NVD	Declared Value for Customs NCV
Handling Information							

No of Pieces RCP	Cross Weight	kg 1b		Rate Class		Rates / Charge	Total	Nature and Quantity of Goods (incl. Dimensions or Volume)
				Commodity Item No.	Chargeable Weight			
3	306.0	K	C	4110	306.0	4.53	1 386.18	AIRCRAFT TYRES DIMS：125 cm×125 cm× 30 cm×3
3	306.0						1 386.18	1.41 m³

图 2.61

如果上例中货物的毛重为 70 kg，体积为 60 cm×60 cm×30 cm×3

体积重量：3×（60 cm×60 cm×30 cm）÷6 000＝54 kg

货物实际毛重为 70 kg

按照指定商品运价（SCR）计算：

适用运价：C 4110/100＝GBP 5.08 per kg

计费重量：100.0 kg

航空运费：100.0×5.08＝GBP 508.00

按照普通货物运价（GCR）计算：

适用运价：GCRN＝GBP 6.45 per kg

计费重量：70.0 kg

航空运费：70.0×6.45＝GBP 451.50

经过比较，按照普通货物运价计算的运费较低。

通常情况下，如果货物毛重或体积重量小于指定商品最低重量分界点较多时，可能按照普通货物运价计算的运费较低。按照普通货物运价计算货物运费时，还要遵守普通货物运价原则（从低原则）。

运价计算栏的填写如图 2.62 所示。

Currency GBP	CHGS Code	WT/VAL		Other		Accounting Information	
		PPD ×	COLL	PPD ×	COLL	Declared Value for Carriage NVD	Declared Value for Customs NCV
Handling Information							
No of Pieces RCP	Cross Weight	kg 1b	Rate Class		Rates / Charge	Total	Nature and Quantity of Goods（incl. Dimensions or Volume）
			Commodity Item No.	Chargeable Weight			
3	70.0	K	N	70.0	6.45	451.50	AIRCRAFT TYRES DIMS：60 cm×60 cm× 30 cm×3
3	70.0					451.50	0.33 m³

图 2.62

例 2　Routing：LON/WAW by AF

Commodity：GIFT SHIPMENTS

Total Gross Wt：86 kg

Dims：100 cm×80 cm×60 cm×1

Payment：PP

如承运人有指定的指定商品运价，要使用该承运人的运价。

体积重量：100 cm×80 cm×60 cm÷6 000＝80.0 kg<86 kg（毛重）

计费重量：运输礼品时，可以使用编号为 9105 相对应的指定商品运价，但是毛重为 86 kg，达不到 100 kg，那么，要使用 9105 对应的运价，最低重量最低为 100 kg。所以确定

重量分界点 100 kg 为计费重量。

适用运价（运价如图 2.63 所示）：因为已指定承运人为 AF，即使 LH 的运价较低也不能使用。

Date/ Type	note	item	Min. Wght	Local Curr.
LONDON				LON
UK POUND		GBP	GB	KGS
WARSAW		PL		
AF			M	36.00
	AF		N	2.71
	AF		100	2.21
	AF	4700	100	1.54
	AF	6002	100	1.54
	AF	8003	100	1.54
	AF	9105	100	1.41
	AF	9105	250	1.14
	LH		M	36.00
	LH		N	1.20
	LH		100	1.14
	LH		500	1.07
	LH40		M	36.00
	LH40		100	1.86
	LH40		100	1.76
	LH40		500	1.60

图 2.63

C 9105/100 = GBP 1.41 per kg

航空运费：100.0×1.41 = GBP 141.00

按照普通货物运价计算，货物运费较高，在此省略计算。

运价计算栏的填写如图 2.64 所示。

To WAW	By first carrier AF				Accounting Information	
Currency GBP	CHGS Code	WT/VAL		Other		Declared Value for Carriage NVD	Declared Value for Customs NCV
		PPD ×	COLL	PPD ×	COLL		
Handling Information							
No of Pieces RCP	Cross Weight	kg 1b	Rate Class		Rates	Total	Nature and Quantity of Goods (incl. Dimensions or Volume)
			Commodity Item No.	Chargeable Weight	Charge		
1	86.0	K C	9105	100.0	1.41	141.00	GIFT SHIPMENTS DIMS：100 cm×80 cm×
1	86.0					141.00	60 cm×1 0.48 m^3

图 2.64

原则2：如果指定商品运价中，既有确指品名（MORE SPECIFIC DESCRIPTION），又有泛指品名（LESS SPECIFIC DESCERIPION），则优先使用确指品名。尽管用确指品名运价计算的运费较高，也不能使用泛指品名运价计算货物运费。如果泛指品名存在较低重量分界点、较高运价，则可以使用泛指品名运价计算货物运费。

例3 Routing：DXB/LON

Commodity：CARPETS

Total Gross Wt：520 kg

Dims：200 cm×60 cm×45 cm×5

Payment：PP

查 TACT RATES 2.4 可知品名编号 2199 为纱、线等纺织品（泛指品名），品名编号 2865 则为地毯（确指品名）。虽然 2199 最低重量分界点 500 kg 对应的运价 8.30 低于 2865 最低重量分界点 500 kg 对应的运价 9.25，但也只能使用确指品名 2865 对应的运价。

体积重量：450 kg<520 kg（毛重）

适用的运价（运价如图 2.65 所示）：C 2865/500＝AED 9.25 per kg

Date/ Type	note	item	Min. Wght	Local Curr.
DUBAI			AE	DXB
U. A. E. DIGH		AED		KGS
LONDON		GB	M	190.00
			N	30.70
			45	23.00
			100	13.65
			500	9.70
		0300	500	8.40
		2199	250	9.80
		2199	500	8.30
		2865	500	9.25
		3015	1 000	11.65
		4214	500	8.65
		9998	100	6.10

图 2.65

计费重量：520.0 kg

航空运费：520.0×9.25＝AED 4 810.00

此题按照普通货物运价计算的航空运费较高，此处不再计算。

运价计算栏的填写如图 2.66 所示。

如果上例中的货物毛重为 240 kg，体积为 200 cm×60 cm×45 cm×2

按照 2865/500 计算，航空运费为 AED 4 625.00

而 C 2199/250＝AED 9.80 与 C 2865/500＝AED 9.25 per kg 比较，存在较高运价（9.80>9.25），较低重量分界点（250<500）。

Currency AED	CHGS Code	WT/VAL		Other		Accounting Information	
		PPD ×	COLL	PPD ×	COLL	Declared Value for Carriage NVD	Declared Value for Customs NCV
Handling Information							
No of Pieces RCP	Cross Weight	kg 1b		Rate Class		Rates / Charge	Total	Nature and Quantity of Goods（incl. Dimensions or Volume）
				Commodity Item No.	Chargeable Weight			
5	520.0	K	C	2865	520.0	9.25	4 810.00	CARPETS DIMS：200 cm×60 cm× 45 cm×5 2.70 m³
5	520.0						4 810.00	

图 2.66

可以使用泛指品名对应的运价：C 2199/250＝AED 9.80 per kg

计费重量：250.0 kg

航空运费：250.0×9.80＝AED 2 450.00＜AED 4 625.00

取低者 AED 2 450.00

此题按照普通货物运价计算的航空运费较高，此处不再计算。

运价计算栏的填写如图 2.67 所示。

Currency AED	CHGS Code	WT/VAL		Other		Accounting Information	
		PPD ×	COLL	PPD ×	COLL	Declared Value for Carriage NVD	Declared Value for Customs NCV
Handling Information							
No of Pieces RCP	Cross Weight	kg 1b		Rate Class		Rates / Charge	Total	Nature and Quantity of Goods（incl. Dimensions or Volume）
				Commodity Item No.	Chargeable Weight			
2	240.0	K	C	2199	250.0	9.8	2 450.00	CARPETS DIMS：200 cm×60 cm× 45 cm×2 1.08 m³
2	240.0						2 450.00	

图 2.67

第六单元 》》》》》》

公布直达运价的使用

到目前为止，本书已介绍了公布直达运价，也学会了用普通货物运价、等级货物运价和指定商品运价计算航空运费。如果在公布直达运价中，既有等级货物运价、指定商品运价，又有普通货物运价，那么，应该如何计算货物的航空运费呢？也就是说，这三种运价有没有使用顺序呢？

本节重点介绍公布直达运价使用顺序及应用。

一、使用顺序

①指定商品运价优先于等级货物运价和普通货物运价。

②等级货物运价优先于普通货物运价。

③当按照普通货物运价计算的运费低时，可以使用普通货物运价。但是，货物不属于等级货物运价中的附加运价的货物。

④属于 TACT RULES 3.7.7（报纸、杂志、期刊、书、目录、盲人设备及有声读物）和 3.7.8（作为货物运输的行李）中的货物，当按照普通货物运价计算的运费低于按照等级货物运价计算的运费时，可以使用普通货物运价。

也就是说，按照等级货物运价中的附加运价计算航空运费时，不能再使用普通货物运价。

二、运价与运费计算

例 1　Routing：MFM/SFO

Commodity：HANDBAGS

Total Gross Wt：240 kg

Dims：72 cm×49 cm×57 cm×15

Payment：PP

（1）按照指定商品运价计算航空运费

运输手提包，经查 TACT RATES 2.4 品名编号为 9557 的具体名称，正好包括手提包。所以，按照公布直达运价的使用顺序，优先使用指定商品运价 SCR。

体积重量：502.74 kg

适用运价（运价如图2.68所示）：C9557/500＝MOP 43.29 per kg

计费重量：503.0 kg

航空运费：503.0×43.29＝MOP21 774.87（进位单位0.01）

Date/ Type	note	item	Min. Wght	Local Curr.
MACAO PATACA		MOP	MO	MFM KGS
SANFRANCI CA		US	M	484.00
			N	92.38
			45	70.65
			100	62.31
			300	49.44
			500	43.29
		2195	100	58.59
		2195	300	49.44
		2195	500	43.29
		2195	1 500	42.57
		2741	100	58.59
		2741	300	49.44
		2741	500	43.29
		4314	200	54.79
		4314	300	49.44
		4314	500	43.29
		4416	100	49.90
		4416	300	49.44
		4416	500	37.77
		4506	2 000	36.68
		4701	200	57.06
		4701	300	49.44
		4701	500	43.29
		6827	100	58.59
		6827	300	49.44
		6827	500	43.29
		8396	100	53.16
		8396	300	49.44
		8396	500	43.29
		9202	100	58.59
		9202	300	49.44
		9202	500	43.29
		9557	100	58.59
		9557	300	49.44
		9557	500	43.29

图2.68

（2）按照等级货物运价计算航空运费

根据货物的名称，可以判断，它不属于等级货物，也不再按照等级货物运价进行计算。

（3）按照普通货物运价计算航空运费

适用运价：GCRQ 500＝MOP 43.29 per kg

计费重量：503.0 kg

航空运费：503.0×43.29＝MOP 21 774.87

计算结果与SCR相同。因为按照运价使用顺序，优先使用SCR，故按照SCR要求填写运价计算栏如图 2.69 所示。

Currency MOP	CHGS Code	WT/VAL		Other		Accounting Information	
		PPD ×	COLL	PPD ×	COLL	Declared Value for Carriage NVD	Declared Value for Customs NCV
Handling Information							
No of Pieces RCP	Cross Weight	kg 1b		Rate Class		Rates / Charge	Total	Nature and Quantity of Goods（incl. Dimensions or Volume）
				Commodity Item No.	Chargeable Weight			
15	240.0	K	C	9557	503.0	43.29	21 774.87	HANDBAGS DIMS：72 cm×49 cm× 57 cm×15 3.02 m³
15	240.0						21 774.87	

图 2.69

例2　Routing：TUN/AMS

Commodity：LIVE TURTLE

Total Gross Wt：75 kg

Dims：50 cm×40 cm×40 cm×6

Payment：PP

（1）SCR

体积重量：80 kg

适用运价：C　1072/100＝TUD 0.500 per kg

航空运费：100.00×0.500＝TUD 50.000

Date/ Type	note	item	Min. Wght	Local Curr.
TUNIS			TN	TUN
TUN. SINAR		TND		KGS
AMSTERDAM	NL		M	43.050
			N	1.400
			45	1.050
		0006	100	0.470
		0006	250	0.410
		0300	250	0.700
		0300	500	0.580
		1072	100	0.500
		1402	100	0.700
		1403	100	0.590
		1403	500	0.520
		1980	100	0.770
		2199	500	0.540
		4402	250	0.900
		6810	250	0.680
		6810	500	0.590
		9513	100	0.560
		9557	500	0.630

图 2.70

（2）CLASS-RATES

体积重量：80 kg

适用运价（运价如图 2.70 所示）：SN 175 = 1.400×175% = TUD 2.450 per kg

航空运费：80.00×2.450 = TUD 196.000

（3）因为属于附加等级货物运价，不能再按照普通货物运价计算了

比较（1）和（2）的结果，取低者 TUD 50.000。

运价计算栏的填写如图 2.71 所示。

Currency TUD	CHGS Code	WT/VAL		Other		Accounting Information	
		PPD ×	COLL	PPD ×	COLL	Declared Value for Carriage NVD	Declared Value for Customs NCV
Handling Information							

No of Pieces RCP	Cross Weight	kg 1b		Rate Class		Rates / Charge	Total	Nature and Quantity of Goods (incl. Dimensions or Volume)
				Commodity Item No.	Chargeable Weight			
6	75.0	K	C	1072	100.0	0.500	50.000	LIVE TURTLE DIMS：50 cm×40 cm× 40 cm×6
6	75.0						50.000	0.48 m³ AVI

图 2.71

例 3 Routing：YEA/BHX

Commodity：MAGAZINES

Total Gross Wt：150 kg

Dims：45 cm×30 cm×30 cm×20

Payment：PP

（1）SCR

体积重量：135 kg

适用运价（运价如图 2.72 所示）：C 7113/300 = CAD 3.58 per kg

航空运费：300.00×3.58 = CAD 1 074.00（进位单位 0.01）

（2）CLASS-RATES

适用运价：RN 67 = 11.58×67% = CAD 7.76 per kg

计费重量：150.0 kg

航空运费：150.00×7.76 = CAD 1 164.00

（3）因为属于附减等级货物运价，还可以按照普通货物运价计算航空运费

适用运价：GCRQ 100 = CAD 5.59 per kg

计费重量：150.0 kg

Date/ Type	note	item	Min. Wght	Local Curr.
EDMOMTON		AB	CA	YEA
CANADIANS		CAD		KGS
BIRMINGHAN		GB	M	150.00
			N	11.58
			45	9.55
			100	5.59
			300	5.02
			500	4.57
			1 000	4.00
	0300		100	4.33
	0300		200	4.15
	0300		300	3.93
	0300		500	3.64
	0300		1 000	3.25
	1024		200	4.30
	4209		200	4.03
	7113		300	3.58
	9998		45	6.26

图 2.72

航空运费：150.0×5.59＝CAD 835.50

比较（1）、（2）、（3）的结果，取低者 CAD835.5。

运价计算栏的填写如图 2.73 所示。

Currency CAD	CHGS Code	WT/VAL		Other		Accounting Information	
		PPD ×	COLL	PPD ×	COLL	Declared Value for Carriage NVD	Declared Value for Customs NCV
Handling Information							
No of Pieces RCP	Cross Weight	kg 1b	Rate Class		Rates / Charge	Total	Nature and Quantity of Goods（incl. Dimensions or Volume）
			Commodity Item No.	Chargeable Weight			
20	150.0	K	Q	150.0	5.59	835.50	MAGAZINES DIMS：45 cm×30 cm×
20	150.0					835.50	30 cm×20 0.81 m³

图 2.73

注意：按照每种运价计算航空运费时，还要遵守其计算原则。

第七单元 》》》》》》》》》

混运货物运价与运费

前面几节，我们介绍的是单一品名货物运输时运价与运费的计算。在实际中，托运人还经常托运一票货物中包括多种不同运价、不同运输条件的货物。那么，申报的方式不同，运价的计算方法也不同。这就是所谓的混运货物（TACT RULES 3.9）。

一、基本概念

混运货物是指在使用同一份货运单的货物中，含有不同运价和不同运输条件的货物。在混运货物中不能包含以下物品：

①贵重物品；

②活体动物；

③尸体、骨灰；

④外交信袋；

⑤作为货物运输的行李；

⑥从日本、韩国、朝鲜始发运输的危险品，从美国到IATA3区（不含南亚次大陆分区、西南太平洋次区）运输的危险品；

⑦尽管尸体、骨灰和作为货物运输的行李不能作为混运货物运输，但作为已故者的个人物品且实行有效申报后，被允许与其灵柩混运。

注意：在混运货物中含有危险品时，应在货运单"品名"栏注明危险品的尺寸或体积。

二、申报方式

混运货物可以包装在一起，也可以分别包装。托运人对混运货物的申报方式有两种：一种是申报货物的总重量（总体积）；另外一种是分别申报每种货物的品名、重量、体积。通常把第一种申报方式称为共同申报，第二种申报方式称为分别申报。

下面，我们分别介绍共同申报和分别申报时，运价与运费的计算方法。

（一）共同申报

共同申报是指申报一票货物总体积、总重量，将混运货物视为一种货物计算货物运费。

（二）分别申报

当托运人分别申报一票货物中每种货物的品名、重量、体积时，每类货物的计费重量，视为单独的一票货物计费重量。

每类货物的航空运费，按照单独交运的同一种货物计算。

如果该批货物进行混载运输时，即将混运货物放入同一外包装，该外包装的航空运费为外包装毛重乘以内装货物中的最高运价。

在混运货物中不包括等级货物中的附加运价货物，实际上最高运价为 GCR，如果分别申报，可以视为几票货物进行计算货物运费，但整票货物按照 GCR 计算的结果较低时，可以视为共同申报。即我们通常所说的 GCR 检查。

三、声明价值附加费

对于混运货物，只能对整批货物办理声明价值，而不允许申报其中一部分的声明价值。

四、最低运费

混运货物的最低运费按整票货物的最低运费计算。

五、计算方法

例1　Routing：SHA/TYO（表2.12）

表2.12

	COMMODITY	GROSS WT（kg）	PCS & DIMS
1st	Textile manufactures	450	（50×50×50）cm×15
2nd	Handicrafts	820	（50×50×40）cm×60
3rd	Books	400	（30×30×30）cm×80
Total		1 670 kg	155pcs

因为托运人分别申报货物，就要一种一种货物地分别计算货物运费，最后进行 GCRQ 检查，比较取低者。

三种货物的航空运费分别为：

（1）体积重量：312.5 kg

计费重量：500.00 kg

适用运价：C2195/500＝CNY 18.80 per kg

航空运费：500.0×18.80＝CNY 9 400.00

Date/ Type	note	item	Min. Wght	Local Curr.
SHANGHAI			CN	SHA
Y. RENMINBI		CNY		KGS
TOKYO		JP	M	230.00
			N	30.22
			45	22.71
		0008	300	18.80
		0300	500	20.61
		1093	100	14.72
		2195	500	18.80

图 2.74

（2）体积重量：1 000 kg

计费重量：1 000.0 kg

适用运价（运价如图 2.74 所示）：GCR Q＝CNY 22.71 per kg

航空运费：1 000.0×22.71＝CNY 22 710.00

（3）体积重量：360 kg

计费重量：400.0 kg

适用运价：RN50＝CNY 15.11 per kg

航空运费：400.0×15.11＝CNY 6 044.00

将以上分别计算的航空运费进行相加，总和为：9 400.00 +22 710.00 +6 044.00 = CNY 38 154.00

GCRQ 检查：

总体积重量：1 672.5 kg，总毛重：1 670 kg，计费重量：1 672.5 kg

适用运价：GCR Q 45＝CNY 22.71 per kg

航空运费：1 672.5×22.71＝CNY 37 982.48<CNY 38 154.00

所以，按照共同申报计算的结果较低，填写运价计算栏时，在"品名和数量"栏，注明"CONSOLIDATION AS PER ATTACHED LIST"字样。

GCR 检查也可以按如下方法先比较，后计算。用分别计算的航空运费之和除以计费重量，与按普通货物适用运价比较，取低者。

例如上例中 CNY 38154.00÷1 672.5＝CNY 22.81 per kg>GCRQ45＝CNY 22.71 per kg。

所以按分别申报计算的航空费用较高，需要再按共同申报进行计算。如果按分别申报计算的航空费用较低，就不必再按共同申报进行计算。

本例题的运价计算栏的填写如图 2.75 所示。

如果按照分别申报计算的航空运费低的话，就应分别填写运价计算栏，如图 2.76 所示。

Currency CNY	CHGS Code	WT/VAL		Other		Accounting Information	
		PPD ×	COLL	PPD ×	COLL	Declared Value for Carriage NVD	Declared Value for Customs NCV
Handling Information							

No of Pieces RCP	Cross Weight	kg 1b	Rate Class		Rates / Charge	Total	Nature and Quantity of Goods（incl. Dimensions or Volume）
			Commodity Item No.	Chargeable Weight			
155	1 670.0	K	Q	1 672.5	22.71	37 982.48	CONSOLIDATION AS PER ATTACHED LIST DIMS：50 cm×50 cm×50 cm×15 DIMS：50 cm×50 cm×40 cm×60
155	1 670.0					37 982.48	DIMS：30 cm×30 cm×30 cm×80 10.04 m³

图 2.75

Currency CNY	CHGS Code	WT/VAL		Other		Accounting Information	
		PPD ×	COLL	PPD ×	COLL	Declared Value for Carriage NVD	Declared Value for Customs NCV
Handling Information							

No of Pieces RCP	Cross Weight	kg 1b	Rate Class		Rates / Charge	Total	Nature and Quantity of Goods（incl. Dimensions or Volume）
			Commodity Item No.	Chargeable Weight			
15	450					9 400.00	CONSOLIDATION AS PER ATTACHED LIST
60	820		2195	500.0	18.80	22 710.00	DIMS：50 cm×50 cm×50 cm×15
80	400	K	C	1 000.0	22.71	6 044.00	DIMS：50 cm×50 cm×40 cm×60
			Q N50	400.0	15.11		
155	1 670		R			38 154.00	DIMS：30 cm×30 cm×30 cm×80 10.04 m³

图 2.76

第八单元 »»»»»»»»

非公布直达运价与运费

　　如果货物运输的始发地至目的地之间无公布直达运价时，则可以采用比例运价和分段相加最低组合运价的方法构成全程运价来计算货物航空运费。

一、比例运价

（一）比例运价的定义

在 TACT RATES 中能直接查到的运价，称为公布直达运价。由于 IATA 篇幅有限，无法将所有城市特别是较小的城市的运价都公布出来，为弥补这一缺陷，根据运价制定的原则制定了比例运价。

当货物运输始发地至目的地之间无公布直达运价时（在 TACT RATES 中不能查到直达运价），可采用比例运价表中的一种不能单独使用的运价附加数（and-on amount），与已知的公布直达运价相加构成非公布直达运价，此运价称为比例运价。

只要是运输距离在同一距离范围内或接近这一范围，就可以采用以某一地点为运价的组合点，然后用始发站到组合点或组合点到目的站的公布直达运价与始发站的比例运价相加，构成全程运价。

比例运价表公布在 TACT RATES 5 中，即运价手册中最后黄颜色部分。

（二）比例运价一般规定

采用比例运价与公布直达运价相加时，应遵守的原则：

①比例运价优先于分段相加最低组合运价。

我们曾介绍过，货物运价使用顺序：有公布直达运价时，优先使用公布直达运价；如没有公布直达运价时，优先使用比例运价，最后使用分段相加最低组合运价。也就是说，能使用比例运价时，不使用分段相加最低组合运价。

②比例运价不能单独使用，只能用于货物国际运输，而不能用于货物国内运输。

③无论始发站还是目的站，不能连续使用两个或两个以上比例运价。

④比例运价组成原则：

只有相同种类的货物运价才能组成始发站至目的站之间的货物运价，例如，比例运价中的普通货物运价只能和公布的普通货物运价相加。

比例运价中的指定商品运价只能和公布的指定商品运价相加。

比例运价中的集装器运价只能和公布的集装器运价相加。

⑤当比例运价构成点不同时，应使用构成全程的最低运价。

⑥比例运价的最低运费，应按照区域性最低运费规定（TACT Rule 3.4）执行。

⑦比例运价的构成点只作为运价的组成使用，并非货物实际运输经过点。

⑧采用比例运价构成的运价可作为等级货物运价的基础。

（三）比例运价使用形式

在始发站使用比例运价：A ——————— B ——————— C

　　　　　　　　　　　　比例运价　　　　　公布直达运价

在目的站使用比例运价：A ——————— B ——————— C

　　　　　　　　　　　　公布直达运价　　　比例运价

在始发站和目的站两端使用比例运价：

A ——————— B ——————— C ——————— D

　　　比例运价　　　　公布直达运价　　　比例运价

在始发站和目的站不能连续使用两个比例运价，例如：

A ——————— B ——————— C ——————— D

　　　比例运价　　　　比例运价　　　　公布直达运价

或　　A ——————— B ——————— C ——————— D

　　　公布直达运价　　　比例运价　　　　比例运价

（四）运价与运费的计算

例 1　Routing：URC/FRA

Commodity：PRINTED DOCUMENTS

Total Gross Wt：325 kg

Dims：50 cm×40 cm×30 cm×20

Payment：PP

URC—FRA 没有公布直达运价，存在比例运价，运价如图 2.77 所示。

Date/ Type	note	item	Min. Wght	Local Curr.
BEIJING			CN	BJS
Y. RENMINBI		CNY		KGS
FRANKFURT		DE		
			M	320.00
			N	45.57
			45	37.75
			300	33.93
			500	33.42
			1 000	30.71
			2 000	28.33

图 2.77

体积重量：200 kg

计费重量：325.0 kg

URC—BJS 比例运价为：GCR Q 45＝CNY 15.30 per kg（选择到 2 区的运价）

BJS—FRA 公布直达运价：GCR Q 300＝CNY 33.93 per kg

URC—FRA 全程运价：

CNY 15.30 per kg+CNY 33.93 per kg＝CNY 49.23 per kg

航空运费：325.0×49.23＝CNY 15 999.75

运价计算栏的填写如图 2.78 所示。

Currency CNY	CHGS Code	WT/VAL		Other		Accounting Information	
		PPD ×	COLL	PPD ×	COLL	Declared Value for Carriage NVD	Declared Value for Customs NCV
Handling Information							
No of Pieces RCP	Cross Weight	kg 1b	Rate Class		Rates / Charge	Total	Nature and Quantity of Goods（incl. Dimensions or Volume）
			Commodity Item No.	Chargeable Weight			
20 BJS	325.0	K Q		325.0	49.23	15 999.75	PRINTED DOCUMENTS DIMS：50 cm×40 cm× 30 cm×20
20	325.0					15 999.75	1.20 m³

图 2.78

注意：（1）当始发站采用比例运价时，选择的是当地货币为比例运价。

（2）在件数的下方填写比例运价点的三字代码。

例 2 Routing：URC/FRA

Commodity：1 LIVE CAT

Total Gross Wt：4.6 kg

Dims：30 cm×30 cm×40 cm×1

Payment：PP

Date/ Type	note	item	Min. Wght	Local Curr.
BEIJING			CN	BJS
Y. RENMINBI		CNY		KGS
FRANKFURT		DE		
			M	320.00
			N	45.57
			45	37.75
			300	33.93
			500	33.42
			1 000	30.71
			2 000	28.33

图 2.79

用比例运价计算航空运费，同时遵守运价使用顺序及相应的计算原则。

例如，等级货物运价是在普通货物运价的基础上附加或附减一定的百分比，所以，用比例运价计算航空运费时，同样也要遵守相应的计算原则。

首先确定适用的等级货物运价，然后计算出用比例运价构成的全程普通货物运价，在此基础上附加或附减一定的百分比。

本题中，适用运价为 SN 150，此时，不管货物的计费重量为多少，先计算出全程的 GCRN 运价，然后再附加 150%，以此类推。

体积重量：6 kg

适用运价：SN 150（根据 TACT RULES 3.7.2，2～3 区的运价）

$\qquad$ GCR N = 20.40+45.57 = CNY 65.97 per kg

$\qquad$ SN 150 = 65.97×150% = CNY 98.96 per kg（进位单位 0.01）

航空运费：6.0×98.96 = CNY 593.76

最低运费：根据 TACT RULES 3.4，中国到 2 区的欧洲次区，最低运费为 320.00 元。

因此，运输活体动物时，最低运费为 SM200 = CNY 640.00

经比较，CNY 593.76<CNY 640.00，航空运费按照最低运费收取。

运价计算栏的填写如图 2.80 所示。

| Currency CNY | CHGS Code | WT/VAL | | Other | | Accounting Information | |
		PPD ✕	COLL	PPD ✕	COLL	Declared Value for Carriage NVD	Declared Value for Customs NCV
Handling Information							
No of Pieces RCP	Cross Weight	kg 1b	Rate Class		Rates / Charge	Total	Nature and Quantity of Goods（incl. Dimensions or Volume）
			Commodity Item No.	Chargeable Weight			
1 BJS	4.6	K S	M200	6.0	640.00	640.00	1 LIVE CAT DIMS: 30 cm×30 cm× 40 cm×1
1	4.6					640.00	0.04 m³ AVI

图 2.80

例 3 Routing：URC/FRA

Commodity：BOOKS

Total Gross Wt：224.6 kg

Dims：50 cm×40 cm×40 cm×10

Payment：PP

体积重量：133.5 kg

计费重量：225.0 kg

适用运价：RN 50

$\qquad$ GCR N = 20.40+45.57 = CNY 65.97 per kg

$\qquad$ RN50 = 65.97×50% = CNY 32.99 per kg（进位单位 0.01）

航空运费：225.0×32.99 = CNY 7 422.75

按照 GCRQ 计算费用较高，在此不再计算。

运价计算栏的填写，如图 2.81 所示。

Currency CNY	CHGS Code	WT/VAL		Other		Accounting Information	
		PPD ✕	COLL	PPD ✕	COLL	Declared Value for Carriage NVD	Declared Value for Customs NCV
Handling Information							
No of Pieces RCP	Cross Weight	kg 1b	Rate Class		Rates / Charge	Total	Nature and Quantity of Goods (incl. Dimensions or Volume)
			Commodity Item No.	Chargeable Weight			
10 BJS	224.6	K	R	N50	225.0	32.99	7 422.75	BOOKS DIMS: 50 cm✕40 cm✕ 30 cm✕10
10	224.6						7 422.75	0.8 m³

图 2.81

例 4 Routing: PEK/CRV

Commodity: DOOR LOCKS

Total Gross Wt: 26 kg

Dims: 50 cm✕40 cm✕30 cm✕2

Payment: PP

①PEK-CRV，没有公布直达运价，但存在比例运价。那么，使用比例运价计算货物运费。

②PEK 与 CRV 比较，CRV 属于小城市，在比例运价中找到 CRV，可以查到比例运价，见表 2.13。

表 2.13

Date/ Type	note	item	Min. Wght	usd	Local Curr.
CROTONE				IT	CRV
EURO		EUR		KGS	KGS
CONST. OVER PMO PALERMO IT					
AREA 1 EXCLUDING FRENCH GULANA GREENLAND, GUADELOUPE, MARTINIQUE, USA		GCR	N	0.00	0.00
AREA 2 EXCLUDING ECAA, REUNION		GCR	N	0.00	0.00
AREA 2 EXCLUDING AUSTRALLA		GCR	N	0.00	0.00
CONST. OVER ROM ROME IT					

续表

	Date/ Type	note	item	Min. Wght	usd	Local Curr.
MID ATLANTIC EXCLUDING FRENCH GULANA, GUADELOUPE, MAR- TINIQUE		SCR	N	0.10	0.08	
AREA 1 EXCLUDING GREENLAND, MID ATLANTIC, USA		SCR	45	0.10	0.08	
EUROPE EXCLUDING ECAA		GCR	K	0.10	0.08	
AREA 2 EXCLUDING ECAA, REUNIOBN		SCR	45	0.10	0.08	
AREA 3 EXCLUDING AUSTRALLA		SCR	N	0.10	0.08	

③比例运价构成点存在两个：一个为 PMO-PALERMO；另一个为 ROM-ROME。

PEK/PMO 之间只存在 GCR，比例运价中也只存在 GCR；而 PEK/ROM 之间只存在 GCR，而比例运价中只存在 SCR，不是同一种类运价，不能构成全程运价。所以运价构成点只能选择 PMD。

④全程运价

PEK-PMO 公布直达运价 GCR N＝CNY 46.54 per kg

PMO-CRV 比例运价 GCR N＝USD 0.00 per kg＝CNY 0.00 per kg（选择从 3 区始发的运价）

PEK-CRV 全程运价 GCR N＝CNY 46.54 per kg

体积重量：20 kg

计费重量：26.0 kg

航空运费：26.0×46.54＝CNY 1 210.04

运价计算栏的填写，如图 2.82 所示。

Currency CNY	CHGS Code	WT/VAL		Other		Accounting Information	
		PPD ×	COLL	PPD ×	COLL	Declared Value for Carriage NVD	Declared Value for Customs NCV
Handling Information							
No of Pieces RCP	Cross Weight	kg 1b		Rate Class		Rates	Total	Nature and Quantity of Goods（incl. Dimensions or Volume）
				Commodity Item No.	Chargeable Weight	Charge		
2 PMO	26.0	K	N		26.0	46.54	1 210.04	DOOR LOCKS DIMS：50 cm×40 cm×
2	26.0						1 210.04	30 cm×2 0.12 m³

图 2.82

二、分段相加最低组合运价

当货物的始发站至目的站之间没有公布直达运价，同时，也不能使用比例运价时，可以选择适当的运价组成点，按分段相加的方法组成全程货物运价。

（一）分段相加运价组成原则（TACT RULES 3.8.2）

①采用分段相加的方法组成全程运价时，要选择几个不同的运价组成点，将分别组成的多个运价进行比较，取其低者。运价的组成点，没有任何限制。

②当按照上述运价计算的航空运费，低于从始发站国家至目的站国家最低运费时（根据 TACT RULES 4.3 确定），按照最低运费计收货物运费。

③IATA 公布的运价与政府规定的运价不能组合使用，除非政府规定另有说明。

④国内货物运价和国际货物运价相加组成全程货物运价时，国际货物运价适用的有关规定也同样适用于分段相加后组成的全程货物运价。

⑤对于按分段相加的办法组成的货物运价，与货物运输的实际路线无关。

（二）具体规定

1. 国际普通货物运价可以分别同以下运价组成全程运价

①比例运价中的普通货物运价；

②国内货物运价；

③国际普通货物运价；

④过境运价。

2. 国际指定商品运价可以分别同以下运价组成全程运价

①比例运价中的指定商品运价；

②国内货物运价；

③过境运价；

④国际等级货物运价可以分别同国内货物运价、过境运价组成全程运价；

3. 集装器运价可以同国内货物运价组成全程运价

过境运价是指美国和加拿大之间的运价。过境运价不能组成从/到加拿大的分段相加运价，但可以组成从/到加勒比海地区和从/到 IATA 3 区各点间的分段相加运价。

通过以上规定可以看出：

任何国际运价（GCR、SCR、C-R）都可以与国内运价相加。

在使用分段相加最低组合运价时，同样要遵守运价的使用顺序。

（三）运价与运费的计算

例5 Routing：YNJ/TYO BY CA

Commodity：FRESH GRAPES

Total Gross Wt：270 kg

Dims：50 cm×70 cm×70 cm×7

Payment：PP

YNJ 和 TYO 之间没有公布直达运价，也没有比例运价，所以使用分段相加最低组合运价。

体积重量：286 kg

延吉只有到北京的运价（如图 2.83 所示），所以

YNJ-BJS　　GCR Q＝CNY 6.72 kg

BJS-TYO C 0008/300＝CNY 18.80 per kg（指定商品运价）

Date/ Type	note	item	Min. Wght	Local Curr.
YANJI			CN	YNJ
Y. RENMINBI		CNY		KGS
BEIJING		CN		
			M	45.00
	CA		N	8.96
	CA		45	6.72

图 2.83

航空运费（运价如图 2.84 所示）：

YNJ-BJS　　286.0×6.72＝CNY 1 921.92

BJS-TYO 300.0×18.80＝CNY 5 640.00

总费用：CNY 7 561.92

Date/ Type	note	item	Min. Wght	Local Curr.
BEIJING			CN	BJS
Y. RENMINBI		CNY		KGS
TOKYO		JP		
			M	230.00
			N	37.51
			45	28.13
		0008	300	18.80
		0300	500	20.61
		1093	100	18.43
		2195	500	18.80

图 2.84

本题使用"国内运价与国际指定商品运价"组成全程运价。

实际中，应寻找几个运价构成点，分段相加，选择最低运价为最后结果。

因为两段运价种类不同、计费重量不同，所以，分段计算，分段填写货运单。

货运单运价计算栏的填写，如图 2.85 所示。

No of Pieces RCP	Cross Weight	kg 1b	Rate Class		Rates Charge	Total	Nature and Quantity of Goods (incl. Dimensions or Volume)
			Commodity Item No.	Chargeable Weight			
7 BJS	270.0	K	Q C	0008	286.0 / 6.72	1 921.92	FRESH GRAPES DIMS：50 cm×70 cm×
					300.0 / 18.80	5 640.00	70 cm×7
7	270.0					7 561.92	PER

Currency CNY; CHGS Code; WT/VAL PPD×, COLL; Other PPD×, COLL; Accounting Information; Declared Value for Carriage NVD; Declared Value for Customs NCV; Handling Information.

图 2.85

例 6　Routing：BJS/DPL

Commodity：1 LIVE DOG

Total Gross Wt：25 kg

Dims：60 cm×60 cm×80 cm×1

Payment：PP

Date/ Type	note	item	Min. Wght	Local Curr.
BEIJING			CN	BJS
Y. RENMINBI		CNY		KGS
MANILA		PH		
			M	230.00
			N	39.94
			45	25.21

图 2.86

Date/ Type	note	item	Min. Wght	Local Curr.
MANILA		PH		MNL
U. S. DOLLAR		USD		KGS
DIPOLOG		PH		
			M	3.33
			N	0.48
			50	0.45
			250	0.43
			1 000	0.40

图 2.87

BJS 和 DPL 之间没有公布直达运价，也没有比例运价，所以使用分段相加最低组合运价。

体积重量：48 kg

BJS-DPL 属于 IATA3 区之内运输活体动物，适用运价为 SN 150。

因此，使用"（国际货物运价 N 运价＋国内货物运价的 N 运价）×150%"确定货物运价，运价如图 2.86、图 2.87 所示。

BJS-MNL　　GCR N＝CNY 39.94 per kg

MNL-DPL GCR N＝USD 0.48 per kg　　0.48×6.828 92＝CNY 3.277 per kg，人民币进位单位为 0.01，将美元换算成人民币时，多保留一位小数。

全程运价：39.94＋3.277＝43.217＝CNY 43.22 per kg（全程运价最后保留 2 位小数）

SN 150＝CNY 64.83 per kg

航空运费：48.0×63.83＝CNY 3 111.84

货运单运价计算栏的填写，如图 2.88 所示。

Currency CNY	CHGS Code	WT/VAL		Other		Accounting Information	
		PPD ✕	COLL	PPD ✕	COLL	Declared Value for Carriage NVD	Declared Value for Customs NCV
Handling Information							
No of Pieces RCP	Cross Weight	kg 1b	Rate Class		Rates / Charge	Total	Nature and Quantity of Goods (incl. Dimensions or Volume)
			Commodity Item No.	Chargeable Weight			
1 MNL	25.0	K　　S	N150	48.0	64.84	3 111.84	LIVE DOG DIMS：60 cm×60 cm× 80 cm×1
1	25.0					3 111.84	0.29 m³ AVI

图 2.88

三、无适用运价

如果两点间既无公布直达运价，又无法采用比例运价和分段相加最低组合运价组成全程运价时，可以采用如下方法处理：

可以向有关承运人咨询，也可在货运单上填写离目的站最近且有公布运价的机场，并按到该点的运价计收货物运费。

例如 BJS-ANR（Antwerp），无运价，可以采用 BJS-BRU（Brussels）的运价。具体详见 TACT RULES 1.2.6。

或者，在货运单上填写无公布运价的实际目的站，运价则采用离目的站最近的航空港的运价，同时应在货运单的储运事项栏内注明"托运人保证支付该地点至实际目的站的运费"字样。

第九单元 》》》》》》
货物运输声明价值

货物运输声明价值（以下简称声明价值）是指托运人向承运人特别声明的其所托运的货物在目的地交付时的利益。声明价值附加费是托运人办理货物声明价值时，按规定向承运人支付的专项费用。

一、承运人的责任限额

根据 2009 年修改的《蒙特利尔公约》：在运输中造成货物毁灭、遗失、损坏或者延误的，承运人的责任以每千克 19 特别提款权为限，除非托运人在向承运人交运货物时，特别声明在目的地点交付时的利益，并在必要时支付货物声明价值附加费。在此种情况下，除承运人证明托运人声明的金额高于在目的地点交付时托运人的实际利益外，承运人在声明金额范围内承担责任。

二、货物运输声明价值

托运人托运货物时应办理货物运输声明价值，它可以是一个具体的金额，也可以无声明价值。如果货运单已经托运任何承运人签字生效，托运货物的安全责任已由承运人承担，托运人不得再补报或更改已申明的声明价值。

在国际运输中，当托运人托运的货物实际毛重每千克价值超过 19 特别提款权（Special Drawing Right，SDR）时，可以办理货物运输声明价值。货物实际毛重不包括承运人的集装器的质量。托运人办理货物运输声明价值必须是一票货运单上的全部货物，不得分批或者部分办理。办理声明价值时，托运需在货运单 "Declared Value for Carriage" 栏内注明声明的价值金额。否则，注明 "NVD"，表明不办理货物运输声明价值。

除另有约定外，每票货运单的货运声明价值的最高限额不超过 10 万美元或者其等值货币。

一票货运单的货物声明价值超过 10 万美元或其等值货币时，可以请托运人用几份货运单托运货物，由此产生的费用差额由托运人承担，也可以经承运人批准后，托运人适用一份货运单托运货物。

由于货物声明价值和保险价值的申报并不是强制性规定，当托运人不申报货物价值时，应该如何确定货物价值呢？

　　某些承运人规定，无运输声明价值或者保险价值的货物按毛重每千克 19 特别提款权或其等值货币折算货物价值。

三、声明价值附加费计算

　　根据 TACT RULES 3.2，货物声明价值附加费是按照毛重每千克超出 SDR19 部分的价值的 0.75% 计收。

　　为计算声明价值附加费，必须用托运人声明的价值除以一票货物的毛重，得出每千克或磅的价值。

　　例如：到/从以色列运输钻石或毛钻，按照毛重每千克超出 SDR 19 部分的价值的 0.10% 计算声明价值附加费。

　　可以用公式表示为：

$$货物声明价值附加费 =（货物运输声明价值 - 毛重 \times SDR 19）\times 0.75\%$$

　　其中，19 特别提款权（SDR 19）与当地货币换算额，可查阅 TACT RULES 3.2. SDR 19 相当的金额是根据银行五天比价（2 月 1 日至 5 月 31 日；6 月 1 日至 9 月 30 日；10 月 1 日至 1 月 31 日）得出的，进位单位按照 TACT RULES 5.7.1 中的最低运费的进位单位进行进位。

　　计算货物声明价值附加费时，应注意货币不同，进位单位不同，要按照 TACT RULES 5.7.1 中的除最低运费外的进位单位进行进位。

　　例 1　一票货物运输声明价值为 48 元万人民币，货物毛重为 500 kg。

　　已知 SDR 19 = CNY 203

　　货物声明价值附加费 =（货物运输声明价值 - 毛重 $\times$ SDR 19）$\times$ 0.75% =（480 000.00 - 500 $\times$ 203）$\times$ 0.75% = CNY 2 838.75（进位单位为　0.01）

　　例 2　一票货物，毛重为 25 kg，运输声明价值为 JPY 3 000 000。

　　已知 SDR 19 = JPY 2 709

　　货物声明价值附加费 =（3 000 000 - 25 $\times$ 2 709）$\times$ 0.75% = JPY 21 992（进位单位为 1）

　　例 3　一票货物毛重为 2.1 kg，运输声明价值为 EUR 90 000.00。

　　已知 SDR 19 = EUR 20.81

　　货物声明价值附加费 =（90 000.00 - 2.1 $\times$ 20.81）$\times$ 0.75% = EUR 674.50（进位单位为 0.01）

　　例 4　一票货物毛重为 20 kg，运输声明价值为 USD 90 000.00。

　　已知 SDR 19 = USD 30

　　货物声明价值附加费 =（90 000.00 - 20 $\times$ 30）$\times$ 0.75% = USD 670.50（进位单位为 0.01）

四、国内运输声明价值

在国内运输中，托运人托运货物，毛重每千克在人民币20元以上的，托运人在托运货物时，可向承运人或其代理人声明货物的价值，该价值称为供运输用的声明价值，亦为承运人应负赔偿责任的限额。承运人或其代理人根据所声明的价值向托运人收取费用，该费用称为货物声明价值附加费。

声明价值附加费与保险费两者取其一。

每张国内货运单的声明价值一般不超过人民币50万元。

已办理托运手续费的货物要求变更时，声明价值附加费不退。

声明价值是对一张货运单的整批货物而言，不可办理一张货运单的部分货物或两种单位价值不同货物的声明价值。（特殊情况除外，如包机包舱运输。）

运输用的声明价值，适用于货物的毛重，但不包括航空公司的集装设备。

声明价值附加费的计算方法：

$$声明价值附加费＝（声明价值－实际重量×20元/千克）×5‰$$

例5 广州至北京的一批货物，声明价值为10万元，货物的毛重为50千克，体积为100 cm×60 cm×20 cm×3件，此批货物是否可以办理声明价值，附加费是多少？

这里使用的重量应是货物的毛重，而不是计费重量。

$$100\,000（元）÷50（千克）＝2\,000元/千克$$

因为每千克价值超过了20元人民币，所以可以办理声明价值。

$$声明价值附加费＝（100\,000－50×20）×5‰＝495.00元$$

应收取495元人民币作为声明价值附加费。

五、货物声明价值变更问题的处理

货物托运后，至收货人提取货物前，经常会出现托运人提出对货物声明价值变更的现象，此时该如何进行处理呢？

一般来讲，货运单签字生效后，承运人对货物的安全管理已经开始。如果托运人在货物发运之前提出对货物声明价值进行变更，承运人可以按照货物退运进行处理，原声明价值附加费不退。货物一旦发运，托运人便不能对声明价值提出变更要求。

第十单元 》》》》》》》

其他费用

其他费用是指承运人收取的除航空运费、声明价值附加费以外的地面运费、活体动物收运检查费、危险品收运检查费、燃油附加费、安全附加费、保管费、货运单费、退运手续费、运费到付及手续费、代垫付款手续费等。本节只介绍一般在始发站收取的其他费用。

（一）航空货物燃油附加费

近年来，由于国际燃油价格不断上涨，承运人开始收取燃油附加费用。货物燃油附加费的计算公式：

$$货物燃油附加费 = 货物重量 \times 燃油附加费费率$$

计算航空货物燃油附加费时，有些承运人以计费重量为依据，有些承运人以毛重为依据，具体要看各承运人的要求。

航空货物燃油附加费的费率，承运人可以根据国际燃油价格的波动进行调节。收取的航空货物燃油附加费，要填写在货运单"Other Charges"栏内，代号为 MYC。此项费用归始发站填开货运单的承运人所有，不参加比例分摊。

（二）航空货物安全附加费

2001 年 9 月 11 日发生在美国的恐怖主义分子利用民航客机制造的恐怖事件，给世界民航业造成巨大冲击和损失。各承运人先后制订了一系列货物安全运输措施并开始收取航空货物安全附加费。

航空货物安全附加费的计算公式：

$$航空货物安全附加费 = 货物毛重 \times 货物安全附加费费率$$

航空货物安全附加费以货物的实际毛重为基础进行计算，费率因承运人的不同或者不同时期而有所差异。

例如：目前自中国内地始发的国际货物安全附加费为每千克 1.20 元人民币，每份货运单最低收取 40 元人民币。自中国内地始发至香港、澳门、台湾地区的货物安全附加费为每千克 0.8 元人民币，每份货运单最低收取 30 元人民币。

（三）活体动物收运检查费

活体动物收运检查费是指向托运人收取的一票活体动物的检查、处理费用，填写在货单"Other Charges"栏内，代号为 LAC。此项费用归始发站填开货运单的承运人所有，不参

加比例分摊。

每一份国际货运单的活体动物收运检查费为 200 元人民币。

（四）危险品收运检查费

危险品收运检查费适用于由托运人申报的，按照危险品运输规定运输危险品时，向托运人收取的一票危险品的检查、处理费用。危险品收运检查费，应填写在货运单"Other Charges"栏内，代号为 RAC。此项费用归始发站填开货运单的承运人所有，不参加比例分摊。

不同的国家或地区，收取的危险品收运检查费不同，具体请参阅 TACT RULES 4.5。从中国内地始发到 IATA 1、2 和 3 区，危险品收运检查费为 650 元人民币。

（五）货运单费

承运人或其代理人在填制货运单时，应向托运人收取货运单费（包括制单费）。货运单费应填写在货运单"其他费用"栏内，用 AWC 或 AWA 表示，分别代表由承运人或其代理人收取。

不同国家或地区收取的货运单费不同。可以参阅 TACT RULES 4.4。一般情况下，货运单费为 USD 15.00，但也存在例外。

例如在中国，每一份国际货运单费用为 CNY 50、JPY 200、（新加坡）SGD 10.00。欧盟内国家：丹麦，SK 承运，货运单费为 DKK 50.00；法国，AF 承运，货运单费为 EUR 12.00；德国，LH 承运，货运单费为 EUR 10.00。

（六）退运手续费

退运手续费是指托运人退运货物时，应向承运人支付的手续费。

在我国，国际货物每一份货运单退运手续费为 40 元人民币。

第三部分　货物出港

【知识目标】了解出港货物的文件管理和操作；
　　　　　　了解出港货物的类别。

【能力目标】会进行出港文件管理。

承运人接收货物后，主要任务是将货物安全、合理地运送到目的地。货物出港主要工作为编制预舱单、货物出仓、编制出港文件、装机和航班释放。货物出港流程如图2.89所示。

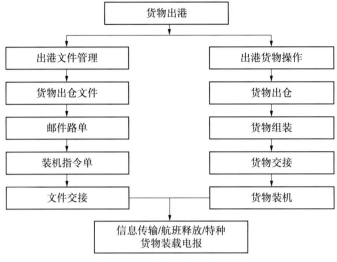

图 2.89　出港货物操作流程图

第一单元 》》》》》》》》》
出港文件管理

一、货物出仓文件

货物出仓依据的文件包括航班计划或预舱单。预舱单是指预先制作的航班货物出港计划，以下统称为航班计划。装机站根据航班计划将货物出仓。

航班计划是根据货物订舱和收运情况，预先制作的一份货物装机计划，主要内容包括航班信息，如航班号、飞机号、飞机型号、日期、始发站、目的站，以及货物信息，如货运单号、件数、品名、重量、航程及备注等内容。

二、货邮舱单

货物出仓后，配载室（以下简称货配）根据实际情况进行货邮结载并编制出港货邮舱单（以下简称货邮舱单）。

货邮舱单主要有三部分内容：第一部分为航班基本信息，包括航班号、航班日期、飞机号、起飞时间、起飞站及目的站等内容；第二部分为货邮详细信息，包括序号、运单号、配运件数/重量、运单件数/重量、物品名称及备注；第三部分为制表人签名、打印时间及总计信息等内容。

　　货邮舱单是装机站向卸机站运送货物、邮件的清单，也是承运人之间结算航空运费的依据。各地可根据需要确定货邮舱单的份数。国内运输货邮舱单样式如图 2.90 所示，国际运输货邮舱单样式如图 2.91 所示。

货邮舱单

航班号：　　　　　　　　　　航班日期：　　　　　　　　飞机号：
起飞时间：　　　　　　　　　起飞站：　　　　　　　　　目的站：

序号	运单号	配运件数/质量	运单件数/质量	计费质量	货物品名	备注
1						
2						
3						
4						
5						
6						
7						
8						
9						

制表：　　　　　　　　配载：　　　　　　　　本页小计：货物　/　件　/
　　　　　　　　　　　　　　　　　　　　　　　　　　　邮件　/　件　/
打印时间：　　　　　　　　　　　　　　　　　总计：货物　/　件　/
　　　　　　　　　　　　　　　　　　　　　　　　　邮件　/　件　/
　　　　　　　　　　　　　　　　　　　　　　计费总量：

第　页，共　页

图 2.90　国内运输货邮舱单

CARGO & MAIL MANIFEST

Owner or operator：ShenZhen Airlines
Flight No：　　　　　　　　　　Date：
Point of Loading：　　　　　　　Via：　　　　　　　　Destination：

No	AWB No	Pcs	Wgt	Nature of Goods	Origin	Dest	Remarks
1							
2							
3							
4							
5							
6							
7							
8							
9							
10							

Prepared By：　　　　　　　　Total Cargo：　　Pcs　　　kg
　　　　　　　　　　　　　　　Mail：　　　　　Pcs　　　kg
Checked By：　　　　　　　　No. of SHIPMENT：
　　　　　　　　　　　　　　　ACTUAL WEIGHT：　　kg

Page 1 of 1

图 2.91　国际运输货邮舱单

货配依据日期、航班号、航段生成货邮舱单。未装载货物和邮件的航班，在货邮舱单上注明"无货邮"。

货邮舱单的分发：国内货邮舱单一式四份，两份始发站留存，一份供结算使用，一份随货运单运至卸机站；国际货邮舱单一式十份，两份送海关，一份本航站留存，一份供结算使用，六份随货运单运至卸机站。

三、货邮出仓单

货物结载后，货配编制《航空公司货邮出仓单》（以下简称出仓单），如图 2.92 所示。

航班号：　　　　　航班日期：　　　　始发站：　　　　终点站：

飞机号：　　　　　起飞时间：　　　　机位：　　　　安检机口：

序号	编号	件数	重量	体积	舱位	货物处理类型	顺序	备注
1								
2								
3								
4								
5								
6								

货物小计			邮件小计		
货物总计			邮件总计		

结载员：　　　　　　复核：　　　　　　　交接员：

押运员：　　　　　　交接时间：　　　　　交接时间：

交接时间：　　　　　装卸班组：　　　　　监装监卸员：

打印时间：　　　　　交接时间：　　　　　交接时间：

第　页，共　页

图 2.92　货邮出仓单

出仓单主要有三部分内容：第一部分为航班基本信息，包括航班号、航班日期、飞机号、起飞时间、始发站、目的站及起飞机位等内容；第二部分为货卡详细信息，包括序号、集装器（包括货卡及板箱）编号、件数、重量、（预留监装员处理）舱位、货物处理类型、（货物优装）顺序及备注、货邮小计及总计信息；第三部分为制表人及各环节交接人员签名、交接时间栏等内容。

结载员（航班结载）将核对无误的《航空公司货邮出仓单》在规定时间内与机坪取单人员完成交接，取单人员在航班起飞前到达待运区与押运员交接。出港押运员根据《航空公司货邮出仓单》的货卡和集装器信息在待运区找齐需要装载的货卡或集装器，并押往该航班所在机位与该航班装卸人员核对交接。

装卸人员核对完后再将《航空公司货邮出仓单》交给监装监卸员进行核对。在装机时要充分考虑出仓单的货邮优装顺序及备注信息。

四、装载通知单

载重平衡部门填制装载通知单（简称装机单），装卸人员根据此单将货物装机。《航空装载通知单》如图 2.93 所示。

装机单主要包括三部分：第一部分为航班基本信息，主要包括航班号、日期、飞机号、始发站、目的站、特种货物代码、版本号等内容；第二部分为航班预配信息，包括航班执行机型各舱位装载重量、类别、总货量及备份货量信息等；第三部分为填表人、监装人员姓名及交接时间、装机特别注意事项等。

深圳航空 Shenzhen Airlines	B737	装载通知单 LOADING INSTRUGTONS	代码说明 CODE FOR CPM

代码说明 CODE FOR CPM

BY	行李	C	货物
M	邮件	VAL	贵重货物
AVI	活物	AOG	航材
CT	过站货物	RART	危险品

重量单位:KG　ALL WEIGHT　IN KG　版本 ____　回传时间 _____

航班 FLIGHT	日期 DATE	机号 A/C REG	自 FROM	至 TO

HOLD4		
到达站 DEST	重量 WT	类别 SPEC

HOLD1		
到达站 DEST	重量 WT	类别 SPEC

本飞机已按装机指令装载完毕,实际装载情况包括记录中的偏差。
I certify that this aircraft has been I loaded in accordance with instructions including the deviations recored.
监装人 PERSON RESPONSIBLE FOR LOADING:
- -

| 预报总货量: Total Weight | |
| 备份 Reserved | |

特别注意事项:
SPECIAL INSTRUCTIONS:

填表人 PREPARED BY:
- -

图 2.93　装载通知单

监装监卸员在航班起飞前确认并打印《装载通知单》，并抵达相应的机位与班组交接。监装监卸员须将《装载通知单》与《航空公司货邮出仓单》上的信息与实际情况进行核对。货物分配装机要严格按照《装载通知单》的要求执行，如有调整需在作业前通过对讲机告之配载平衡部门，征得同意后再进行作业。并在作业完毕后将实际装载情况与最终装机单进行核对。

五、货运业务袋货配装出港文件

货运业务袋货配装出港文件包括货邮舱单、货运单、分舱单、邮件路单及其他随机携带的货物不正常运输记录、电报、文件和信函等运输文件，统一装在一个业务袋内，与机组交接，由航班带到目的站。

六、补运清单

对于同一票货物，因飞机舱位、载量等原因，未能全部配运同一航班的包装件，航空公司填制《拉货补运清单》，以用于后续的补运操作。

拉货补运清单样式如图2.94所示。

航班号		目的站		日期		起飞时间		
制单员					结载员			
序　号	货运单号	代理人	品　名	拉货情况		原　票		备　注	预配航班
				件数	重量	件数	重量		
备注：						总件数			
						总重量			

_____机场：上述货物因拉货已以电报告知你，现予补运。请查收。多谢合作。

×× 有限公司货运配载

SITA：SZXFDZH   电话：××××××××

传真：××××××××

FORM 21 cm×29.7 cm

图2.94　拉货补运清单

第二单元 〉〉〉〉〉〉〉〉〉〉〉

出港货物操作

一、货物配载

（一）除遇特殊情况外，货配应遵照以下顺序安排货物发运顺序

①抢险、救灾、急救、外交信袋和政府指定急运的物品；

②指定航班、日期和按急件收运的货物；

③邮件；

④有时限、贵重物品和零星小件物品；

⑤中转联程货物；

⑥一般货物按照收运的先后顺序安排发运。

（二）在配载操作时应注意下列事项

①按照航班、机型、舱位容积、货物尺寸、重量合理搭配，充分利用舱位。

②注意季节变化、行李重量、飞机油量使用等情况引起的飞机业载的变化。

③有关航站、航线的禁运情况。

④海关监管的国际国内联程运输的货物，应检查货运单上是否盖有海关监管章、放行章或在货运单后面附有海关关封。此类货物应使用直达航班运输。

⑤活体动物运输，除应遵守 IATA《活体动物规则》中的规定，还需考虑具体的装载要求，以及起飞时间、天气条件、航线距离等因素可能对动物产生的影响。

⑥其他要求。

过站航班配货时应注意充分利用本站的配额。可以利用本站至远程航站的舱位配装近程航站的货物，不能使用本站至近程航站的舱位配装远程航站的货物。不能超出给定的配额配装货物。

在进行货物配载时，要加强与配载部门的工作协调，在航班上留足旅客行李舱位和吨位后根据航班的实际情况计算出货邮的可用载量和可用容积。

计算航班的货邮载运能力时，应考虑航班各种实际情况，如机型、季节，有关航站的特殊要求，并综合机务、航行、客运部门的意见，避免因计算不准确造成货邮超载或空载。

航班货物可用载量及舱位计算公式如下：

货邮可用载量＝航班允许最大业载-实际旅客人数×旅客重量-行李重量-安全业载货邮可用容积＝货舱总容积-旅客行李体积-容积损失

二、货物离港

货物出仓后应做到三核对三符合，即核对件数、重量、目的站，货运单与货邮舱单相符合，货邮舱单与出仓单相符合，出仓单与装载通知单相符合。

（一）货物在出仓时应检查下列项目

①根据航班计划核对货物标签上的货运单号码，核对目的站；

②清点货物件数、检查货物包装状况；

③出仓时发现有单无货、有货无单、单货不符、包装破损等不正常情况时，应将不正常情况的货物和货运单挑出，单独存放并按本书《不正常运输与变更》有关规定处理。

（二）邮件出仓时应检查下列项目

①核对邮件路单号码、邮件件数、目的站；

②检查邮件包装是否完好，封志有无异常；

③发现邮件有不正常情况应及时与邮政部门联系，征求处理意见。

（三）货物交接

航班货物结载后，货配制作《航空货邮出仓单》，机坪服务队押运人员根据出仓单内容在待运区找齐待装载货物，核对无误后将货物出库并拉至指定机位。在机位将出仓单及货物与航班装卸人员交接，装卸人员核对无误后再与监装监卸员交接。监装监卸员再次核对无误后结合出仓单及装机单对货物进行分舱，并指挥装卸人员进行装机。

（四）货物装载电报

航班离港后，装机站应在30分钟内向卸机站和经停站发出货物装载电报。

装机站应在航班离港后30分钟内向卸机站及经停站拍发特种货物装载电报。特种货物装载电报的拍发要求见本书模块六的内容。

（五）临时加、拉货

1. 装机站可以根据飞机舱位和业载情况，实施临时加货，临时加货的注意事项如下

①不得因临时加货延误航班，特殊情况下必须或可能延误航班时，应尽早报告。

②为防止飞机隐载，临时加货后必须通知载重平衡部门修改装载数据，同时修改货运系统数据。

2. 临时拉货是指装机站或经停站由于各种原因临时将已装上飞机或待装的货物全部或部分拉下，临时拉货的处理原则如下

①货物被拉下后，拉货航站必须将详细情况，包括拉货的航班号、货运单号码、件数、质量、收货人地址、姓名及续运的航班，用电报或电话通知卸机站。

②货物被拉下后，必须尽快通知托运人或代理人，征求托运人或代理人意见，如托运人或代理人同意继续运输，应将被拉下的货物以最早的航班运出。

③被拉下的联程货物，应重新订妥全程航班、日期、吨位。

④做好因承运人原因造成被拉下货物货主的解释工作，按照相关规章处理。

第三单元 〉〉〉〉〉〉〉〉〉
中转货物运输

一、航空公司一般只接收签有联运协议的航空公司的中转货物

凭货运单和始发航站舱单接收其他航空公司的中转货物，并进行下列项目的检查：

①货物包装、封志是否完好；

②货物的件数与中转舱单和货运单是否相符；

③鲜活易腐物品是否出现异常，是否适合继续运输；

④活体动物的状态是否良好；

⑤货物运输路线是否正确；

⑥货运单的运输文件是否齐备；

⑦货运单上的储运注意事项栏内是否有特殊要求并符合承运人的规定；

⑧海关监管、动植物和卫生检疫等手续是否齐全。

二、在检查时，若发现不正常情况应当进行记录。下列情况之一者不予接收

①货物破损严重；

②货物已腐烂或变质；

③活体动物状态不良；

④运输文件或手续不全；

⑤货物储运要求超出储运能力。

中转货物处理完毕后，把中转货物运单正常配上转运航班，并在舱单上标明"中转""TRANSIT"。

第四单元 》》》》》》》》》》

货物分批运输

　　货物分批运输是指将同一份货物单的货物分成若干批次，使用两个或两个以上航班运输。

　　承运人应合理利用舱位，避免不必要的分批运输，必须分批运输的货物，装机站应在每批货物发运时，填制《拉货补运清单》，各承运人或代理人凭《拉货补运清单》办理货物运输有关事宜。

　　对于同一票货物，因飞机舱位、载量等原因，未能全部配运同一航班的包装件，航空公司填制《拉货补运清单》，以用于后续的补运操作。

　　分批运输的货物在制作《货邮舱单》时，在舱单中注明本批次运输货物的件数/质量以及整票货物的总件数/总重量。拉货补运清单样式见本章内容图示。

　　分批货物尽量使用同一承运人运输，如使用不同的承运人运输分批货物时，应按临时拉货的有关规定办理。同时应注意参与运输的所有承运人在到达站必须是同一地面代理人，否则不能运输。

第五单元 》》》》》》》》》》

卡车航班

　　卡车航班是航空运输的辅助形式之一。在一定条件下，可以使用卡车航班运输航空货物。承运人可以根据需要开通固定的卡车航班。

一、开通临时卡车航班的条件

　　①目的站机场关闭；

　　②货物严重积压；

　　③货物的质量、尺寸超过执行航班的机型运载能力；

　　④托运人要求。

二、下列货物禁止使用卡车运输

①危险物品；

②活体动物、鲜活易腐物品；

③灵柩；

④贵重物品；

⑤武器、弹药；

⑥外交信袋；

⑦精密、易碎物品；

⑧其他不适于卡车运输的货物。

三、有直达航班的航线应尽量避免使用卡车运输

在运输过程中要考虑沿途道路、桥梁和天气情况以及车辆的载货高度和宽度限制等问题。

四、卡车航班操作的相关要求如下

①卡车运输按照正常航班的要求编制货邮舱单。

②不同航线上的卡车航班应按规定编排固定的航班号。

③国际转国内或国内转国际的货物，必须使用海关监管卡车运输。

④国内货物不能与国际货物装在同一个车厢内运输。

⑤装有货物的车厢必须使用铅封或锁具封闭。

⑥货物运至目的站，地面运输人员应将货物及运输文件与地面代理人进行交接，对方验收完毕并在货邮舱单上签字后，其中一份带回留存备查。

第四部分　货物进港

【知识目标】了解货物的到达和交付流程。

【能力目标】会进行货物的到达和交付操作。

第一单元 »»»»»»»

货物到达

航班抵达目的站后，货物的到达和交付是航空运输的最终环节，承运人或其地面代理应迅速、准确地办理提货通知，快速、完好地将货物交付给收货人，其工作质量直接体现着航空服务的好坏，代表着承运人的形象。如处理不当，很容易产生客户投诉，直接影响承运人的声誉。

进港货物操作流程图如图2.95所示。

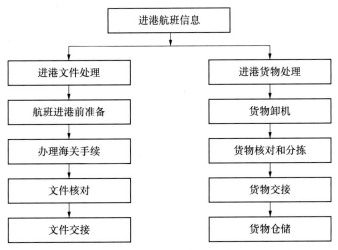

图2.95　进港货物操作流程图

一、文件处理

（一）航班进港前的准备

航班到达航站根据装机站拍发的各种电报，如货邮舱单电报（FFM）、货运单电报（FWB）、货物装载电报（LDM）、特种货物装载电报（FSH）和货物不正常运输电报（FAD）等，做好航班进港的准备工作。

（二）业务袋的接取及核对

①根据航班进港时间准时接取业务袋或其他货运文件，业务袋中通常包括货运单、分舱单、邮件运单、货邮舱单等运输文件。

②接取业务袋时应检查业务袋上注明的卸机站，避免拿错业务袋。

③对于过站航班，如果需要在本航站更换飞机，应及时将续程航班的业务袋送到更换后的飞机上。

（三）文件交接

①核对货运单和货邮舱单是否相符，对多收或少收的货运单在货邮舱单上注明。

②根据货运单确定货物流向。目的站为本航站的货物，在货运单上注明到达日期，该日期作为向收货人收取保管费的依据；经本站转港到其他航站的货物，在货运单上注明进港日期后按流向分拨。

③外航站转来的货物不正常运输记录、电报、文件或信函等，应尽快送交查询部门处理。

④国际运输，核对完的货邮舱单要一式两份，一份卸机站留存，一份向海关申报。

⑤国内中转货物（转关货物）和国际中转货物（过境货物）必须在海关办理监管或放行手续。

⑥在中国境内必须使用随机到达的货邮舱单向海关申报，该货邮舱单不能做任何修改，对于需要修改的事项在备注栏中注明。有些国家允许承运人在向海关申报时采用电子数据（EDI）传送货邮舱单报的形式。各国政府规定不同，应根据当地规定进行操作。

⑦国际运输分舱单的制作：根据货物的不同流向制作分舱单，并按规定将分舱单分发给有关部门。

二、货物处理

（一）监督卸机

承运人应建立健全监装、监卸制度，货物装卸应有专职监卸人员对作业现场实施监督检查。

承运人对承运的货物应当精心组织装卸作业，轻拿轻放，严格按照货物包装上的储运指示标志作业，防止货物损坏。

如果在卸机过程中发现货物包装破损或包装破损内件明显短少时，监装监卸员应当填写不正常运输记录，通知托运人或收货人，征求处理意见。

（二）货物交接

①按货物性质和流向分别入库。

②留机场交付货物的交接。将货物、货运单、货物交接单及随附的运输文件交给机场货物交付部门（海关监管货物必须有海关关封）。核对无误后，双方在货物交接单上签字。

③中转货物的交接。将货物、货运单、货物交接单、海关关封等交给出港部门。核对无误后，双方在货物交接单上签字。

④特种货物按不同种类特种货物的不同规定办理交接。

（三）货物分拣

①按照货物种类存放在进港不同的提货区。

②按货运单号的尾数，存放在相应的号位区。

③区分到达货和中转货，分别存放。

（四）进港不正常情况的处理

①发现货物少收、多收、包装破损、内物短少、变质、污染等不正常运输情况，填写货邮行运输事故记录单，并填制货物不正常运输记录。拍发电报通知有关航站。有条件对破损货物进行修复或处理的，应尽量采取措施进行修补或处理。

②发现错卸过站货物，如有可能尽量用原航班续运。否则，安排同一承运人的最早航班运输，并拍发电报通知货物的始发站和卸机站。

③发现错卸行李，应立即送还地面服务部或机场相关部门。

④对货物实际重量或计费重量有疑问时应重新计重。如确认重量有误，应向始发站确认。货物运费有差异时，应要求始发站更正，属于在本站提取的货物，也可以向收货人收取。

⑤国际、国内联程运输的货物。由于货物包装破损或飞机装载限制等原因，需要更换货物包装或更改货运单件数，必须事先征得海关同意。

（五）无海关城市国际货物的清关

目的站为中国境内无海关城市的货物，必须在第一入境口岸清关。各国政府不同，详见当地规定。

（六）仓储

货物交付货主前，将到达货物入库储存保管。通常，到达货物可按照货运单尾号或件数的形式分区存放。特种货物存放时，应根据其不同性质仓储于相应库区，例如，危险品放入危险品库房（区），贵重物品放入贵重物品仓库，需要冷藏的鲜活易腐货物放入冷藏库等。

第二单元 »»»»»»
货物交付

货物核对无误后,货物的目的站向收货人发出到货通知,通知收货人前来提取货物。

一、到货通知

货物运至目的站后,除另有约定外,由航空公司或其代理人向收货人发出到货通知。

(一)到货通知形式

到货通知包括电话通知和书面通知两种形式。一般使用电话通知形式。

1. 电话通知

电话通知时应将货运单号码、始发站、件数、重量、货物到达时间、提货地点、提货日期和提货手续以及其他需要注意的事项通知收货人。通知人应记录下通知时间、被通知人的姓名和本人的姓名,记录完整。

活体动物、鲜活易腐货物、贵重物品、危险物品、灵柩、骨灰、外交信袋等特种货物应使用电话通知。

2. 书面通知

书面通知采用寄发提货通知单或传真的形式,通常在电话无法联系到收货人时用书面通知。

书面通知要求书写准确、清楚,及时发出。存根撕下,与提货人联订在一起作为已发凭证。

使用书面通知时,应记录信函编号和收件人的姓名等。

提货通知单样式如图2.96、图2.97所示。

到货通知 （存根） 运单号： 件数/重量： 通知时间： 　　　年　月　日 第___次通知 经办人：	□□□□□□ 收件人地址、姓名：_____ _____ ××货运有限公司 提货地点： 联系电话： 　　　　　　　　　　□□□□□□	贴邮票处

图 2.96　提货通知单正面

兹有货运单_____号的货物，品名_____

The consignment bearing the AWD No.　　　　and the discription

由_____运来，已于_____年____月____日运达。

originated from　　has arrived on　　date　　month　　year

第_____次到货通知已于_____年____月____日发出，请速来提货，并

The notice has already been sent early, please make diliery as soon

请注意下面提货注意事项。

as possible. Please pay attention to the followings.

提货注意事项：

please pay attention to

1. 提货证件：_____

ID card of consignee

1. 保管费_____　　　　　　　　_____

Storage fee

提货时间：星期_____—星期_____　　　____点—____点

Working time　　From　　to　　From　　to

图 2.97　提货通知单背面

（二）到货通知时限

①急件、活体动物、鲜活易腐物品、贵重物品、灵柩、骨灰、外交信袋等特种货物的到货通知，应在货物到达后 2 小时内通知收货人。

②普通货物的到货通知，应在货物到达后 24 小时内通知收货人。

（三）无法通知或无人提取货物的处理

①因货运单上提供的收货人信息不准确或不完全，致使承运人无法通知收货人时，应立即通知始发站征求处理意见。

②到货通知发出后满 7 日无人提取，应于第 8 日发出催提第二次到货通知。同时拍发电报通知始发站，由始发站通知托运人征求处理意见。

③第二次通知后满 7 日仍无人提取，应于第 8 日发出第三次最后催提通知，同时通知始发站征求处理意见，并按无法交付货物处理。

④第一次到货通知发出后满 60 日仍无人提取，又未接到托运人的处理意见，按无法交付货物处理，处理办法参照《货物运输手册》10.4 章节。

二、提货证明

收货人提取货物时必须出示有效身份证件和有关文件，收货人也可以委托他人代为提取货物，不同情况，需要不同的证件或文件。

（一）收货人本人提取货物

①收货人为单位名称和邮政信箱的，须出示单位出具的提货证明信和本人有效身份证件。

②收货人为单位名称和个人姓名的，凭个人有效身份证件提货。

③收货人为住址和个人姓名的，凭个人有效身份证件提货。

④收货人为军队番号、武警单位的，应出示相应的单位证明和收货人的军官证、文职军人证或士兵证等。

⑤提取属于危险物品当中的爆炸物品、放射性物品、枪械、弹药、第6类毒性物质、传染性物质时，收货人还须出具公安部门出具的准运证明；提取政府限制运输的其他物品时，收货人须出示政府主管部门出具的有效证明文件。

（二）收货人委托他人提取货物

①受委托人凭到货通知单或货运单收货人联或副本和货运单指定的收货人及被委托人的有效身份证件提货。

②受委托人在国外提取货物时必须遵守当地规定出示相关提货证明。

三、提货时应收取的费用

各国在目的站收取的费用有不同的规定，在中国境内目的站收取的费用一般包括目的站收取的到付运费及手续费、保管费和地面运输费等。

（一）运费到付及手续费

对于运费到付的货物，在目的站办理货物交付手续时，还需要向收货人收取运费到付手续费。

运费到付手续费一般为航空运费和声明价值附加费之和的5%。运费到付手续费一般不低于10美元或者其等值货币，按银行卖出价换算成当地货币。特殊要求的除外。

中国不接受运费到付，但有一些是例外的。比如，从境外到北京、长春、成都、重庆、大连、福州、广州、海口、哈尔滨、昆明、南京、宁波、青岛、上海、汕头、深圳、沈阳、天津、温州、武汉、厦门、西安和郑州时，均为国航承运，可以采用运费到付。

（二）保管费

保管费是指由于托运人或收货人未能在规定时间内办妥货物运输的有关手续，货物保留在承运人仓库内超过规定时限时，承运人收取的货物保管费用。

保管费的计算公式：保管费＝货物重量×保管费费率

某航空公司目前收取保管费的标准如下：

①普通货物，自发出到货通知的次日起免费保管3日。超过免费保管期限的货物，每日每千克收取保管费0.10元，保管期不满1日按1日计算。每份货运单最低收取保管费5.00元。

②贵重物品，自到达目的站的次日起每日每千克按5.00元收取保管费，保管期不满1日按1日计算。每份货运单最低收取保管费50.00元。

③危险物品，自货运部门发出到货通知的次日起免费保管 3 日，超过免费保管期限后，每日每千克收取保管费 0.50 元，保管期不满 1 日按 1 日计算。每份货运单最低收取保管费 10.00 元。

④凡需冷藏的鲜活易腐、低温、冷冻物品，自航班到达后，免费保管 6 小时，超过 6 小时后，每日每千克收取保管费 0.50 元，保管期不满 1 日按 1 日计算。每份货运单最低收取保管费 10.00 元。

⑤分批运输货物按最后一批货物的到达日期作为计算依据。

⑥计算保管费时，以货物的计费重量为计算依据。

（三）地面运费

地面运费是指使用承运人的地面运输工具，在机场与市区之间、同一城市两个机场之间运送货物所产生的费用。这是因为航空运费是承运人将一票货物自始发地机场运至目的站机场所收取的航空运输费用，不包括机场与市区之间、同一城市两个机场之间运送货物所产生的费用。因此，一旦产生此项费用，应当由托运人承担。

地面运费的计算公式：地面运费＝货物质量×地面运输费费率

在中国境内进出港货物的地面运输费，按照 0.20 元/千克收取，最低收取 5.00 元。在机场自行提取的货物免收地面运输费。

在计算地面运费时，大多数承运人以计费重量为依据，一些承运人以毛重为依据，具体要视承运人要求而定。

四、货物交付

（一）除另有约定外，货物只交付给货运单上指定的收货人

①交付货物前应检查提货人的提货证明、文件是否完备有效。计算并收取到付运费、到付运费手续费、保管费和地面运费等有关费用。

②提货人在提取货物前，应付清所有应付费用并自行办妥海关和检验检疫等手续。

③根据货运单核对货物标签上的货运单号码、始发站和目的站，清点货物件数。

④交付时，收货人对货物外包装状态、件数或重量如有异议，应当场查验或复重，必要时填写货物交付状态记录，由双方盖章或签字。

⑤收货人在货运单货物交付联的收货人栏内填写本人的姓名和有效身份证件号码、日期和联系电话，以示签收。

⑥交付人在货运单上填写本人姓名和交付日期。

（二）分批货物的交付

①不同的国家或地区，对于分批货物的提取有不同的规定，一般情况下，分批货物应在货物到齐后一次交付给收货人。国际货物需要分批交付时，由收货人向海关提出申请，

经海关同意后，可以分批提取货物。分批交付货物时，应在货运单上注明本次交付的件数、重量和交付时间，收货人和交付人双方签字证实。货物全部提取后，双方在货运单上签字，证实货物已全部提取。

②交付分批货物的各种记录必须准确、完备，随附货运单备查。

（三）丢失货运单货物的交付

①对于丢失货运单的货物，一般情况下应在收到始发站补来的货运单或货运单副本后，方能办理货物交付手续。对于有时限要求的货物可以使用始发站传真的货运单办理交付手续。贵重物品、危险品必须在收到始发站补来的货运单或货运单副本后方能办理货物交付手续。

②对于经常提取货物且信誉好的代理人或收货人可凭其出具的担保函和货运单副本（或复印件）办理货物交付手续。收到始发站补来的货运单或货运单副本（或复印件）后，应及时与代理人或收货人提供的货运单副本（或复印件）进行核对，两者必须完全相符。

③交付丢失货运单的货物，要注意核对货物标记和货物标签的各项内容与收货人提供的货运单副本或复印件是否一致。

④收货人将货运单遗失，提出书面申请后，可以将留存的货运单副本复印件作为代货运单提供给收货人。

五、货物交付状态记录

（一）一般要求

①货物交付状态记录是在交付货物时，发现货物损坏、短少、变质、污染、延误或丢失，收货人提出异议，由承运人填写并经收货人认可的，详细记录货物的真实状态的书面文件，如图 2.98 所示。

②货物交付状态记录经承运人和收货人双方签字后生效，作为收货人向承运人提出索赔或诉讼的初步证据。货物交付状态记录一式二份，第一份交给收货人，第二份随附货运单交付联留存。

③货物交付状态记录的签字各方应对所填写的各面内容的真实性和准确性负责。货物交付状态记录填写要准确、详细，不得出现似是而非的字样，如"内物损失不详""是否丢失不详"等。

④货物交付状态记录应有相关照片相配合。

⑤货运单上附有货邮行运输事故记录单的货物，交付时必须根据货物的真实情况填写货物交付状态记录。货邮行运输事故记录单为公司内部台账记录，不能出示给收货人。

货物交付状态记录

GARGO DAMAGE OR LOSS REPORT

编号：No. （1）

货运单号码　　　　　　　　　　　　　航班/日期

AWB No. ＿＿＿＿（2）＿＿＿＿　　　FLT/DATE＿＿＿＿＿＿（3）＿＿＿＿＿

始发站　　　　　　　　　　　　　　　目的站

ORIGIN＿＿＿＿（4）＿＿＿＿　　　　AIRPORT OF DESTINATION＿＿＿（5）＿＿＿

托运人姓名、地址

SHIPPER'S NAME AND ADDRESS＿＿＿＿＿（6）＿＿＿＿＿

收货人姓名、地址

CONSIGNEE'S NAME AND ADDRESS＿＿＿＿（7）＿＿＿＿

货物品名　　　　　　　　件数/重量　　　　　　　　　包装

NATURE OF GOODS＿（8）＿　TTL NUMBER OF PIECE　　　PACKAGING＿＿＿（10）＿＿

　　　　　　　　　　　　/TTL GROSS WEIGHT＿（9）＿

货物声明价值　　　　　　　　　　　货物保险价值

DECLARED VALUE FOR CARRIAGE＿＿＿（11）＿＿＿　AMOUNT OF INSURANCE＿＿＿（12）＿＿＿

损失情况：（13）　　包装破损□　　　　内物短少□　　　　变质□

CONDITIONS　　　　 DAMAGE　　　　　SHORTAGE　　　　　DETERIOR ATION

　　　　　　　　 受潮□　　　 污染□　　　　　　 其他□

　　　　　　　　 WET　　　　 CONTAMINATION　　　 OTHER

货物交付地点

DELIVERY AT＿＿＿＿＿＿＿＿＿＿＿＿＿＿（14）＿＿＿＿＿＿＿＿＿＿＿＿＿＿

现场查验情况

DETAILS OF SPORT CHECKING＿＿＿＿＿＿＿＿＿（15）＿＿＿＿＿＿＿＿＿

損失货物品名　　　　　　件数　　　　　　　　重量

NATURE OF GOODS　　　 DAMAGE OR LOST　　　 DAMAGE OR LOST

DAMAGE OR LOST＿＿（16）＿＿　NUMBER OF PIECE＿＿（17）＿＿　GROSS WEIGHT＿＿（18）＿＿

填开地点　　　　　　　　　　　经办人（签字）

ISSUED PLACE＿＿＿（19）＿＿＿　PREPARED BY＿＿＿（21）＿＿＿

填开日期　　　　　　　　　　　收货人（签字）

ISSUED DATE＿＿＿（20）＿＿＿　CONSIGNEE＿＿＿（22）＿＿＿

注：此记录作为货物交付时的状态的证明。

REMARK：THIS REPORT IS A PROOF OF THE CARGO ONLY WHEN DELIVERING.

FORM 21 cm×29.7 cm

图2.98　货物交付状态记录

（二）货物交付状态记录的填写

（1）编号栏（FILE NO）：填写货物交付状态记录的顺序编号，如：20090916001。

（2）货运单号码栏（AWB NO.）：填写该票货物的货运单号码。

（3）航班/日期栏（FLIGHT/DATE）：填写运输该票货物的航班号和日期。

（4）始发站栏（AIRPORT OF DEPARTURE）：填写货运单上该票货物的始发站名称。

（5）目的站栏（AIRPORT OF DESTINATION）：填写货运单上该票货物的目的站名称。

（6）托运人姓名、地址（SHIPPER'S NAME AND ADDRESS）：填写货运单上托运人的名称和地址。

（7）收货人姓名、地址栏（CONSIGNEE'S NAME ANDADDRESS）：填写货运单上收货人的名称和地址。

（8）货物品名栏（DESCRIPTION OF GOODS）：填写货运单上的货物名称。

（9）件数/重量栏（PIECES/WEIGHT）：填写货运单上货物的件数和重量。

（10）包装栏（PACKAGING）：填写该票货物的包装类型。

（11）货物声明价值栏（DECLARED VALUE FOR CARRIAGE）：填写货运单上货物的声明价值，没有声明价值的填写"NVD"。

（12）货物保险价值栏（AMOUNT OF INSURANCE）：填写货运单上货物的保险价值，没有保险价值的填写"×××"。

（13）损失情况栏（CONDITIONS）：填写货物的损失情况，如货物发生包装破损、内物短少、变质、污染、受潮或其他情况时在相应的每一项后画"√"表示。

（14）货物交付地点栏（DELIVERED AT）：填写货物交付的地点。

（15）现场查验情况栏（DETAILS OF SPORT CHECKING）：填写经承运人与收货人共同查验的货物在交付时的真实状况。

（16）损失货物品名栏（NATURE OF GOODS DAMAGED ORLOST）：填写受损货物的品名。

（17）件数栏（DAMAGED OR LOST NUMBER OF PIECES）：填写受损货物的件数。

（18）重量栏（DAMAGED OR LOST GROSS WEIGHT）：填写受损货物的毛重。

（19）填开地点栏（ISSURED COMPANY）：填写该货物交付状态记录的地点。

（20）填开日期栏（ISSURED DATE）：填写该货物签证的填开日期。

（21）经办人签字栏（PREPARED BY）：承运人的经办人或货物交付人签字。

（22）收货人栏（CONSIGNEE）：收货人签字。

第五部分　货物装卸

【知识目标】了解货物装卸操作事项；
　　　　　　了解监装监卸的工作职责。

【能力目标】会进行简单的装卸和监装监卸。

第一单元 》》》》》》》》》
装卸操作

　　装卸作业是货邮行运输不可缺少的组成部分，是保证货物、邮件及行李安全运输的重要环节。

　　在货物装卸过程中，以保证航班安全、正点为原则，对保障过程中不正常情况进行协调、处理，对现场保障工作实施业务指导，确保装载平衡和文明作业。

　　在保证航班安全、正点的前提下，提高装载率可以创造更多的收益。

　　装卸作业时，要求装卸人员严格执行有关装卸作业规定，确保飞机及设备的完好，保证货物安全和货物装卸准确、迅速，并保证装卸人员的安全。

一、装机操作要求及规范

　　（一）集装货物（宽体机型）装机操作规范

　　①装机人员应首先核实装机单上所列的集装器编号与实际装载货物的集装器编号是否一致，确认无误后，将集装器按装机单排列的先后顺序连接。

　　按照"装前卸后"的原则，先装飞机的前下货舱，后装飞机的主货舱和后下货舱、散货舱。

　　②波音747COMBI飞机的主货舱装货时，必须等机务人员架好尾撑杆后才能开始作业。

　　③升降平台车靠近货舱门停稳，打开货舱门后，工作人员清理货舱并检查货舱内的限动挡块是否齐全；传动轮能否正常运转；传动装置有无损坏或缺少。

　　司机按照规定的路线，以3 km/h的速度将货物拖近升降平台车。打开拖盘车上挡集装器的限动挡块（或销子），慢速将集装器推到升降平台车上。

　　装机人员随着升降平台车的机械传动和货舱传动系统的力量将集装器推（拉）到指定的位置后，使用货舱内的集装器卡子将集装器固定住。

④如果因尼龙带捆绑过紧，造成集装板的板角翘起，装机传动有困难时，可先将尼龙带松开，待集装板到位后，再按规定捆绑牢固。如果松开尼龙带后集装板角仍然上翘，不能入位，可以使用辅助工具或人工踩住集装板协助传动。此时，一定要与其他人员作好配合，防止发生碾伤、挤伤等事故。

货舱内的传动系统运转困难时，装卸人员可以协助将集装器推（拉）入位。要调整货舱内集装板限动挡块（卡子）时，应请机务维修人员操作或在现场指导。

⑤无论是装有货物的集装器还是调运的空集装器，装机后必须将其四周的限动挡块或卡子全部打起，使之处于工作状态。当货舱内装有集装器但没有满布局装载时，所有空载位置的限动挡块、卡子必须全部打起，使之处于工作状态。

⑥当 R 或 G 型（16/20 ft①）集装板上装有超大超重货物时，装机过程中集装板的前、后、左、右必须有人负责观察指挥，特别应注意货物的最长、最宽、最高点距飞机货舱壁的距离必须符合规定的安全要求（根据国际标准，货物外侧顶角距离货舱壁的最小距离不能小于 5 cm），防止超高货物刮、撞飞机。

⑦装完飞机后，要检查每一个集装器的限动卡子是否按规定打起，装机位置是否正确，集装板网套有无松动等，确认安全后，离开货舱，按规定关好舱门。装完货物的空货卡、拖盘车以及剩余的集装板、集装箱必须立即运送到指定的安全区域。

⑧特殊情况时的应急处理。

a. 因升降平台车或飞机货舱传动轮不转等原因传不动集装器而装卸人员又推不动，或者货舱卡子起不到固定作用时，要及时报告，通过机务修理或更换升降平台车后再行装机。

b. 装机时发现飞机货舱内传动轮不转，卡子短缺或失灵等情况，应立即通知机务工程部门或监装监卸员。

c. 发现货物组装的高度或探板探出的尺寸超出规定的范围时，应立即组织调整或重新组装集装板。如果在飞机来不及调整或重新组装时，应立即向上级报告。

d. 因升降平台车没有按规定的时间到位或因装机指令单等装机文件没有按时制作出来，有可能延误航班时，应立即向上级报告。

（二）非集装货物（窄体机型及宽体机型散货舱）装机操作规范

①应以航班为单位把货物拖到飞机下，根据装机单指令进行装机。按照"装前卸后"的原则，先装前下货舱，后装后下货舱。

②根据国际航协规定，所有货舱门口下沿离地高度超过 104 cm（40 in）的飞机，应该使用传送带车装卸货物。使用传送带车装机时，等传送带车靠近货舱门停稳后，装卸人员

---

① 1 英尺≈0.304 8 米．书同。

先将传送带车轮挡挡好（轮挡至少2个，前轮前面和后轮后面各1个），然后打开货舱门开始作业，装完货物后关好货舱门，再把轮挡放回传送带车上。装卸人员必须在传送带车停止工作的状态下进出飞机货舱门，传送带运行时，严禁工作人员进出货舱。

货舱内外的装卸人员应相互配合，特别是由货卡车往传送带车上搬货的装卸人员，要根据传送带的传送速度放货，货物之间应有适当的距离，防止货物拥堵在货舱门口挤坏飞机货舱门或坠地摔坏。

③需要装在宽体飞机散货舱的活体动物，装机时应由后下货舱门装入。在没有足够安全措施的情况下，禁止使用没有护栏的传送带车往飞机上传送活体动物，以防止发生意外。

④货物码放要求整齐美观，合理利用舱位。作业过程中要求轻拿轻放，文明操作，不得倒置，不得有摔、扔、蹬、踏、挤等现象。

⑤使用人工装货时，拖车须在距飞机货舱门5 m远处停住，摘下货卡，人工将货卡推到飞机门下适当位置，货卡围栏前沿最高处（有可能与飞机机身接触的部分）距离飞机机身至少应保持20 cm间隔。挡好轮挡，轮挡至少4个，2个前轮的前面和2个后轮的后面各1个。然后开始装机。装完货物后，将轮挡放回货卡，用人力将空货卡拉至距飞机货舱门5 m远处再挂车拉出作业区。禁止在飞机下直接倒货卡装货或直接挂空货卡拉回，防止刮、碰飞机。

⑥重量较大货物装机。

a. 人工装载单件重量超过150 kg时，必须安排指挥人员，做到协调一致，防止用力不均或其他原因影响到人员、货物及飞机安全。

b. 装机前先用人力将货卡推到飞机货舱门口，在货卡的车轮前后挡好轮挡（轮挡至少4个，2个前轮前面和2个后轮后面各1个），或挂在拖头车上（无轮挡时），防止货卡在装货过程中滑动，撞坏飞机，造成事故。

c. 重量较大货物应放在货舱门口附近（便于卸机站卸货），并按规定固定。应特别注意装有超重货的散货舱隔离网套必须完好无损，货物装完后按规定将隔离网套挂好，拉紧。防止货物在飞行过程中发生移动或翻滚，损坏飞机或设备，危及飞行安全。

⑦圆柱体、圆筒类货物在飞机散货舱内的固定。

a. 装机前应仔细检查货物包装，发现有液体或粉末渗漏的货物，在没有采取有效处理措施之前禁止装上飞机。

b. 装机时应注意按照包装上的方向标签码放货物。没有方向标签的，圆筒的开口必须保持向上（托运时已经固定在木托上横放的除外）。

c. 已经组装在托盘上的圆筒类货物装机后应按超重货物进行捆绑固定。对于零散的圆筒类货物，装机时应使用绳索或尼龙带按照4～6件一组，将货物捆绑在一起，然后固定在飞机货舱地板上，防止货物在飞行过程中发生翻滚、移动。

d. 因体积或重量较小既不能在飞机货舱内固定，也无法整体进行捆绑时，应先将此类货物组装在木制托盘上，然后装入货舱并捆绑固定。

⑧货物装完后，必须按规定挂好货舱隔离网。隔离网应当挂在离货物最近的货舱截面位置上。

关舱门前要彻底清除舱门附近的绳索、杂物，门区有网套的应挂好网套，然后关闭舱门并检查是否严密。

⑨装机过程中发现货物包装破损，内物丢失、损坏或因装机人员责任造成货物损坏时，应立即报告，并作详细记录。待装的货物在停机坪临时停放时应放在规定的安全区域内并采取有效措施防止载货时货卡发生位移，造成安全事故。停放期间应设有专人看管，防止货物被盗。

⑩装机作业完毕后，空货卡、空拖盘车、空集装器和其他辅助设备应立即拉到指定的安全区域存放并采取有效措施防止发生位移，造成安全事故。

（三）临时加拉货

①临时拉货是指装机站或经停站由于各种原因临时将已装上飞机或待装的货物全部或部分拉下。

临时加货是装机站根据航班业载情况，在航班离港起飞前将未纳入计划的货物装上飞机。

②临时加拉货必须将临时加拉下货物的重量通知载重平衡部门，征得同意后方可进行操作。

某航班加拉货对最后一分钟修正的范围要求为 ±375 kg（包括旅客及其托运行李、货物、邮件），CA 航班暂时不允许进行最后一分钟修正。

③临时拉下货物的重量应尽可能准确。如果同一票货物中每一个包装件的重量是相等的，则拉货重量为被拉下包装件的数量乘以单件重量；如果同一票货物中每一个包装件的重量不相等，拉货重量可以由经验比较丰富的人员进行估算。

④经估算临时拉货的重量没有超过 ±375 kg 的限制，由于不必对航班的载重平衡舱单和重心重新进行计算，所以只需将临时拉下货物的估算重量报告载重平衡部门；如果临时拉货的估算重量超过或接近 ±375 kg，必须重新确定飞机重心指数并重新制作载重平衡舱单。

二、卸机操作要求及规范

装卸人员在卸非宽体飞机和宽体飞机散货舱的过程中，应注意查看货物的外包装有无破损、变形，内物有无散落、渗漏，动物有无死亡等情况。卸宽体飞机，特别是货机主货舱，应注意检查飞机货舱壁和集装器有无被货物损坏的情形。卸飞机发动机或车辆时要仔

细检查外表有无刮、碰、撞的痕迹，检查车门和后备厢是否关好。

（一）集装货物（宽体机型）卸机操作规范

①应按照"装前卸后"的原则作业，先卸后下货舱、散货舱，再卸主货舱门区以后部分（波音 747 F/COMBI 飞机主货舱），最后卸前下货舱。

②卸波音 747 系列飞机时，应等尾撑杆或地锚安装好以后才能开始作业。

③升降平台车靠近飞机货舱门停稳后，卸机人员进入货舱，打开货舱内的集装器限动装置，然后按顺序卸下集装器。

④发现货舱内的传动装置不能正常使用（传动轮不转、短缺、货舱地板上的集装板限动卡子打不起来等）或升降平台车不能正常工作（如滚轴不转、传动货物困难等）而有可能影响航班正点时，应尽快报告，采取补救措施。

⑤卸机完毕，要对飞机进行清舱，认真检查货舱内有无漏卸的货物、邮件和其他情况。

⑥对车辆、人员在机坪地面的操作要求。

a. 机动车司机必须严格按照规定的速度、路线行车；按规定的数量拖挂大、小拖盘车。

b. 按照集装器的型号使用拖盘车。在不能保证绝对安全的情况下，禁止用大拖盘车卸 AKE、DPE 型集装箱；禁止用 20 ft 拖盘车卸 P1P、P6P 型集装板或 AKE、DPE 型集装箱。

c. 从升降平台车往拖盘车上传动集装器时，要顺应升降平台车传动装置的惯性速度，把集装器推（拉）至拖盘车上，打好销子，卡好四个角的锁扣，低速行车把集装器拖到安全地带。

（二）非集装货物（窄体机型和宽体机型散货舱）卸机操作规范

①使用传送带车卸机时，当传送带车靠近舱门停稳后，装卸人员负责为传送带车挡好轮挡，然后打开货舱门开始作业；卸机完毕后关好飞机货舱门并把轮挡放回传送带车的固定位置。

使用人工卸机时，司机将空货卡运至距飞机 5 m 远处，人工将货卡推到飞机门下适当位置，货卡围栏前沿最高处（有可能与飞机机身接触的部分）距离飞机机身至少应保持 20 cm 间隔。

②按照"装前卸后"的原则作业，先卸后下货舱，后卸前下货舱。

③飞机货舱内的装卸人员要和货舱外货卡上码放货物的装卸人员互相配合，卸货时要轻拿轻放，文明作业，严禁摔、扔货物。货卡上负责码货的装卸人员应按照货物体积大小及货物指示标志合理搭配码放，保证货物安全。

④宽体飞机散货舱内的活体动物应由后下货舱门卸下。在没有足够的安全措施的情况

下，禁止使用没有护栏的传送带车从飞机上往下传送活体动物，防止发生意外。

⑤卸机完毕，要仔细检查货舱内有无漏卸的货物、邮件及托斗上货物码放是否牢固，在确保安全的前提下挂拖头车运回仓库。卸机后不能及时拖回的货物在停机坪临时停放时，应放在规定的安全区域内并采取有效措施防止载货货卡发生位移，造成安全事故。停放期间应设有专人看管，防止货物被盗。货物在地面运输时，应有足够的安全防护措施，必要时可安排人员沿途监护，防止货物在途中丢失或轧坏。

⑥其他注意事项。

a. 卸下飞机的货物不准长时间停放在飞机附近，须停放在规定的安全地带，防止刮碰飞机。

b. 遇有上级通知，卸机时需要特别注意的货物，要按通知的要求卸机。

c. 卸押运货物，需要在押运员在场的情况下卸货，对押运员提出的具体卸机要求应尽量满足；确实有困难不能按要求卸货时要向押运员解释清楚，达成一致，但必须保证押运货物卸机时的绝对安全。

d. 卸过站飞机前应仔细阅读配载平衡部门签发的卸机指令单，严格按卸机指令单操作。遇有特殊情况，应立即报告并请示处理办法。为防止错卸、漏卸，装卸人员在接到卸机指令单后要仔细查看，卸货前应再次核对航班号、飞机号、停机位，确定无误后才能开始卸机。

e. 雨雪天卸飞机，要备好防雨用具，需在机坪上短时间露天停放的货物都必须使用防雨材料苫盖，防止淋湿。遇有活体动物时，应注意通风。

f. 进港航班卸下的集装板、集装箱以及散货在卸完飞机后应立即拖离现场，不允许长时间在机坪上停留。卸完货物的集装器应尽快送还集控部门，空集装箱送还前要关好箱门。

g. 发现错卸的行李，登记后应迅速送还行李部门。

第二单元 》》》》》》》

监装监卸

监装监卸员是航空公司在飞机现场装卸作业的最高指挥者，其职能是依据航空公司的运行手册及操作规范对整架飞机在货物、行李、邮件的装卸操作过程中的人员、设备安排、操作顺序、安全措施等进行监控、检查、协调和指挥，督促现场操作人员严格按照规定进

行操作，是航空货运公司关键岗位之一。

一、监装监卸员的基本职责

监装监卸员按时到达机位检查装卸人员和特种车辆设备航班保障前的准备工作，核对出仓单、装载通知单，确保单据相符；根据装载通知单和货邮出仓单的要求安排装载工作。

现场作业时，告知装卸人员特别注意事项和要求（包括特种货物的货舱安排、装载要求等），同时监督飞机的货物装载情况，指挥现场操作人员按照货物的标签、标志进行操作，发现摆放不符合要求的货物、邮件，立即向有关人员指出，予以纠正，核对进出港或过站货邮行，防止错卸、错装或漏卸、漏装，确保单货相符。

当原定的装载计划发生临时变更时，监装监卸员应加强与载重平衡部门的联系，监督装卸人员按照变更后的装载计划装机，确保安全装载。及时处理、通报并记录进出港货邮行的异常情况。

航空公司的所有现场货运工作人员必须服从监装监卸员的指挥，除非监装监卸员的指令危及航空安全或违反公司操作规定。

航空公司应该根据机型大小对进、出港的每一架飞机设立一至两名监装监卸员，负责该机货物、行李和邮件在装、卸作业过程中的全面监控和指挥协调工作。

航空公司应定期对监装监卸员进行培训或复训，以保持监装监卸员始终具备相应资格。

二、监装监卸员的责任与义务

①保证航班飞行安全及正点，确保地面操作安全是监装监卸员工作的指导原则和行动基础。

②协调及监督所有与航班货邮行运输相关的地面操作或作业，这些操作与飞行安全相关联。

③准备装载计划。监装监卸员接到监装指令后，应当针对所监装航班的具体情况（机型、航线、旅客、货物、邮件、行李等情况）准备装载计划。准备装载计划时必须考虑到所有保障飞机安全飞行的规定、规章、限制，根据具体情况制订旅客、货物、行李和邮件的装载顺序。所有的操作参数都不得超过规定的限制。

④监装监卸员在安排货物、行李和邮件的装载计划之前，必须首先完成配重及平衡以保证装载满足飞机载重平衡的要求及限制。现场作业前，监装监卸员必须向全体参与货物装载的人员通报装载货物的特别注意事项和要求（包括特种货物的货舱安排、装载要求，集装器货物的舱位安排等），同时监督飞机的货物装载情况。当原定的货物装载计划发生临时变更时，监装监卸员应加强与载重平衡部门的联系，督促装卸人员严格按照变更后的装载计划装机，保证货物装载过程中所做变更的正确性，确保所有操作符合装载手册的

要求。

⑤指导所有在飞机上的操作人员作业。必要时，对这些员工在货物装载中的具体操作步骤进行指导，并且将安全装载所要求的条件通知到每一位参与现场操作的人员。

⑥所有在飞机上从事装卸作业的人员离开飞机之前，监装监卸员必须对整个航班做一次完整的装载检查，其中包括所有限制条件、操作环节，发现错误应立即纠正。检查完毕后作好监装记录。

⑦根据 IATA 规则，监装监卸员必须对装在飞机上的贵重物品、活体动物、有害物质（危险物品）等特种货物的装载情况、包装情况等进行检查，并填写《特种货物机长通知单》（NOTOC：Noticto the Operation Crew），该通知单的内容与飞机上实际装载的特种货物的内容相符。监装监卸员在相应的栏目内填写每一个条款，并且检验所有要求都符合装载规定，无误后，航班起飞前将《特种货物机长通知单》通知机长。

⑧为保证装载的正确性，监装监卸员应在航班装载完毕后与装卸人员进行最终装载情况的相互复核并签名确认。

⑨监装监卸员应当在航班起飞前一定时间内将飞机的特殊装载信息发送给货运调度部门。

⑩监装监卸员应该督促或协同相关专业人员以及飞行机械人员始终确保飞机货舱的整洁及安全。在货物装载及垃圾处理过程中，必须检查货舱甲板、隔框，发现异物或杂质应立即要求相关人员给予清除，同时作好相关记录。

⑪货物、行李或邮件在装机前，监装监卸员应对货舱内的货物装载系统进行检查，发现系统故障或损坏、失灵等情况应立即通知机务部门进行维修，并作好相关记录。

⑫在航空公司的航站事务中，监装监卸员的设立是必要的。地面服务代理人在本公司航班上的操作都必须符合监装监卸员的指挥和要求。

模块三

邮件及包机、包舱、包集装器运输

第一部分　邮件运输

【知识目标】了解邮件运输的原则和操作。

【能力目标】会管理邮件运输中的相关事项。

邮件是由邮局接收、运送、投递的信件和包裹等的统称。它也是人们日常生活中不可缺少的联系方式之一，航空邮件运输的兴起和发展加速了这种情感和信息的传递。

第一单元 »»»»»»»
一般原则

邮件运输是航空货物运输的重要组成部分，因此，应按照航班计划安全、迅速、准确地组织运输。

①邮件应当按种类用完好的航空邮袋分袋封装。

②邮件内不得夹带危险物品及国家禁止运输和限制运输的物品。邮政部门承担邮件的安全检查责任，确保邮件符合航空安全运输的要求。

③根据邮件运输时限的不同，按照相应的公布货物运价计收邮件运费。

④运输邮件，仅对邮局承担责任。

⑤严禁将邮件中的任何信息（包括寄件人、收件人的姓名、地址，以及邮件的内容、种类、件数、重量等）泄露给与邮件运输无关的人。

⑥严禁私自打开、损坏、藏匿或销毁邮件，严禁拖、扔、踏、踩邮件，或使邮件遭受雨水淋湿。

第二单元 »»»»»»»
邮件运输

一、始发站工作程序

1. 接收邮件

①承运人按与邮政部门约定的时间接收邮件及其邮件路单，对照邮件标签和邮件路单，清点件数、核对重量、目的站等，检查包装和封志是否完好。

②邮政部门应填写邮件路单。

③承运人根据邮件路单填开航空邮运结算单，安排运输。

2. 有下列情况之一的承运人可以暂停接收邮件

①不可抗力。

②邮件的件数或重量与邮政部门提供的数据不相符。

③某些航线出现货物严重积压或邮件的数量超过航线机型的载运能力。

④因承运人执行抢险救灾任务或政府指派运输任务而不能保证邮件运输舱位的。

⑤机场关闭。

3. 配载部门应按照货邮发运顺序优先保证邮件运输

4. 根据航空邮运结算单制作货邮舱单

5. 货邮舱单、航空邮运结算单与航空货运单装入同一业务袋，送上飞机

二、目的站工作程序

进港邮件卸回仓库后，应会同邮政部门根据货邮舱单和邮运单核对邮件目的站、件数、重量，检查邮件外包装和封志是否完好，然后与邮政部门交接。

第三单元 》》》》》》》

邮件不正常运输处理

一、一般规定

①邮件的不正常运输是指邮件在运输过程中的少收邮件、多收邮件、邮件破损、延误运输等情况。

②邮件不正常运输情况发生或发现在航空运输期间，货运工作人员应负责对这些不正常运输情况进行处理；邮件不正常运输情况发生或发现在邮政部门将邮件交给航空公司运输之前，邮政部门应负责对这些不正常运输情况进行处理，否则，航空公司不予接收。

③发生或发现邮件被盗、丢失、破损、漏装、漏卸等情况时，应立即报告邮政部门。

④对于邮件包装破损、内物短少、受潮、污染等情况，还应填写不正常运输记录，详细记录货物状态。

二、少收邮件

发现少收邮件时，应立即通知装机站和其他各有关航站，同时在货邮舱单上注明，一并与邮政部门进行交接。少收邮件自航班到达之日起 5 日内仍未找到的，卸机站应书面通知装机站、当地邮政部门。

三、多收邮件

多收邮件时，应立即电报通知装机站和其他有关航站，进行登记后填写交接凭证，经双方人员交接后将邮件交邮政部门处理。

四、邮件破损

①从邮政部门接收邮件时若发现邮件破损，应立即通知邮政部门修复或更换包装。

②进港时发现邮件破损。

a. 填写不正常运输记录，同时在邮运单上注明破损情况，一并与邮政部门进行交接。

b. 如果破损邮件由其他承运人运至本航站，应会同该承运人代表一起检查破损邮件，并由该代表在不正常运输记录上签字。

c. 将邮件破损情况通知装机站和其他有关航站。

五、运输延误

货物运输延误时，接收航站应立即通知邮政部门，并按照邮政部门的指示进行处理。装机站要求将邮件退回的，应在航空邮运结算单上注明，连同邮件一并与邮政部门进行交接。邮政部门要求将邮件安排其他航班运输的，应尽可能安排最早的航班运输。

六、航空邮运结算单丢失

出港后发现航空邮运结算单丢失时，应重新填开。进港发现航空邮运结算单丢失，通知装机站以及其他有关航站将航空邮运结算单或复印件补运至卸机站。收到航空邮运结算单或其复印件后与邮件核对，核对无误后交邮政部门。

七、邮件漏装

装机站发现邮件漏装时，应及时通知卸机站或其他有关航站，并通知邮政部门，根据邮政部门的指示安排最早的航班运输或将邮件退回邮政部门。

八、邮件漏卸

卸机站发现邮件漏卸时，应立即通知下一卸机站和其他有关航站，并通知邮政部门，同时在货邮舱单上注明，一并与邮政部门进行交接。收到被漏卸的邮件的航站应立即通知漏卸航站，征求处理意见后，按照漏卸航站的指示处理。

九、邮件错装

装机站发现邮件错装时，应立即通知卸机站和其他有关航站，并通知邮政部门。收到错运邮件的航站应立即通知装机站，征求处理意见后，按照装机站的指示处理。

十、邮件错卸

卸机站发现邮件错卸时，应立即通知正确的卸机站和其他有关航站，并按照原卸机站的指示将邮件运至正确的卸机站或目的站。

十一、邮件被临时落下

邮件被临时落下，装机站应立即通知邮政部门，并按照邮政部门的要求进行处理。当邮政部门要求将邮件退回时，装机站应将邮件与邮政部门进行交接。当邮政部门要求将邮件安排其他航班运输时，装机站应尽可能安排最快的航班运输，并通知卸机站和其他有关航站。

十二、索赔与赔偿

邮件运输的索赔只能由邮政部门向承运人提出。承运人对邮政部门的索赔应根据双方签订的有关协议并参照本书关于货物赔偿的有关规定进行处理。

第四单元 》》》》》》》》》》
航空邮运结算单

一、一般规定

航空邮运结算单（以下简称邮件运单）是承运人进行邮件运输的票证，是承运人及其代理人接收和承运邮件、承运人与承运人或承运人与代理人之间收入结算所使用的票证，也是承运人运输邮件的凭证，其作用同货运单。邮件运单样式如图 3.1 所示。

航空邮运结算单

××××××××

始发站		目的站		航空邮运结算单	
邮件托运局名称、地址： 电话：　　　　联系人：				中国国内航空	
邮件接收局名称、地址： 电话：　　　　联系人：				始发站航方接收邮件单位及制单人员（签章） 制单日期：　　　　制单地点：	
承运人		航班日期		到达站	应分运费
第一承运人：					
第二承运人：					
第三承运人：					
邮件种类 （特快、普件）		件数（包括尺寸和体积）		实际重量/千克	计费重量/千克
航空运费/元	费率/千克 （特快）			储运注意事项及其他	
	费率/千克 （普件）				
总额/元				到达站交接情况 航方交付单位及经手人（签章） 邮方接收单位及经手人（签章）	

图 3.1　航空邮运结算单

二、邮件运单的用途

邮件运单一式七联，用途如下：

①第一联，财务联，淡绿色。该联同邮件运费结算汇总清单送接收邮件的承运人财务部门，并由其转送邮运运费清算单位做记账凭证。

②第二联，结算联，淡蓝色。该联同邮件运费结算汇总清单送接收邮件的承运人财务部门，并由其转送邮运运费清算单位作为邮方结算邮件运费之用。

③第三联，目的站联，淡粉色。该联随邮件运往目的站。目的站凭此联与当地邮局（代理人）办理交接手续。

④第四联，第一承运人联，淡橙色。该联作为承运人向邮运运费清算单位结算运输收入的凭证。

⑤第五联，中转联，淡粉色。该联作为中转机场的商务部门核对备查之用。直达运输时此联不用。

⑥第六联，第二承运人联，淡黄色。该联作为承运人向邮运运费清算单位结算运输收入的凭证。

⑦第七联，存根联，白色。该联作为接收邮件的承运人存查备用。

三、邮件运单的填制

①邮件运单号码，由八位数字组成，由民航局统一编制，各承运人通用。

②始发站栏：填写始发站机场所在城市名称。有两个或两个以上机场的城市应在城市名称后注明机场名称，如上海虹桥、上海浦东。

③目的站栏：填写目的站机场所在市场名称。有两个或两个以上机场的城市应在城市名称后注明机场名称，如上海虹桥、上海浦东。

④邮件托运局名称、地址栏：填写送交邮件的邮局名称、地址、电话和经办人姓名。

⑤邮件接收局名称、地址栏：填写接收邮件的邮局名称、地址、电话和经办人姓名。

⑥承运人栏：分别填写第一、第二或第三承运人的英文两字代码。

⑦航班/日期栏：分别填写第一、第二或第三承运人运输邮件的航班、日期。

⑧到达站栏：填写第一、第二或第三承运人将邮件运达的中转站或目的站（填写时应靠上书写，留出适当空间，以备中转或变更时用）。

⑨应分运费栏：填写按规定的分摊办法计算出的，各该承运人应分得的邮件运费额。

⑩储运注意事项及其他栏：填写邮件在储运过程中需特殊注意的事项等。

⑪邮件种类栏：填写邮件的具体种类（特快、普件等）。

⑫件数栏：填写邮件的件数、尺寸或体积。

⑬实际重量栏：填写计重后得出的邮件的实际重量，以 kg 为单位。

⑭计费重量栏：填写邮件的计费重量。如轻泡邮件，填写按体积折算出的计费重量（轻泡邮件计费重量的折算方法同货物）。

⑮航空运费栏：分别填写按规定的运价和邮件的计费重量计算出的航空运费。

⑯总额栏：填写承运人应收取的费用总额。

⑰制单日期、制单地址、航方接收邮件制单单位及人员（签章）栏：填写填制邮件运单的具体日期、地址（机场）、接收邮件的承运人具体单位名称及经办人等，同时加盖销售单位专用公章。

⑱到达站交接情况栏：邮件运达目的站后，承运人向目的站邮局交付邮件时双方共同填写后签字盖章，用于备查。

第二部分　包机、包舱、包集装器运输

【知识目标】了解包机、包舱运输的基本概念；
　　　　　　掌握包集装器运输的特点和操作；
　　　　　　了解集装器的分类。

【能力目标】会区别包机、包舱、包集装器运输各自的特点
　　　　　　和使用注意事项。

包机、包舱、包集装器运输是指承运人与货主按照事先约定的条件及费用，将整架飞机或一架飞机的部分舱位或集装器租给货主，从一个或几个航空港运装货物至目的地的运输形式。

第一单元 》》》》》》》》》
包机运输

包机运输是指包机人包用承运人整架飞机运输货物或邮件的一种运输形式。包机人和承运人协商同意后，签订包机运输合同。

一、受理包机的程序

申请包机，须凭单位介绍信或个人有效身份证件与承运人联系，说明包机的任务性质、包用机型、架次、使用日期和航程等事项，并协商包机运输条件。经双方协商包机的运输条件后，签订包机运输合同。

执行包机合同时，每架次货物包机应当填制一份或几份货运单，货运单和包机运输合同作为包机的运输凭证。包机人与承运人应当履行包机合同规定的各自承担的责任和义务。包机人应当按约定的时间将货物送到指定机场，自行办妥检验检疫、海关等手续后办理货物托运手续。

包机运输危险品、活体动物、鲜活易腐货物等特种货物时，要遵守相应的规则和要求。包机人和承运人可视货物的性质确定押运员。押运员凭包机运输合同办理机票并按规定办理乘机手续。

一般情况下，如遇有特殊情况的装卸，应当由托运人自行解决，承运人或其代理人要负责在现场指导。

二、包机吨位的利用

包机的载运量，由承运人根据包机人包用的机型和飞机的航程确定，包机人可以充分利用包用的吨位。承运人如需利用包机剩余吨位应与包机人协商。

包机的剩余吨位，包机人不得擅自决定用于载运其他单位的货物和人员。承运人需要利用时，应征得包机人的同意，承运人可组织货源。吨位以及费用由双方协商解决。

三、包机变更

包机合同签订后，除天气或其他不可抗力的原因外，包机人和承运人均应当承担包机合同规定的经济责任。

包机人提出变更包机前，承运人因执行包机任务已发生调机的有关费用，应当由包机人承担。

要求改变飞行日期时，在承运人运力调整许可的情况下可以同意；如因运力安排困难不能更改时，应向包机人说明情况，若包机人要求取消包机，则应收取退包费。由于承运人不能按包机合同如期飞行，包机人要求退包时，免收取一切费用。因特殊情况，包机人需要留机时，应在申请包机时提出，留机费用按照相关规定收取。

由于承运人原因（天气、禁航、民航保障部门等原因外），超过规定起飞时间不能执行，在第 3 小时内执行，按合同规定的全部费用的 90% 收取；在第 4～6 小时内执行，按合同规定的全部费用的 80% 收取；在第 7～24 小时内执行，按合同规定的全部费用的 70% 收取；超过 24 小时执行，按照合同规定的全部费用的 50% 收取。由于承运人原因取消包机合同的，按照合同规定的全部费用的 50% 赔偿包机人。

四、费用

（一）包机费用包括的内容

①用于载运货物的包机飞行费用；

②执行包机任务而产生的事前事后调机费；

③执行包机任务期间的留机费；

④货物的声明价值附加费。

（二）包机收费标准

按飞机最大起飞全重计费，每天飞行不足 2 小时按 2 小时计收最低飞行费。

（三）包机运费的计算

按各机型每千米费率乘以计费里程，特殊情况按各机型每小时费率乘以实际飞行小时。

（四）调机运费每飞行小时

按包机飞行小时标准费率的 50% 计算。

（五）留机费的计算

包机人要求包机停留，在 1 小时之内不收取留机费；凡超过 1 小时的，从第 2 小时起每停留 1 小时（不足 0.5 小时的按 0.5 小时计算，超过 0.5 小时不足 1 小时的按 1 小时计算）按包机飞行小时费率的 20% 计收留机费；不是包机人原因需停留的，不收留机费。

五、退包费

包机人签订包机合同后，在执行包机的 3 天前提出退包者，收取包机合同规定的全部费用的 10% 作为退包费；在执行包机的 3 天内、24 小时以前提出退包者，收取包机合同规定的全部费用的 20% 作为退包费；在执行包机的 24 小时以内提出退包者，收取包机合同规定的全部费用的 50% 作为退包费。

第二单元 》》》》》》》》》
包舱运输

包舱运输是指托运人在一定航线上包用承运人全部或部分货舱运输货物的运输形式。包舱人可以在一定时期内或一次性包用承运人在某条航线或某个航班上的全部或部分货舱，并与承运人签订包舱运输合同。

一、运输凭证

每次运输应当填制一份或几份货运单，货运单与包舱运输合同作为包舱的运输凭证。货运单填制时，收货栏内只能填写一个收货人名称，操作注意事项栏内注明"包舱运输"以及合同号码，并且包舱运输的货物件数应如实填写在货运单上。

二、包舱运输货物的托运

包舱人应按约定的时间将货物运送到指定机场，自行办妥检验检疫等手续后办理托运手续。

三、舱位限制

包舱货物的实际重量和体积不得超过包舱运输合同中规定的最大可用业载和体积，否则，承运人有权拒绝运输，由此造成的损失由包舱人承担。

四、特种货物的包舱运输

特种货物的包舱运输，如危险品、活体动物、鲜活易腐货物等，必须按照 IATA、有关国家和承运人的有关规定操作。

第三单元 》》》》》》》》》
包集装器运输

　　包集装器运输是指固定货源且批量相对较大、数量相对稳定的托运人在一定时期内、一定航线或航班上包用承运人一定数量的集装板或者集装箱运输货物的运输形式，也称包板（箱）运输。

　　集器包用人可以一次性包用承运人在某条航线上或某个航班上的全部或部分集装器，并签订包集装器运输合同。

一、运输凭证

　　包集装器运输货物必须填写货运单。货运单与包集装器运输合同作为运输的凭证。货运单填制时，应在收货人栏内填写一个收货人名称，操作注意事项栏内注明"包集装器运输"以及合同号码，包集装器运输的货物件数也应如实填写在货运单上。如果集装器包用人在目的站有固定的代理人为其办理货物分拨手续，可将包用的集装器数量作为货物件数填写在货运单上，在货运单品名栏内注明各集装器编号，在操作注意事项栏内注明"包集装器运输"以及合同号码。

二、托运

　　托运人应按约定的时间将货物运送到机场，自行办妥检验检疫、海关等手续后办理货物托运手续。

　　集器包用人对自己组装的集装器货物的件数、包装状况负责。除公司责任原因外，公司对货物在运输过程中发生的货物短少、损坏等不承担责任。

　　包集装器货物只能装在托运人所包用的集装板（箱）上。如发生所包集装器不够用的情况，余下货物应按正常手续办理散货运输。

　　每件货物必须粘贴或拴挂货物识别标签，识别标签上的货运单号码必须与货运单一致。以一个集装器作为一个运输单元的货物，集装器包用人自己组装的集装器，可以只在集装器上拴挂或粘贴一个识别标签。包集装器运输的货物的件数、重量必须准确。

三、特种货物包集装器运输

　　特种货物（如危险品、活体动物、鲜活易腐货物等）的包集装器运输，必须按照 IATA 和承运人的有关规定操作。

模块四

货物不正常运输与赔偿

第一部分　货物不正常运输处理与变更

【知识目标】了解货物不正常运输的类型；

了解无法交付货物的处理；

了解货物变更的处理。

【能力目标】会处理简单的不正常货物；

会进行货物变更运输的操作。

第一单元 »»»»»»»»
货物不正常运输

货物不正常运输包括在货物运输过程中发生的多收货物、多收货运单、少收货物、少收货运单、货物漏装、货物漏卸、货物错运、多收业务袋、少收业务袋、货物丢失、货物破损、错贴（挂）标签、延误运输等情况。

在整个货物运输过程中都有可能发生货物不正常运输，发生或发现货物不正常运输情况时，承运人或其地面代理应在规定时限内拍发电报，根据需要填写货物不正常运输记录，并将货物不正常运输情况通知航站，同时采取措施，妥善处理，避免造成或扩大损失。货物不正常运输的情况以及处理经过都要进行记录。

进港不正常货物查询电报应在货物核对完毕后 30 分钟内发出，其他不正常货物运输的查询电报应在发现不正常运输后立即发出。24 小时内未收到回复的，应当再次发出查询电报，或采取其他形式查询，以便快速处理。

对于同一票不正常货物来说，处理人员所处的岗位不同，处理方法也各不相同。例如进港部门少收一件货物（少收货物），对于装机站出港部门来说，可能属于货物漏装，所以说不同部门处理方法不同。下面从进港、出港及其不正常货物三个方面介绍不正常运输。

一、进港不正常货物处理

（一）多收货物（FOUND CARGO，FDCA）

多收货物是指卸机站收到未在货邮舱单上登录的货物，或者实际收到的货物件数多于货邮舱单或者货运单上登录的件数。

例如，北京核对某日深圳到北京的 ZH9801 航班时，发现多收一件从深圳到西安的货物，没有货运单，并且未在货邮舱单上登录。这种情况属于多收货物的一种。

多收货物的处理方法如下所述。

1. 正确识别货物

没有运输标签的货物，首先判断是不是此航班上的邮件、旅客随机行李、飞机随机航材等。如果属于此种情况，应将多收的货物转交给相关部门或者单位。

有运输标签的货物，根据标签上的始发站、目的站和货运单号码进行识别。

根据唛头（运输标志）和包装件上装箱单和文件袋，对货物进行识别（详见无签货物）。

2. 具体方法

货物目的站为本航站，应拍发查询电报，将多收货物的详细情况通知有关航站，联系始发站索要货运单正本、副本或者传真件。

货物目的站非本航站，拍发查询电报，将多收货物的详细情况通知有关航站，征求装机站的处理意见，并按照装机站的要求，将货物继续运输或者退回装机站。

继续运输：使用货运单复印件或者传真件，办理海关手续，将货物运至装机站要求运至的航站。

退回装机站：使用货运单复印件，办理海关手续，将货物退回装机站。

运输货物的航班和日期确定后，拍发电报通知装机站和有关航站。

继续运输或退回装机站时，应在货运单复印件和货邮舱单上注明不正常运输的情况。

如果是错卸过站货物，应安排同一承运人的最早航班运出，必要时拍发电报通知货物的始发站和卸机站。

多收既有货物又有货运单未在货邮舱单上显示的货物时，将货运单号码、货物件数、始发站、目的站等信息登录在货邮舱单上，同时通知有关航站。

对于三个月仍无法联系，也无人认领的货物，且始发站无任何消息的，上交海关拍卖。

（二）多收货运单（FOUND AIRWAYBILL, FDAL）

多收货运单是指卸机站收到未在货邮舱单上登录的货运单，也未收到货物。

例如，如果深圳航站在北京—深圳的航班上卸机时，业务袋中发现多收一票的货运单，未收到货物，并且未在货邮舱单上登录，这种情况属于多收货运单。

多收货运单的处理方法如下所述。

1. 核查货运单

如果货运单目的站是本航站的，看看是否本站有货。

2. 具体处理方法

如果货运单的目的站为本航站，应拍发查询电报，通知有关航站。

如果货运单目的站是本航班其他经停航站或目的站的货运单，尽快将货运单带往相应各航站，并拍发电报通知相关航站。

如果货运单目的站不是本航站，拍发查询电报征求装机站的处理意见，并按照装机站的要求处理。在货运单和货邮舱单上注明不正常运输情况，确定运输货运单的航班和日期后，拍发电报通知装机站和有关航站。

（三）少收货物（SHORTLANDED CARGO，SDCA）

少收货物是指卸机站未收到在货邮舱单上登录的货物，或者收到货物的件数少于货邮舱单登录的件数。

例如，3 件 1 000 kg 的货物，航程为南宁—深圳—北京。在深圳中转时，出港操作人员由于操作失误或不负责任，随意将 3 件货物从航班上拉下，但是货运单随业务袋被运到了北京。北京在进港核对货物时，发现有货运单、货邮舱单记录，但没有货物，这种情况就属于少收货物。

少收货物的处理方法如下所述。

1. 核查货物

查找本站仓库，是否为人为差错造成错、漏勾兑货物；

查看以前航班是否有多收的、并且属于此次少收的货物；

拍发查询电报询问始发站、经停站，是否为拉货、漏装或漏卸；

查找本站无运输标签的货物，根据货运单或随机文件，核对货物唛头，确认是否是因为运输标签脱落。

2. 具体处理方法

如果本航站为货物中转站，经证实少收的货物已经由其他航班运至目的站，将货运单和收到的货物运至目的站，并在货邮舱单和货运单上注明货物不正常运输情况，将有关信息通知相关航站。

经过查询，航班到达后 14 日内仍然没有结果的，应将查询情况报告以下部门：

①始发站货运部门；

②经停站货运部门；

③本站货运部门的主管领导；

④有关航站的货运部门。

经过查询，航班到达后满 30 日仍无结果，按货物丢失处理。

少收贵重物品、外交信袋或其他特殊货物时，除按一般程序处理外，还应立即上报。

（四）少收货运单（MISSING AIRWAYBILL，MSAW）

少收货运单是指卸机站收到已在货邮舱单上登录的货物，但是没有货运单的情况。同样，遇此情况时拍发查询电报，将货物情况通知有关航站，索要货运单。

例如，2 件 5 000 kg 的货物，航程为 A 站—B 站—C 站。在 A 站，出港人员由于操作失误，错将货运单放在 B 站的业务袋内。C 站进港核对货物时，发现有货物、货邮舱单记录，

但没有货运单，这种情况属于少收货运单。

少收货运单的处理方法如下所述。

1. 核查货运单

联系航站的相关各站，看是否有多收货运单的情况。

2. 处理方法

货物的目的站为本航站，联系始发站索要货运正本、副本或传真件；货物的目的站非本航站的，征求装机站处理意见，并按装机站的要求，在货运单复印件和货邮舱单上注明不正常运输情况。确定运输货物的航班和日期后，拍发电报通知装机站和有关航站，将货物运出。

继续运输：使用货运单、复印件，办理海关手续，将货物运至装机站要求运至的航站。

退回装机站：使用货运单、复印件，办理海关手续，将货物退回装机站。

（五）货物漏卸（OVERCARRIED CARGO，OVCD）

货物漏卸是指卸机站未按照货邮舱单卸下该航站应卸下的货物。

假如，A—B—C 站的货物，10 件 200 kg。在 B 站只卸下 9 件，少收 1 件。C 站发现货物后应立即拍发电报通知 B 站和 A 站。B 站按货物漏卸处理。

货物漏卸的处理方法：

漏卸货物的航站发现货物漏卸后，应立即向有关航站拍发查询电报。

收到货物的航站应立即通知漏卸航站、装机站，使用货运单传真件或复印件将漏卸货物尽快退运至漏卸航站或直接运至目的站。在货邮舱单和货运单复印件上注明货物不正常运输情况。

国际运输货物要通知当地海关作相应处理。

（六）多收业务袋

多收业务袋是指卸机站收到非到达本航站的业务袋。

多收业务袋的处理方法如下所述。

①卸机站应立即拍发电报通知有关航站。

②安排最早航班将业务袋运至业务袋的目的站，并拍发电报将运输的航班和日期通知业务袋的装机站和目的站。

③如果业务袋的装机站要求对业务袋另作处理，应按照装机站意见进行处理。

（七）少收业务袋

少收业务袋是指航班的卸机站未收到应该到达本航站的业务袋。

少收业务袋的处理方法如下所述。

①少收业务袋的航站应将已到达的货物妥善保管，并检查其中是否有危险品、贵重物品、鲜活易腐货物、活体动物等，对有时限的货物应立即电话通知有关航站或收货人并索

要货运单，或通过系统提取货运单信息，并立即电话通知航班的装机站或经停站。

②多收业务袋的航站应安排最早的航班将多收业务袋运至业务袋所属目的站，并拍发电报将运输的航站/日期通知有关航站。

③收到其他站补来的业务袋后立即按照进港工作程序对货物、邮件进行处理。

④3小时之内如果没有得到反馈信息，应再次向有关航站查询。

二、出港货物不正常运输

出港货物不正常运输包括货物漏装、货物错运、未运输前在始发站发生的不正常情况及目的站或相关航站发来的不正常货物运输信息四种情况。下面分别介绍其处理方法。

（一）货物漏装

货物漏装是指在航班起飞后，装机站发现应当装机的全部或部分货物未装上飞机，货运单和货邮舱单已随飞机带走。

货物漏装时，装机站应立即通知货物的装机站和目的站，说明漏装货物的货运单号码、件数、重量、始发站、目的站，同时告知续运的航班、日期。对于中转货物运输，还应当通知货物的始发站。

查询部门通知配载部门修改货邮舱单，注明漏装情况。

配载部门使用货运单复印件或代运单，安排最早的航班将漏装货物运出，并在货邮舱单上注明不正常运输情况。

漏装货物一般应由原承运人航班运送。

国际运输货物要通知当地海关作相应处理。

（二）货物错运

货物错运是指装机站在货物装机时，将不是该航班的货物装上该航班，致使货物错运。例如，一票从A站—B站的货物，货运单号码479-12345678，10件500 kg。由于A站地面操作失误，造成其中一件（1 kg）货物错装C站。

货物错运时，装机站如确认货物被错运到某站时，应立即打电话或拍发电报将错运货物的货运单号码、件数等相关内容以及处理办法通知有关航站。

收到货物的航站，应立即通知装机站，根据装机站要求，将货物退回或继续运输，在货邮舱单上注明货物不正常运输情况。

装机站如果不能确认货物被错运至何处时，应拍发普查电报向有关航站查询。

注：对于不同的国家，有不同的海关规定。例如，北京海关规定，国内航空运输企业，必须按照货运单上海关监管章注明的监管目的站，使用直达航班或卡车航班运输国际转国内运输，不允许经过其他航站再进行二次监管。例如，由北京海关监管到武汉的货物，不能从北京运到上海再中转武汉。发生这种情况的，属于货物错运。

（三）未运输前在始发站发生的不正常情况

1. 在本航站发现有货无单

记录发生或发现不正常运输情况的时间、地点和经过。

根据货物包装上的货物标记、货物标签等，确定货物的发货人和代理人，向发货人和代理人索要货运单或其复印件。

2. 在本航站发现有单无货

记录发生或发现不正常情况的时间、地点和经过。

核对有关文件，并查找货物可能放置的地方。

向各有关航站拍发查询电报，如 2 日内无答复，应发普查电报。普查电报可以向相关航站查询，也可以向货物目的站所在区域查询，必要时向国外各有关航站查询。

收到查询电报的航站，应立即查找货物下落，作好查询记录，并在收到电报后 24 小时内答复查询站。

找到货物的航站，应立即通知始发站，根据始发站的要求安排最早航班将货物退回始发站或者等待始发站补运货运单。

（四）根据目的站或相关航站发来的不正常货物运输信息进行处理

查询人员收到目的站或相关航站发来的多收货物、少收货物、多收货运单、少收货运单等不正常货物运输查询电报、电话或传真后，应尽快查阅货运系统及相关文件，针对不同情况，进行不同处理。

1. 多收货物

应尽快查阅货运系统中有无货物出港记录，并查找货运单正本（未找到本货运单时可使用货运单副本），电报通知查询方续运航班/日期。

如果确认此货物是错运或混运的货物，要求查询方将货物退回（货单未过关、目的站不符）。

2. 少收货物

如果有拉货记录，应电报答复对方。

没有临时拉货记录，根据货运系统显示的货物货位，到相应的仓库、货场查找货物。如证实货物确已装机，及时发电报答复对方。

如找到货物，确认本站漏装货物。

3. 多收货运单

如属于本站始发的货运单，发电报要求对方将货运单退回本站。根据货运系统记录，到相应的仓库、货场查找货物。找到货物后，将货物放置在指定货位，等待货运单退回后转正常出港。

4. 少收货运单

查询人员，应尽快查找货运单正本（未找到正本货运单时可使用货运单副本）。电报通知查询方续运航班/日期。

如果确认此货物是错运或混运的货物，要求查询方将货物退回（货运单未过关、目的站不符）。

（五）临时加货

装机站可以根据飞机舱位和业载情况，实施临时加货。应注意：

不应因临时加货延误航班，在特殊情况下必须或可能延误航班时，应尽早报告。

为防止飞机隐载，临时加货后必须通知航空公司装载平衡部门修改装载数据和平衡表，同时修改货运计算机系统数据。

（六）临时拉货

临时拉货是指装机站或经停站由于各种原因临时将已装上飞机或待装的货物全部或部分拉下。

①机坪保障部门严格按照拉卸货物的顺序拉卸货物，一般情况下应按照配货顺序的相反次序拉卸货物，避免分批拉卸和重复拉卸。特殊情况下请示值班领导。

②在时间允许的情况下，机坪保障部门应保留拉卸货物的货运单，在货邮舱单上注明拉卸情况。

③查询部门立即通知货物卸机站和装机站，并抄报有关航站。

④查询部门通知配载部门尽快将拉卸的货物运至目的站。如货运单、邮运单已由原航班带到卸机站，则应按下列程序处理：补运的货物、邮件由拉货站填制"货运补单"，同时在"货运补单"中"储运注意事项及其他"栏中注明被拉下货邮的原承运人。

⑤所有拉货都必须修改有关记录。

三、其他不正常情况

除进港、出港不正常货物情况外，还有一些其他不正常情况，如货物丢失、贴错标签、无标签货物、品名不符、破损等不正常情况。

（一）货物丢失

货物在承运人掌管期间部分或全部下落不明满 30 日，可以认定为货物丢失。

如果托运人或收货人提出索赔，可以按规定办理赔偿。赔偿前应与索赔人商定丢失货物找到后的互利办法并签订书面协议。

例如，一票 A—B—C 站的货物，货运单号码为 479-12345678，10 件 500 kg。由于 A 站地面操作失误，造成其中 1 件/1 kg 的货物错装 D 站。D 站收货该货物后（多收货物），经与 A 站联系，同意运往 C 站。但在 C 站卸机后，由于重量轻，体积小，货物放在机下无人

看管发生丢失。

发现贵重物品、武器、弹药、危险品、外交信袋下落不明时应立即上报。

已经赔偿的货物找到后，应及时与索赔人联系，按照双方商定的意见处理。

（二）货物错贴（挂）标签

货物错贴（挂）标签是指货物标签上的货运单号码、件数等内容与货运单不符。

在始发站发现，根据货运单更换货物标签。

在中转站或目的站发现，核对货运单和货物外包装上的收货人，复查货物重量，如果内容相符，更换货物标签。如果内容不符，立即拍发电报通知始发站，详细描述货物的包装、外形尺寸、特征等，征求处理意见。

错贴（挂）货物标签的航站收到电报后，应立即查明原因，并答复处理办法。

（三）无标签货物

无标签货物是指货物的外包装上没有识别的标签。

发现无标签货物的航站，将货物的包装、外形特征等基本情况通知装机站和其他有关航站。根据装机站或其他航站提供的线索，核对货物外包装上货物标记与货运单的内容是否相符。如果相符，补贴（挂）货物识别标签后，按正常货物继续运输。如果货物标记与货运单不相符，无法确定的无头货物，开箱检查货物的内容，核对货物的装箱清单、随附的运输文件等资料。可以确定的，补贴（挂）货物标签，按正常运输程序处理；仍然不能确定的，在货物外包装上贴（挂）不正常货物标签，将货物存放在指定的位置，按照无法交付货物处理。

（四）货物品名不符

1. 对于货物中夹带禁止运输的物品的处理

航站一旦发现夹带禁止运输物品的货物，应立即停止运输，采取严格保管措施，不得退运或续运。通知政府有关部门，按程序逐级上报后按下述规定处理。

①在始发站，停止发运，另向托运人或销售代理人收取按公布运价的 N 运价或等级运价计算的，不低于整票货物应付运输总额的违约金，然后按政府指令对货物进行移交或处理。如果托运人要求退运，需出示政府部门同意退运的书面文件。退运时应按规定办理退运手续，按规定收取违约金和退运手续费，已付运费不退。

②在中转站，停止运输，通知当地政府部门，同时通知始发站另向托运人或代理人收取按公布运价的 N 运价或等级运价计算的，不低于整票货物应付运费总额的违约金。然后根据政府部门意见将货物移交或处理。如托运人或收货人要求在中转站提取货物，需出示政府部门同意提取的书面文件，中转站收取违约金及退运手续费后按规定办理货物交付手续，剩余航段运费不退。

③在目的站，停止交付，通知当地政府部门，另向收货人收取按公布运价的 N 运价或

等级运价计算的，不低于应付全程运费总额的违约金。然后按政府部门指令对货物进行移交、处理或交付收货人。目的站也可以通知始发站，由始发站向托运人收取违约金。

④收取违约金，不影响其他费用（保管费、退运手续费等）的计收。

⑤属于销售代理人收运的货物，如果销售代理协议中另有约定的，还应按照销售代理协议进行处理。

2. 对货物中夹带限制运输物品的处理

①在始发站，暂停发运，通知托运人或代理人。向托运人或代理人收取按公布运价的 N 运价或等级运价计算的，不低于整票货物应付运费总额的违约金，由托运人或代理人自行办妥政府规定的手续后，使用原运单继续运输（必要时可以重新填开货运单、重新核收货物运费，原运单作废，原运费退还托运人）。

如果托运人或代理人要求退运，可按货物退运处理，原运费不退，按前条规定收取违约金及退运手续费，有托运人或代理人自行办理政府部门规定的手续费后，将货物提取。

②在中转站，暂停运输。通知始发站向托运人或代理人收取按公布运价的 N 运价或等级运价计算的，不低于应付运费总额的违约金及运费差额，由托运人或代理人自行办理政府有关部门规定的手续。接到始发站可以运输的通知后，安排货物继续运输。

如果托运人或收货人要求在中转站提取货物，应在始发站或中转站缴纳违约金及运费差额，自行办理政府手续后提取货物，剩余航段运费不退。

如果托运人或代理人要求退回始发站，始发站应向其收取按公布运价的 N 运价或等级运价计算的，不低于应付运费总额的违约金、运价差额及由中转站运回始发站的相应运费（剩余航班运费不退），托运人或代理人在始发站办妥政府手续后，通知中转站将货物退回始发站。

③在目的站，暂停交付。向收货人另收取按公布运价的 N 运价或等级运价计算的，不低于应付全程运费总额的违约金及运费差额。由收货人自行办理政府有关部门规定的手续后将货物提取。

目的站也可通知始发站，由始发站向托运人或代理人收取违约金、运费差额，并由其自行办妥政府手续后，通知目的站交付货物。如果托运人或代理人要求退回始发站，除违约金及运费差额外，始发站还应按相应运价向托运人重新核收全程运费，政府手续由托运人或代理人在始发站办理。

如果收货人要求退回始发站，除违约金及运费差额外，目的站还应按相应运价向收货人重新核收全程运费。政府手续由收货人在目的站办理。

④收取违约金不影响其他费用的计收。

⑤对于同时夹带禁止运输物品和限制运输物品的，按照夹带禁止运输物品处理；对于将高运价货物品名伪报为低运价货物品名的，按本条规定处理。

⑥属于代理人收运的货物，如果销售代理协议中另有约定的，还应按照销售代理协议

进行处理。

3. 其他名实不符情况的处理

①在始发站，暂停运输货物，通知托运人或代理人。如托运人或代理人要求退运，原运费不退，另向其收取按公布运价的 N 运价或等级运价计算的相当于整票货物应付运费总额的50%的违约金及退运手续费，按规定办理货物交付。

如托运人或代理人要求继续运输，另向其收取按公布运价的 N 运价或等级运价计算的相当于整票货物应付运费总额的50%的违约金后，按新的货物品名以相应运价计算，重新核收运费，重新填开货运单，原货运单作废，原运费退还托运人。

②在中转站，暂停运输货物，通知始发站。始发站向托运人或代理人另收取按公布运价的 N 运价或等级运价计算的相当于整票货物应付运费总额的50%的违约金及运费差额后，通知中转站继续运输货物。

如果托运人或收货人要求在中转站提取货物，应在始发站或中转站缴纳违约金及运费差额，按规定进行交付，剩余航段运费不退。

③在目的站，暂停交付，向收货人另收取按公布运价的 N 运价或等级运价计算的相当于整票货物应付运费总额的50%的违约金及运费差额后，由收货人提取货物。如果收货人要求退回始发站，目的站应核收违约金、运费差额及回程运费。如果托运人要求退回始发站，始发站应核收违约金、运费差额及回程运费。

④对于将货物品名填写为能够包含货物具体名称，属于同一类性质的泛指商品名称的，可以减轻或免除违约金。

⑤收取违约金不影响其他费用的计收。

⑥属于代理人收运的货物，如果销售代理协议中另有约定的，还应按照销售代理协议进行处理。

（五）货物破损

货物破损指货物的外包装变形或破裂泄漏，致使包装内的货物可能或已经损坏。

①货物发运前包装轻微破损，操作人员应修复货物包装后发运；对于在装载过程中泄漏严重的货物，应与托运人联系妥善处理。

②在中转站发现货物破损，查询部门应发报通知有关航站，填制货物不正常运输记录，将货物包装修复或重新包装后，继续运输。

③在目的站发现货物破损，操作人员应填制货物不正常运输记录并发报通知有关航站。

例如：一票从 A 站—B 站—C 站，10 件 200 kg 的货物。其中 2 件 40 kg 的货物包装发生破损。如果是在 A 站发现货物包装破损的，包装轻微破损，请托运人修复包装后发运。包装破损严重，与托运人联系，商定处理方法。

如果在中转站 B 站发现货物破损的，要填写货物不正常运输记录，必要时在货物中转舱单上注明破损情况，同时拍发电报通知 A 站、C 站。货物不正常运输记录的其中一份应随附在货运单后面，修复包装或重新包装货物后，继续运输。

如果是在目的站 C 站发现货物破损的，要填制货物不正常运输记录并通知 A 站、B 站。

（六）对货物重量不符（包括计费重量不符）的处理

对代理人收运的货物，发现货运单上的货物毛重小于货物实际毛重或计费重量小于货物体积重量的，按如下规定处理。

①在始发站：按照公布运价的 N 运价或等级运价补收重量差额部分运费，并按照相关规定处理。

②在中转站：暂停货物运输，通知始发站。始发站得到中转站关于货物重量不符的信息后，应尽快查明原因，收取运费差额后尽快通知中转站继续运输货物。对于有运输时限要求的货物（紧急航材、救灾、急救物资、活体动物、灵柩、鲜活易腐、放射性同位素、疫苗、需要冷藏冷冻的货物等），中转站在通知始发站和目的站后可以继续运输。

③在目的站：向收货人补收差额部分的运费，并按规定处理后交付货物，交付货物后应尽快通知始发站。也可以暂停交付，通知始发站，由始发站收取运费差额后再行交付货物。

对于公司直销的货物，由于托运人原因造成货物重量不符的，按规定处理。因承运人原因造成货物重量不符的，运费多退少补。

（七）其他不正常情况的处理

1. 仓储期间发现有货无单

①记录发生或发现不正常情况的时间、地点和经过。

②根据货物包装上的货物标记、货物标签等，确定货物的始发站，向始发站索要货运单或复印件。

③如果货物包装上无任何标志，应与本航站少收货物的货运单进行核对，如果能确认属于同一票货物，补贴（挂）货物标签。

2. 仓储期间发现有单无货

①记录发生或发现不正常情况的时间、地点和经过。

②核对有关文件，并查找货物可能放置的地方。

③向各有关航站拍发查询电报，如 2 日内无答复，应发普查电报。普查电报可以向相关航站查询，必要时向国内各航站查询。

④收到查询电报的航站，应立即查找货物下落，作好查询记录，并在收到电报后 24 小时内答复查询站。

⑤找到货物的航站，应立即通知各有关航站，并安排最早航班将货物退回始发站或运至目的站。

民航货物运输

(八) 货邮行运输事故记录单

货邮行运输事故记录单是指在运输中，承运人为证明货物发生的丢失、损坏、短少、变质、污染等不正常运输情况而填写的书面文件；是承运人内部或承运人之间调查不正常运输原因，落实责任的证据。不正常运输记录不能出示给托运人、收货人或非相关承运人。"货邮行运输事故记录单"样式详见图4.1。

货邮行运输事故记录单

航班号/始发站/目的站/日期
货运单/邮件路单/行李牌号码：
件数/重量，受损件数/重量
包装：□1. 纸箱；□2. 木箱；□3. 拉杆箱；□4.（布）皮包；□5. 其他
事故类别：□1. 损坏；□2. 包装破损；□3. 丢失；□4. 受潮；□5. 其他
事故主要情况：□1. 到达卸机时发现受损
　　　　　　　□2. 出发装机时发现受损
　　　　　　　□3. 其他
备注：

监装监卸员：　　　　　押运员：　　　　　货站交接员：

说明：本单一式三联，一联由押运留存，一联由监装留存，一联交货站交接人员。

FORM 21 cm×14.5 cm

图4.1　货邮行运输事故记录单

1. 货邮行运输事故记录单的填写

①航班号：填写运输该票货物的航班号。

②始发站：填写该票货物的始发站。

③目的站：填写该票货物的目的站。

④日期：填写该票货物的运输日期。

⑤货运单/邮件路单/行李牌号码：填写该票货邮行的货运单号码、邮件路单号码或行李牌号码。

⑥件数/重量：填写该票货物的件数、重量。

⑦受损件数/重量：填写不正常货件的件数，不正常货件的重量（丢失件的重量由总重量减去未丢失件的重量确定；损坏件的重量通过称重后确定）。

⑧包装：填写不正常货件外包装类型。在对应项后打"√"表示。如纸箱、木箱、拉杆箱、（布）皮包或其他。

⑨事故类别：根据货物不正常情况在相应栏内打"√"，这些类别包括损坏、包装破损、丢失、受潮和其他等项。

⑩事故主要情况：到达卸机时发现受损、出发装机时发现受损或其他，在相应栏内打"√"。

⑪备注：填写有关部门对货物不正常情况的详细说明，需要说明的有关货物的其他情况。

⑫监装监卸员：由监装监卸员签字。

⑬押运员：由押运员签字。

⑭货站交接员：由货站交接员签字。

2. 货邮行运输事故记录单一式三联

一联由押运留存，一联由监装留存，一联交货站交接人员。

3. 其他

一份货邮行运输事故记录单只能记录一份货运单项下货物的不正常运输情况。

第二单元 »»»»»»»»

不正常航班的货邮处理

不正常航班分为航班延误、取消和备降三种情况。发生不正常航班情况时，要及时采取有效措施，尽可能减少货物丢失、损伤、死亡和变质的损失。

一、航班延误

（一）航班在始发站延误

如果飞机上装有活体动物、鲜活易腐货物或其他特种货物，应通知机组保持货舱内的温度和通风。在飞机发动机已关闭，空调和通风设备停止运转的情况下，应立即派人到飞机上检查货物。根据货舱内的温度和通风情况，采取下述办法。

①打开舱门进行通风。

②要求电源车、空调车等地面车辆支持。

③将活体动物或其他鲜活易腐物品卸下飞机进行通风，按托运人指示给水或饲喂。

④如有必要应对特种货物进行监护。

如果航班延误超过 2 小时，且始发站又有飞往同一目的地的其他航班，在可能的条件下，应将延误航班上的活体动物和时间性较强的货物安排在其他航班上。如改用其他承运人的航班，应事先征得该承运人同意。

（二）航班在经停站延误

航班经停站应检查货邮舱单，根据飞机所载货物、邮件的性质和数量，采取有效措施

进行处理。

①当飞机上装有活体动物时，应提供通风，按照储运指示给水或饲喂。货舱应保持适当的温度。对珍奇稀有动物应予以特别照顾。

②飞机上装有贵重物品和枪支弹药时，应派专人监护，防止货物失控。

③立即通知航班始发站，始发站提出处理意见的，应按照始发站的意见对货物进行处理。

④在可能的情况下，应将有时限的货物转到其他航班上尽早运至目的站，并用电报或电话通知货物始发站和目的站。

⑤始发站得知航班延误后，如有需特别关照的货物，应及时与经停站联系，充分了解货物情况，提出处理意见，协助经停站做好货物的处理工作，必要时通知托运人。

二、航班取消或者备降

（一）航班在始发站取消

航班在始发站取消时，应将业务袋从飞机上取回，将货物和邮件卸回仓库。将特种货物重新登记，分别入库。若当天有其他航班，尽量安排运出。

急救药品、鲜活易腐物品、活体动物及冷藏货物和其他有时间要求的货物，应采取必要的防护措施，并通知托运人，征求处理意见。上述货物应优先于其他货物安排后续航班运出，并发报通知经停站和目的站。

（二）航班在经停站取消

航班在经停站取消时，经停站应将航班取消情况通知始发站和目的站，将货邮从飞机上取下来，尽快安排将货物运至目的站。对于有时限的货物应做出适当处理和保管并安排最早的航班运至目的站。

拍发电报将处理情况通知始发站和目的站。

始发站应及时向托运人通报情况。

（三）航班备降

备降航站应参照上述航班延误、航班取消有关办法处理。

三、不正常航班到达目的站后货物和邮件的处理

目的站应尽快对货物、邮件进行处理。对在经停站延误了较长时间的中转货物、邮件，应安排尽早的航班运出。

对飞机上装载的鲜活易腐物品、活体动物应给予特别检查。发生活体动物死亡时，应请商检部门和动植物检疫部门作出鉴定。收货人对货物的变质、死亡及任何其他损失提出异议时，应作出货物运输事故记录，详细记录货物损失情况，必要时请有关单位对货物的

损失程度作出鉴定。

如果航班飞越经停站，目的站要将应在经停站卸下的货邮尽快运至原经停站或货邮目的站，并将运输情况电报通知有关航站。

如果航班备降后，不再继续飞往目的站，货物也未卸下飞机，备降航站的航空公司办事处和原目的站航空公司办事处应拍发电报或传真通知航班的始发站，始发站得到信息后，应立即作出处理决定，并尽可能将该航班所装货物的情况通知托运人。

第三单元 》》》》》》》》》
无法交付货物的处理

一、无法交付货物的定义

下列情况之一称为无法交付货物：

①货物到达后，国内运输满 60 日、国际运输满 90 日仍无人提取，且始发站和托运人始终没有提出处理意见的货物。

②收货人拒绝提取或者拒绝支付应付费用的货物。

③按照货运单所列联系方式无法联系到收货人的货物。

④托运人或收货人声明放弃的货物。

二、无法交付货物的处理

活体动物。到达目的站后满 24 小时（以航班落地时间为准，以下同）仍然无法交付，经始发站同意后，目的站可以将货物退回始发站处理。期间动物发生死亡的，经当地货运主管领导同意后，可随时予以销毁，销毁后及时通知始发站。如果当地公安、卫生防疫、检验检疫等政府部门另有要求的，应按政府规定办理。

冰鲜肉类、食品、水产品、蔬菜、水果、鲜花等植物类货物以及含有鲜活易腐物质成分的食品类货物。到达目的站后满 48 小时仍然无法交付，经始发站同意后，目的站可以将货物退回始发站处理。期间货物发生腐烂、变质的，经当地货运主管领导同意后，可随时予以销毁，销毁后及时通知始发站。如果当地公安、卫生防疫、检验检疫等政府部门另有要求的，应按政府规定办理。

上述货物销毁时应作详细记录，销毁记录由当地留存。

处理上述货物产生的费用应向托运人或收货人追回。

三、所有无法交付货物的处理要求

货物自发出到货通知的次日起 14 日无人提取，用电话、电报、传真等方式通知始发站，征求处理意见。

得到始发站的答复后，按始发站意见处理，如果托运人要求将货物退回始发站或改变目的站、变更收货人，按自愿变更处理。

如果托运人或收货人声明放弃货物，必须出具书面声明（该书面声明由处理货物航站留存），同时必须符合政府规定。

无法交付的限制运输物品、珍贵文物、珍贵史料移交当地政府主管部门处理；贵重物品以及其他具有商业价值的货物，委托当地商业部门变卖或委托拍卖行进行拍卖。移交、变卖、拍卖记录由当地留存。

无法交付货物处理完毕后，目的站应立即通知始发站，始发站通知托运人。

国际运输货物，货物到达目的站次日起满 90 日仍未提取的，则将货物移交海关。

四、无法交付货物通知单

（一）一般要求

无法交付货物的通知单一式三份，一份交始发站货运部门，一份交航空公司财务部门，一份本航站留存，如图 4.2 所示。

无法交付货物通知单
NOTICE OF NON-DELIVERYIRREGULARITY REPORT（IRP）

编号（3）
Refer No. ：

寄往
To：　　　　　　　（1）　　　　　　　填开时间
　　　　　　　　　　　　　　　　　　　Issued Date：　　　　　（4）
寄自
At：　　　　　　　（2）　　　　　　　填开地点
　　　　　　　　　　　　　　　　　　　Station：　　　　　　　（5）

货运单号码 AWB No.	填开地点和日期 Place and Date	件数/重量 TTL PC/WT	货物品名 nature of goods	到达航班/日期 Arrival FLT/Date
（6）	（7）	（8）	（9）	（10）

托运人名称、地址：　　　　　　　　　　收货人名称、地址：
Name and Address of Shipper：　　　　　Name and Address of Consignee：
　　　（11）　　　　　　　　　　　　　　　　　（12）

货物无人提取原因
This consignment Non-Delivery for the following reasons：（13）
□收货人地址不详
Consignee's address is incomplete.
□按照货运单地址找不到收货人
Consignee is unable to be located at given address.
□收货人对到货通知无回应
Consignee does not respond to arrival notice.

□收货人拒绝付费

Consignee refuse to pay charges due.

□收货人拒绝提货

Consignee refuse to take delivery.

□其他

Others.

	数额 Currency：CNY
货物运费 Freight charges	（14）
保管费 Total storage charges	（15）
其他费用 Others	（16）
总计 Total	（17）

每日应收保管费

Storage charge per day：（18）

说明 Notes：

1. 该通知第一次单发出满 30 日内没有答复，我们将收取货物运费或其他费用。

   If no instruction is obtained within 30 days from the issuing date of the 1st IRP，you shall be responsible for the collection of freight charges and/or other charges due.

2. 该通知第二次单发出满 30 日内没有答复，我们将开账收取相关费用。

   If no instruction is obtained within 30 days from the issuing date of the 2nd IRP，we will bill you airfreight and other charges on our invoice.

无法交付货物通知单　回执

CORRESPONDING REPLY TO NOTICE OF NON-DELIVERY（IRP）

编号

Refer No.：（19）

回执带往

To be returned to　　　　　　　（20）

货运单号码	填开地点	填开时间
AWB No.：（21）	Issued at（22）	On（23）

请将处理结果填写在对应项：

Please act in accordance with the following：　　　　（24）

□变更收货人为

Charge the consignee to

□退回托运人

Return the consignment to shipper.

□放弃货物

Abandon the consignment.

□其他

Others（25）

经手人签字

Signature of official preparing report

FORM 21 cm×29.7 cm

图 4.2　无法交付货物通知单

（二）填写方法

（1）填写接收《无法交付货物通知单》（以下简称本通知单）的航站；

（2）填写填开本通知单的航站或承运人名称；

（3）填写本通知单的编号；

（4）填写本通知单填开时间；

（5）填写本通知单填开地点；

（6）填写货运单号码；

（7）填写货运单填开地点和日期；

（8）填写货物件数和重量；

（9）填写货物品名；

（10）填写货物到达的航班和日期；

（11）填写货运单上托运人的名称和地址；

（12）填写货运单上收货人的名称和地址；

（13）根据无人提取货物的原因，在对应的项下打"√"；

（14）填写航空运费；

（15）填写保管费；

（16）填写其他费用；

（17）填写费用总额；

（18）填写每日的保管费用；

（19）填写本通知单的编号；

（20）填写此回执的带往部门；

（21）填写货运单号码；

（22）填写货运单填开的地点；

（23）填写货运单填开的时间；

（24）根据处理结果，在对应的项下打"√"；

（25）填写回执签字。

第四单元 〉〉〉〉〉〉〉〉〉

变更运输

在航空运输中，由于种种原因会导致货物改变定妥航班或运输路线，这种情况称为变更运输。

变更运输可分为自愿变更和非自愿变更。变更形式不同，处理的方法也不相同。

一、自愿变更

（一）自愿变更的定义及一般要求

自愿变更运输是指由于托运人原因，或者由于托运人原因致使承运人改变运输的部分或全部内容。自愿变更运输仅适用于一份货运单上列明的全部货物。

自货物托运后至收货人要求提取前，托运人在履行航空货物运输合同所规定的义务的条件下，享有对货物的处置权，可以对货物行使变更运输的权利。

托运人行使变更运输权利不能违反政府的有关规定，也不应损害承运人或者承运人对之负责的其他人的利益。因托运人行使变更权利给承运人或者承运人对之负责的其他人造成损失的，托运人应承担责任。

自愿变更运输只能在原办理托运手续的地点办理。

托运人提出变更运输时应出示货运单托运人联、书面变更要求和个人有效身份证件，如货运单上的托运人为单位时还应出具单位介绍信。托运人提供的书面变更要求及单位介绍信等文件由始发站留存备查。

（二）自愿变更内容

①发运前退运；

②经停站停运；

③变更目的站；

④退回始发站；

⑤变更收货人（变更后的收货人即为货运单指定的收货人）。

（三）自愿变更处理程序

1. 一般要求

①受理变更运输的航站应及时通知有关航站。

②持有货物的航站收到始发站关于变更运输的通知后，应立即核对货物并将货物情况及变更可能产生的费用通知始发站，得到始发站确认后，执行变更。将变更结果通知始发站。变更运输时，货运单及货物标签应做出相应的变更。有关变更的来往电函、电话记录等由变更站留存备查。

③运输费用发生变化，应向托运人结清，并向有关承运人发出《货物运费更改通知单》。

④在托运人付清因变更运输所产生的费用后，承运人执行变更要求。

⑤承运人不能执行托运人的变更要求时，应及时通知托运人。

⑥货物发运后（一般以航班离港前2小时算起），托运人要求变更运输时，其声明价值或保险价值不得变更。

2. 发运前退运

①托运人已经办理货物托运手续，但尚未安排货物运输的，可以为其办理货物退运手续。国际货物运输，托运人应自行办理海关、商品检验检疫等政府部门的手续，经检查无误后办理货物退运。

②向托运人收回货运单托运人联，将原货运单各联作废。

③扣除已发生的各项费用，如声明价值附加费、地面运输费、退运手续费等。

④填开退款收据，在退款签收单上注明应扣除款项的类别及金额，所余金额，连同退款签收单的托运人联一并交托运人。

⑤请托运人在货运单上签收后交付货物。

⑥将收回的货运单各联（除财务联和存根联）及退款签收单的财务联随销售日报一并交财务部门。托运人提供的书面变更运输要求等文件留存备查。

3. 在经停站变更

（1）始发站的处理。

①始发站受理变更运输时应首先明确货物所在航站，按规定核收因变更运输产生的费用后，将变更运输的信息通知货物所在航站。

②根据持有货物的航站的回复，扣除实际使用航段的运费和已经发生的其他费用，差额多退少补。

③托运人付清因变更运输产生的所有费用后，承运人执行其变更运输要求。

④托运人提供的书面变更运输要求等文件由始发站留存备查。

（2）经停站的处理。

①收到始发站关于变更运输的通知后，应立即核对货物并将货物情况及变更可能发生的费用通知始发站。

②对航空货运单及货物标签作相应的更改。

③收到始发站已经补收有关费用的书面答复后，执行变更。也可以填写货物运费更改通知单交财务部门，然后执行变更。

④对于其他承运人运输的货物，运费或其他费用发生变化时，必须在得到始发站补收相关费用的收据或其传真件后，才能执行变更。如果始发站填开《货物运费更改通知单》，则必须在收到该单或其传真件后，才可进行变更。

⑤始发站要求收货人在经停站提取货物的，参照货物相关要求办理货物交付手续。

⑥将处理情况通知始发站。

此外，各有关航站应将变更运输的电报、信函、电话记录等留存备查。

4. 变更目的站

（1）发运前变更。

①向托运人收回货运单托运人联，将原货运单各联作废，按退运手续处理，免收退运手续费。

②按变更的目的站填制新的货运单，国际运输托运人办理海关等政府部门的手续。

（2）发运后变更。

①始发站的处理。

a. 始发站受理变更后应将变更运输的信息通知货物所在航站。

b. 根据持有货物的航站的回复，收取实际使用航段的运费和已经发生的其他费用，并重新计算货物所在航站至新的目的站的运费，费用差额多退少补。

c. 托运人付清因变更运输产生的所有费用后，承运人执行其变更运输要求。

d. 填开货物运费更改通知单，或以补收运费的形式填制新的航空货运，在航空货运单储运注意事项栏内注明"补收×××-×××× ××××号货物变更运输费用"。

e. 托运人提供的书面变更运输要求等文件由始发站留存备查。

②持有货物的航站的处理。

a. 收到始发站关于变更运输的通知后，应立即核对货物并将货物情况及变更可能发生的费用通知始发站。

b. 收到始发站可以进行运输变更的确认后，在航空货运单储运注意事项栏内注明"据×××站×××电（传真）变更目的站至×××"字样，同时对航空货运单和货物标签作相应更改，并将始发站要求变更运输的相关文件的复印件附在航空货运单上，一同运输至变更后的目的站。货物运出后，通知始发站。

5. 退回始发站

①始发站受理变更运输并核收变更运输发生的费用后，应尽快将变更运输的信息通知货物所在航站。托运人提供的书面变更运输要求等文件由始发站留存备查。

②持有货物的航站的处理。

a. 收到始发站关于变更运输的通知后，应立即核对货物并将货物情况及变更可能发生的费用通知始发站。

b. 收到始发站可以进行变更运输的确认后，办理货物退运事宜，退运办法如下：

（i）使用原承运人的航班退运：使用原航空货运单，在"储运注意事项"栏内注明"根据×××站××××××电报（传真）退回×××站"。将始发站要求退货的相关文件和原航空货运单复印留存后，原件随货物退回始发站。

（ii）如果不使用原承运人航班退运，则应：重新填开航空货运单，所有产生的费用到付；将原航空货运单号码在新航空货运单"储运注意事项"栏内注明，并将始发站要求退运的相关文件复印后与原航空货运单正本留存，原件和原航空货运单其中一联附在新航空

货运单后随货物运往目的站；将原航空货运单其中的一联和始发站要求变更运输的文件以及新填开的航空货运单托运人联和财务联一起交收入结算部门。

（iii）重新填写并粘贴货物标签。

（iv）订妥退运的航班/日期后，发送电报将新航空货运单号码、货物退回始发站的航班和日期通知始发站。

c. 在目的站发生的费用，其中可以在目的站收取的部分应在目的站收取而不必到付。

6. 变更收货人

（1）发运前变更。在货运单上将原收货人划去，在旁边空白处书写变更后的收货人名称，并在修改处加盖修改戳印或由修改人签字。

（2）发运后变更。

①始发站收取变更产生的费用后，用电报将新的收货人姓名及地址等情况通知目的站。电报底稿与托运人的变更申请一起留存。特殊情况下使用传真发送变更信息时，传真上必须盖章并由当地货运操作单位领导签发。

②货物尚未办理交付的，目的站应根据始发站要求在航空货运单上进行更改。按照新的收货人办理货物交付手续。更该电报或传真应附在航空货运单交付联后一并留存备查。

③货物已经交付给收货人的，通知始发站无法办理变更手续。

二、非自愿变更运输

1. 非自愿变更运输产生的原因

非自愿变更运输是指由于不可抗力、政府行为或承运人原因产生的货物变更运输。发生非自愿变更运输时，承运人应及时通知托运人或收货人，商定处理办法。非自愿变更产生的原因包括：

①天气原因、机械故障、机场关闭、禁运等；

②航班取消、机型调整；

③因货物积压或超出机型载运能力，短期内无法按指定路线、指定承运人或指定运输方式运至目的站。

2. 变更内容

①变更航线、航班、日期；

②变更承运人；

③变更运输方式；

④发运前退运；

⑤经停站变更；

⑥自经停站将货物退回始发站；

⑦变更目的站。

3. 变更权力

制单承运人、第一承运人有权变更运输；

货运单上指定的航段承运人有权变更运输；

货运单上续程航段无指定承运人时，持有货物和货运单的承运人有权变更运输。

第二部分　货物赔偿

【知识目标】了解赔偿的法律依据；

　　　　　　了解索赔、赔偿、诉讼的基本流程。

【能力目标】会进行简单的索赔操作。

第一单元 >>>>>>>>>>>
赔偿法律依据及承运人责任

一、航空货物赔偿的依据及相关法律规定

航空货物赔偿的依据及相关法律规定有 1929 年的《华沙公约》和 1999 年的《蒙特利尔公约》以及《中华人民共和国民用航空法》《中华人民共和国合同法》《中华人民共和国消费者权益保护法》，国内、国际航空货物运输规则，国内、国际航空货物运输总条件。

二、承运人的责任

承运人从货物收运时起，到交付时止，承担安全运输的责任。托运货物在航空运输期间发生的损失，承运人将承担责任，但是依据公约、法律和规定免除责任的除外。

航空运输期间是指在机场内、民用航空器上或者机场外降落的任何地点，托运货物处于承运人掌管之下的全部期间。航空运输期间不包括机场外的任何陆路运输、海上运输、内河运输过程，但是，此种陆路运输、海上运输、内河运输是为了履行航空运输合同而实施，在没有相反证据的情况下，所发生的损失视为在航空运输期间发生的损失。

托运货物在航空运输期间因延误运输造成损失的，承运人依据公约、法律和规定承担责任。但是，承运人证明本人及其受雇者和代理人为了避免损失的发生，已采取一切可合理要求的措施或者不可能采取此种措施的，承运人不对因延误引起的损失承担责任。

第二单元 >>>>>>>>>
索赔

一、索赔人

索赔人是指在航空运输合同执行过程中有权向承运人或其代理人提出索赔要求的人。

索赔人包括货运单上的托运人或收货人、持有托运人或收货人签署的权益转让书或授权委托书的法人或个人、律师事务所。

二、索赔地点

索赔人可在货物的始发站、目的站或发生损失的中转站向承运人提出索赔。索赔要求一般由目的站受理。

三、索赔时限

有权提取货物的人必须在发现损失后立即向承运人提出：

①货物发生损失的，最迟应自收到货物之日起 14 日内提出；

②其他货物损失，应自收到货物之日起 14 日内提出；

③货物发生延误的，必须最迟自货物交付收货人处置之日起 21 日内提出；

④收货人提不到货物的，应自航空货运单填开之日起 120 日内提出。

除能证明承运人有欺诈行为外，索赔人未在上述期限内提出异议的，不得向承运人提起诉讼。

四、索赔人可以向下列承运人提出索赔

索赔人应以书面形式向填开货运单的空运企业、第一承运人、最后承运人或者向在运输中发生货物遗失、损坏或延误的承运人提出索赔。

五、索赔方式

索赔人应在规定的期限内以书面形式提出索赔。

六、索赔人需提供的文件

①货运单正本或副本；

②货物运输事故记录或注有货物异常状况的货运单交付联；

③货物商业发票正本、修复货物所产生费用的发票正本、装箱清单正本和其他必要资料；

④货物损失的详细情况和索赔金额；

⑤商检报告或其他关于损失的有效证明；

⑥承运人认为需要提供的其他文件和资料。

第三单元 》》》》》》》》

赔偿

一、受理索赔

①索赔受理人应认真核实索赔人的索赔资格，检查索赔资料是否齐全有效，并对索赔申请进行登记、备案。

②一票货物只能有一个索赔人。出现两个或两个以上的索赔人时，只能接受一个索赔人的索赔要求。

③如果不能确定赔偿受理人，应立即通知航空公司，由公司业务主管部门负责确定索赔受理人，避免重复赔偿。

二、确定责任

（1）发生内物损坏或内物短缺的货物。

①如果没有确实的证据证明损坏是由于承运人的过错造成的，承运人不承担责任；

②对于外包装完好而内物短缺的货物，承运人不承担责任；

③对于外包装破损或有偷窃痕迹的，则承运人应承担责任。

（2）承运人未完全按操作规程操作的，承运人应承担责任。如果承运人按照托运人的指示处理货物，而没有要求托运人出示他所收执的航空货运单，因而使该航空货运单的合法执有人遭受损失时，承运人应承担责任，但并不妨碍承运人有向托运人要求赔偿的权利。

（3）由于遵守公约、法律和规定而产生的、或由于不可抗力原因造成直接或者间接损失的，承运人不承担责任。当托运的货物属于承运人禁运的某类货物，或者适用的法律和规定不允许运输该货物时，承运人将拒绝运输而不承担责任。

（4）对于下列原因造成托运货物的毁灭、遗失或损坏等，承运人不承担责任：

①不可抗力；

②货物本身的自然属性、质量或者缺陷；

③承运人或者承运人的受雇人、代理人以外的人包装的货物，包装不良；

④包装完好，封志无异状，而内件短少或者损坏；

⑤国家行政当局实施的与货物出、入境或中转有关的行为。

（5）由于自然原因造成的动物死亡；或者由于动物自身的或者其他动物的咬、踢、抓动作造成的；或者动物容器缺陷造成的；或者由于动物在运输过程中经不起不可避免的自然环境的变化而造成或者促成的死亡和受伤引起的任何损失、损害，承运人不承担责任。

（6）押运货物的押运员在押运途中因货物的原因造成的伤害或死亡，承运人不承担责任。

（7）由于天气、温度、高度的改变，或由于其他常见情况或在约定的运输时间内货物发生腐烂或变质，承运人不承担责任。

（8）除非另有约定，对货物破损造成的非直接损失，包括周转量、利润、利息或收入损失、交易机会错失、货币风险、减产或行政处罚等，承运人不承担责任。不论承运人是否知道上述损失可能发生。

（9）除证明是由于承运人的过错造成的外，承运人对押运货物的损失不承担责任。

（10）经证明货物的毁灭、遗失、损坏或者延误是由于托运人或收货人的过错造成或者促成的，应当根据造成或者促成此种损失的过错的程度，相应免除或减轻承运人的责任。

（11）免除或者限制承运人的责任时，该责任免除或限制同样适用于承运人的代理人、雇员、代表或者相关承运人，也适用于运输所适用的民用航空器或者其他运输工具所属的任何其他承运人。

三、赔偿所需要的文件

（1）收货人、承运人双方签字的货运单交付联或收货人联（如涉及）。

（2）货物运输事故记录和事故调查报告。

（3）货邮舱单。

（4）中转舱单（如涉及）。

（5）货物保管记录。

（6）往来查询电报、信函。

（7）始发站、中转站、目的站的有关记录。

（8）索赔人提供的所有资料（包括商业发票、检验检疫证明、损失定价、照片等）。

四、赔偿限额

（1）托运人未办理货物声明价值，航空公司承担的最高赔偿限额为每千克 100 元人民币，国际货物为每千克 19 特别提款权；如果能证明货物的实际损失低于最高赔偿限额，则按实际损失赔偿。

（2）托运人办理了货物声明价值，并支付了声明价值附加费的，其声明价值为赔偿限额；如果能够证明托运人的声明价值高于货物的实际价值时，则按实际价值赔偿。

五、赔偿款的支付

（1）货物赔偿处理报告经公司领导审批后，随附所有调查材料，报财务部门划拨赔偿款。

（2）通知索赔人办理赔偿手续。如果不能全额赔偿的，应向索赔人书面说明原因和法律依据。

（3）索赔人签署赔偿责任解除书后向索赔人支付赔偿款。《赔偿责任解除书》（如图 4.3 所示）一式三份，一份交索赔人，一份交财务部门，一份由主办单位留存。

赔偿责任解除书

编号

本人/公司同意并愿意接受××航空有限公司对货运单＿＿＿＿＿＿＿＿＿项下货物损失的赔偿。赔偿金额为＿＿＿＿＿元人民币。在收到上述赔款的同时放弃对××航空有限公司及其相关承运人、代理人、工作人员和其他相关利益方的追索权。同时同意不再就与以上货物有关事项对××航空有限公司提起法律诉讼。

索赔人：
地点：
日期：

FORM 21 cm×29.7 cm

图 4.3　赔偿责任解除书

六、几种类型的赔偿

（一）破损货物的赔偿

1. 外包装明显破损的货物

部分破损的货物。可以修复的，应到航空公司指定的维修部门估价并修复，维修费用由航空公司承担。

全额赔偿的货物。航空公司收回货物处置权，在办理有关手续后拍卖，拍卖所得货款冲抵赔偿款，余额上缴。

2. 内损货物

对外包装完好而内物损坏的货物，航空公司不承担赔偿责任，除非索赔人有足够证据证明是由于航空公司原因造成的损坏。

（二）货物丢失或短少的赔偿

1. 货物全部丢失

办理声明价值并支付了声明价值附加费的货物，按声明价值赔偿。能够证明货物的实际价值低于声明价值的，按实际价值赔偿。

未办理声明价值的货物，最高赔偿限额为毛重每千克货物 100 元人民币。能够证明货物的实际价值低于 100 元人民币的，按实际价值赔偿。

2. 部分货物或货物中的任何包装件发生损失或延误

部分货物或货物中的任何包装件发生损失或延误时，确定航空公司的赔偿限额应以有关包装件的重量为限。当托运货物中的任何包装件的损失或延误影响到同一份货运单上其他包装件的价值时，确定赔偿责任时，应考虑其他包装件的重量。在没有相反的证据时，损失或延误货物的价值在全部货物总价值中的比例，按损失或延误货物的重量在全部货物总重量中的比例确定。

（三）延误运输的赔偿

航空公司对其承运的货物在运输期间因延误而产生的损失应承担责任。但航空公司如果证明自己及其受雇人为了避免损失的发生已经采取一切必要的措施，或不可能采取此种措施的，以及国家的法律、规定另有规定的，则不承担责任。

（四）免、折扣运价运输货物的赔偿

对于免、折扣运价运输的货物，双方有约定的，按双方约定的限额赔偿。双方无约定的，按普通货物的赔偿原则处理。

（五）联程运输货物的赔偿

1. 订约方

在联程货物运输中，每一承运人就其根据运输合同承担的运输区段作为运输合同的订约一方。

2. 赔偿处理责任人

①联程运输的货物在运输过程中发生损失后，索赔人可凭最后承运人交付货物时向收货人出具的货物交付状态记录、经双方签字的货运单货物交付联及索赔人的正式索赔函，向第一承运人或最后承运人提出索赔。第一承运人或最后承运人收到索赔函后，作为索赔受理人，应及时向各相关承运人通报情况。

②索赔受理人应对货物运输的全过程进行调查，如果索赔受理人承担索赔案的处理责

任，则索赔受理人作为赔偿处理责任人处理该索赔案并书面通知相关承运人；如果索赔受理人不承担索赔案的处理责任，索赔受理人应当将索赔案以及调查材料转交下一承运人，依次类推，直至有承运人承担索赔案的处理责任，该承运人作为赔偿处理责任人处理该索赔案并书面通知相关承运人。如果各相关承运人均不承担索赔案的处理责任，索赔受理人必须作为赔偿处理责任人处理该索赔案。

③赔偿处理责任人应及时将索赔案的处理情况通知相关承运人，避免出现重复索赔。

3. 赔偿责任的划分

①对于造成货物损失的责任可以确定的，则处理该索赔案发生的所有费用由责任承运人承担。如果责任承运人委托其他相关承运人代为处理该索赔案，委托方与被委托方应有书面协议。

②对于造成货物损失的责任不能确定的，处理该索赔案发生的所有费用按与运输收入分摊的相同比例由相关承运人共同承担。

4. 赔偿处理责任人应当做好以下工作

①赔偿处理责任人负责同索赔人协商赔偿事宜，并随时将索赔案的处理情况书面通知各相关承运人。

②赔偿处理责任人确定承运人无责任时，应拒绝赔偿并通知相关承运人。

③索赔案结案时，赔偿处理责任人必须得到索赔人签署的赔偿责任解除书，以解除所有相关承运人的责任。

④赔偿处理责任人向相关承运人发出第一次通知后 15 日内得不到答复，发出第二次通知，相关承运人在 15 日后仍不回复的，将被视为对赔偿处理责任人的任何决定的默认。

第四单元 »»»»»»

诉讼

如果托运人与航空公司不能就运输纠纷达成一致解决意见，可以通过诉讼或双方协议仲裁解决。各有关单位收到法院传票后应在 3 日内将有关诉讼和货物情况报告负责赔偿的航空公司。

航空运输纠纷的诉讼时效是 2 年，自民用航空器到达目的地点，应当到达目的地点或者运输终止之日起计算。受理法院所在国家的法律另有规定的除外。

由几个连续承运人办理的运输中发生托运货物毁灭、遗失或损坏等，托运人有权向第一承运人和最后承运人提起诉讼或者通过仲裁解决争议；托运人也可以对发生托运货物毁

灭、遗失或损坏等的运输区段的承运人直接提起诉讼或者通过仲裁解决争议。

对于实际承运人履行的运输提出诉讼，托运人可以分别向实际承运人或者缔约承运人提起，也可以同时向实际承运人和缔约承运人提起。被提起诉讼的承运人有权要求另一承运人参加应诉。

相关的纠纷适用于中国法律。在公约适用的前提下，关于损失的诉讼可以根据索赔人的选择，或者在公司总部所在地法院，或者缔结合同的公司分支机构所在地法院，或者在目的地法院等司法管辖权范围内进行。

如果没有货物交付状态记录或者记录货物交付状态的货运单，索赔人不能向航空公司提出索赔。

第五单元 »»»»»»
典型案例分析

深圳—北京，67 件 4 724 kg，品名：皮业。

事件经过：2011 年 9 月 16 日，由中国××航空公司（以下简称"××公司"）承运的上述运单下的第一批货物 30 件运抵北京××公司仓库，该批货物由××公司员工依据上述运单传真件，经核对与货物标签上标明的到达站、件数和运单相符后，将货物放给该运单传真件上的收货人李四，并由李四的代理人崔六将李四的身份证号码和本人的驾驶证号码填写在货运单提货人栏内作为收货凭证。

2011 年 9 月 17 日，上述运单项下的第二批货物 37 件运达北京××公司仓库，崔六依照同样方法将货物提走。××公司下属三产公司（以下简称"三产"）作为××公司代理负责向收货人收取地面服务费，并在货运单上加盖"收款专用章"。

2011 年 9 月 18 日，谢五持上述运单到××仓库提货，发现货物已被李四于 16 日和 17 日提取。此时，××公司委托三产公司经理出面协调此事。

谢五称：2011 年 9 月 12 日，托运人深圳某皮革厂（以下简称"皮革厂"）托运货物 67 件并收到上述货运单，后谢五将该货运单传真给货运单上的收货人李四的朋友张三，通知并证明货物已发给张三，然后皮革厂和谢五要求承运人先不要发货，并于 2011 年 9 月 15 日向深圳宝安机场申请将该货运单收货人改为谢五本人并获深圳宝安机场盖章认可。结果发生 2011 年 9 月 18 日谢五到××公司仓库提货时提货不着的情况。

听了谢五介绍的情况，三产公司经理立即根据谢五提供的电话号码与原收货人李四和实际控制货物的张三联系。2011 年 9 月 18 日和 22 日，谢五和张三、崔六以及另外一名女士（姓名不详）应三产公司经理约请两次到三产公司（其中一次是三产公司经理到谢五所住宾馆）共同研究对该票货物的处理。

在协调过程中，三产公司坚决要求李四和张三等将所提 67 件货物立即退回××公司仓库，由××公司重新交给更改后的收货人谢五。但谢五和张三均表示他们之间有购销合同，张三作为购方已支付了 23 万元预付款，货物本来是打算发给张三的，李四是张三的朋友，由李四接货后交给张三，是其本意。当时张三向三产经理出示了一份他与川达贸易公司的购销合同，三产公司经理要求复印一份，张三没有同意。谢五表示，既然货物是应该由张三收取，并且张三已收到货物，为减少麻烦，三产公司不必追回货物，由他们之间协商解决，由张三发往俄罗斯卖掉后支付余款就行了。在三产公司要求下，谢五表示，如果他们与张三协商成功就可以不退回××仓库，如果协商不成，就由张三退回××仓库。为此，谢五在货运单上签署："此货同意 9 月 23 日转入××仓库，谢五 9 月 22 日"。9 月 23 日货物并未转入××仓库。相反，在 9 月 27 日前后，谢五以及广州川达贸易公司某主任给三产公司经理打电话表示，他们已与张三自行解决货物问题并与张三重新签订了购销合同，此事已与××公司和三产公司无关，并对三产公司经理的协调工作表示感谢。

鉴于上述事实，××公司和三产公司认为谢五已经支配、处置了货物并追认了××公司向张三的交货行为，因此，未再坚持要求张三退货。

事后，由于种种原因，更改后的收货人既没有拿到货物也没有收到货款，于是将××公司起诉到广东省深圳市中级人民法院。要求赔偿货物价值人民币 731 290.00 元。

本案存在的问题：

（1）××公司的地面代理人在货运单上收货人处将原收货人李四更改为原告谢五并签章予以确认是其在代理权限范围内行为，应视为有效。××公司作为该票货物的承运人、发货人，应认真核对到达站联与托运人联是否一致，原告谢五虽然把更改前的托运人联传真给张三，而××公司发货处在将第一批货物交给原运单上的收货人的代理人后，未认真核实第二批货物到达时货运单上收货人的更改情况，又将货物发给原来的收货人。

（2）收货人在提取货物时所填身份证号码有误，提货处的工作人员未能认真核实，导致事发后无法找到当事人。

（3）上述货物出现问题后，查找与该票货物相关的信息时，所有资料全部失踪。

此案最终由广东省深圳市中级人民法院判决：

托运人通过被告的地面代理提出的货运委托经地面代理代表被告××公司签发货运单而成立，原告作为该批货物收货人，有维护自己合法权益不受侵犯的权利。原告提货不成于 2011 年 9 月 22 日在货运单上注明"此货同意 9 月 23 日转入××仓库"应视为向被告××公司的真实意思表示，其索赔要求没有超出法定期限，因此被告××公司提出原告谢五索赔要求超过法定期限而丧失胜诉权的理由不能成立。地面代理作为××公司的代理人，在货运单收货人处将李四更改为原告谢五并签章予以确认是其在代理权范围内行为，其代理后果应由

被告××公司承担，××公司作为该票货物的承运人、发货人，应认真核对到达站联与托运人联是否一致，原告谢五虽然把更改前的托运人联传真给张三，但并不是造成货物被他人提取的直接原因。因此，被告××公司应承担在工作中因疏忽失误导致货物的合法持有人谢五不能按单提货的责任。因该票货物在托运时并未办理声明价值，××公司应按货物实际重量赔偿原告所受损失。原告谢五诉请被告赔偿70余万元货款无法律依据，也不符合公平合理原则，故法院不予支持。法院最终判决被告××公司赔偿原告损失94 480元人民币。驳回原告谢五的其他诉讼请求。

模块五

特种货物运输

【知识目标】 了解特种货物运输包括的内容；
理解特种货物运输保障的重要性。

【能力目标】 理解不同特种货物运输的包装要求、文件要
求、运送要求。

【案例导入】

著名摄影师杨女士为了参加一个一周后举办的摄影比赛，特意从东京购买了佳能的相机和镜头回北京，总重 0.55 kg，在办理行李运输时，按贵重物品声明价值 3 万元人民币。由于其声明价值超过了每一位国际旅客的行李声明价值的最高限额 2 500 美元的限制，因此，杨女士的相机和镜头不能够按照行李运输，只能走航空货运。杨女士给她的相机和镜头办理货运手续时仍然声明了 3 万元人民币的价值。匆匆办好货运手续后，杨女士就乘航班回国了。然而，回国后急需投入创作的杨女士一直没有收到相机和镜头，直到一周后才收到。而此时，她本打算参加的摄影比赛报名已经截止，杨女士因没有使用新购买的相机和镜头，最后没有进入决赛。事后，杨女士以航空公司运输延迟导致影响其参赛结果为由向航空公司提出索赔。

根据贵重物品的货运要求，在订舱上，应该尽量使用直达航班，而且承运人必须在定妥舱位后将运输路线与到达时间及时告知收货人，并要求收货人做好接货准备。而实际运输上，货运代理人并没有及时与杨女士取得联系，导致货物运到后在北京的仓库存储了 3 天才安排交货。事后，货运代理人与杨女士进行了协商和赔偿。

第一单元 》》》》》》》
机长通知单

一、机长通知单的内容

机长通知单（Pilot's Notification to Captain，NOTOC）是当航班将运载特种货物时，为了使机组对所装货物是否属于危险品、特种货物是否已经规范装机知情，在运输时建立的单制。

需要建立机长通知单的特种货物一般包括危险品、急件货物、枪械、活体动物、植物和植物制品、麻醉品和精神药品、超大/超重货物、押运货物、外交信贷、烟草、骨灰、灵柩、菌种/毒种及生物制品、鲜活易腐品、贵重物品、新闻稿件、车辆、非限制性锂电池、酒类、紧急医疗用品、活人体器官、AOG（Aircraft on the Ground，是飞机停场待修所急需的紧急航材，是特急货物）航材等。

机长通知单一式五份，随货运单带往目的站一份、交配载部门一份、机长一份、始发站留存一份、额外副本一份。除了运营人国家所使用的语言外，还应使用英语。机长通知单要填写的内容主要有：

①运单号：已经填开的。

②运输专用名称：必要时附加上技术名称，以及规则中列出相应的 UN 编号或者 ID 编号。

③数字表示危险品的类别、项目、与标签对应的次要危险性，对于第一类危险品，其组装更要醒目。

④包装等级：适用时。

另外，机长通知单还需注意的内容有如下几点：

①放射性材料的包装件、合成包装件或集装箱的数目、放射性的级别、运输指数（如适用）及其确切的装载位置。

②包装件是否仅限货机运输。

③包装件的卸载机场。

④关于该危险品在某一国家豁免条件下的运输说明。

二、机长通知单的填写

机长通知单必须用专用表格填写，不得使用货运单、托运人危险品申报单、发票等其他的表格代替。在收到通知单时，机长必须在通知单上签字，表明机长通知单已经被收到，如图 5.1 所示：

民航货物运输

AIR CHINA CARGO

SPECIAL LOAD NOTIFICATION TO CAPITAIN (NOTOC)

特种货物机长通知单

STATION OF LOADING: 装机站:	FLIGHT NO: 航班号:	AIRCRAFT REGISTRATION: 飞机注册号:	DATE: 离港日期:	PREPARED BY 填写人签字:	CHECKED 检查人签字:

DANGEROUS GOODS: 危险物品:

There is no evidence that any damaged or leaking packages containing dangerous goods have been loaded on the aircraft. 已装在本架飞机上的危险物品的包装件无任何破损和泄漏迹象。

Station of Unloading 卸机站	Air Waybill No 货运单号	Proper Shipping Name 运输专用名称	Class or Division For Class comp Grp 类或项(一类爆炸品的配装组)	UnorID NO. UN或ID编号	Sub.risk 次要危险性	No of pkgs 包装件数	Net Qty.Or Tranp.index per pkg 单件净重和运输指数	Radioactive Material Categ. 放射性物质等级	Packing Group 包装等级	Code (see reverse) 代号见背面	CAO 仅限货机	Loaded 装载信息		
												ULD ID 集装器识别编号	Position 装机位置	Moved to Position 变更后位置

当飞机上出现危险品事故时,第一步:根据本通知单上列出的UN/ID编号或运输专用名称,使用国航《机上危险物品应急处理指南》中表4-2或4-3,查找所对应的应急处理措施代号。
第二步:根据查出的操作代号,使用国航《机上危险物品应急处理指南》中表4-1,查找该措施操作代号所对应的详细应急处理措施。同时请参考国航《机上危险物品应急处理指南》中第3章的危险品货物检查单。

OTHER SPECIAL LOAD: 其他特种货物:

Station of Unloading 卸机站	Air Waybill No 货运单号码	Contents and Description 货物品名及说明	No of Packsges 包装件数	Quantity 数量	Supplement information 附加说明	Code (see Reverse) 代号见背面	Loaded 装载信息		
							ULD ID 集装器识别编号	Position 装机位置	Moved to Position 变更后位置
				Temperature Requirements: 温度要求: ☐Heating Requred for _____ ℃ 加温要求(Specify 指定温度) ☐Cooling Requirement for _____ ℃ 降温要求(Specify 指定要求)					

Position Changed by: 装载位置变更人签字:

Load Master's Signature: 监装负责人签字:

Capitain's Signature: 机长签字:

Capitain's Signature: 接班机长签字:

Original:For Original Station 正本:始发站留存   Copy1:For Load Master 副本1:监装人留存   Copy2:For Capitain 副本2:机长留存   Copy3:For Destination 副本3:目的地留存   Copy4:Extra Copy 副本4:额外副本(随机)

图5.1 特种货物机长通知单

第二单元 »»»»»»»»
限制运输货物

一、限制运输货物的内容

限制运输的货物指的是可能危害到人员和飞行安全、超出承运人的运输规定，受到政府的政策、法律规定的限制，需要特定的管理部门的许可，并提供必要的准运许可证明，在采取了必要的措施和在特定情况下经承运人允许才能运输的货物。

限运货物依据不同国家、不同航空公司的规定的不同而不同，一般包括动植物制品、酒精类饮料、文物、古玩及艺术品（图5.2）、收藏品及不可替代品、医疗样品、骨灰、易腐烂物品、贵重物品、高价值产品等。

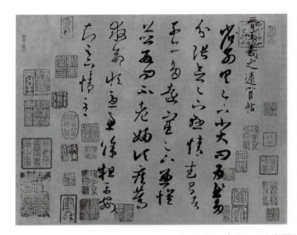 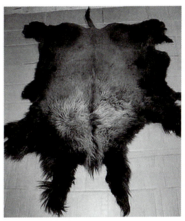

图5.2 古玩、毛皮限运品

二、限制运输货物的运输要求

1. 植物制品

动植物制品如动物皮毛、象牙、种子、烟草等。

①必须出具所在地县级（含）以上的植物检疫部门出具的植物检疫证书。

②对于政府规定的濒危植物及其产品或国家保护植物，必须提供省级林业部门或濒危动植物管理办公室出具的准运证明。

2. 酒精类饮料

参考全国政策及地方法规,在政策允许的情况下合法承运。

3. 文物

取得合法许可证。

4. 古玩及艺术品

①价值不超过 5 000 元人民币,必须提供形式发票申报价值,确保有专业包装并提供专业包装标志。

②价值超过 50 000 元人民币,必须提供形式发票申报价值,必须投保,确保有专业包装并一共专业包装标志。

5. 收藏品及不可替代品

①价值不超过 5 000 元人民币,必须提供形式发票申报价值,确保有专业包装并提供专业包装标志。

②价值超过 50 000 元人民币,必须提供形式发票申报价值,必须投保,确保有专业包装并提供专业包装标志。

6. 医疗样品

医疗样品如血液、尿样等。

①必须出具医疗机构的无传染性证明。

②必须确保密封包装。

7. 骨灰

①必须出具医院出具的死亡证明和殡仪馆出具的火化证明。

②必须装在密封的塑料袋或其他密封的容器内,外加木盒,最外层用布包裹。

8. 易腐烂物品

易腐烂物品如干冰、食物、须温控和特殊处理的物品等。

①发件人必须提供最长允许运输时限和运输注意事项。

②如属鲜活类易腐品,必须出具有关部门的检疫证明。

③包装应当适合货物的特性,确保货物在运输过程中不致污染或损坏飞机或其他货物。

9. 贵重物品

贵重物品如金银、贵重金属及制品、宝石、玉器等。

①价值不超过 2 000 元人民币的,可按正常方式承运。

②价值超过 2 000 元人民币的,必须提供形式发票申请价值,确保有专业包装提供专业包装标志。

10. 高价值产品

①价值不超过 5 000 元人民币的，必须提供形式发票申报价值，确保有专业包装并提供专业包装标志。

②价值超过 50 000 元人民币的，必须提供形式发票申报价值，必须投保，确保有专业包装并提供专业包装标志。

第三单元 »»»»»»»»»
活体动物

一、活体动物内容

航空货运活体动物（图 5.3）指通过航空运输活的家禽、家畜、鱼介、野生动物（包括鸟类）、试验用动物和昆虫等。

图 5.3 活体动物

二、活体动物运输要求

1. 活体动物收运条件

托运人或其授权代理人托运注意事项：

①托运人必须事先与航空公司取得联系，说明活体动物的种类、数量和运输要求，经过航空公司批准才能承运。

②托运人交运的动物应当没有传染病，同时托运人应当出示县级以上检疫部门出具的《动物检疫合格证明》，水生野生动物应当有《水生野生动物特许运输许可证》。

③托运人交运活体动物，需要填制"活体动物托运人证明书"，一式两份，证明书要有

托运人签字，一份交承运人留存，一份和其他证件附货运单后寄往目的站。

④提供符合国际航空运输协会活体动物规则的包装容器。

⑤在填写货运单时，应品名一致。

⑥托运人应通知收货人及时到达目的站提取货物。

承运人收运注意事项：

①仔细检查活体动物是否符合国家、承运人、国际航协的有关规定，对活体动物的件数、重量、体积等作详细检查，不符合规定的不予承运。

②应认真检查货物包装、活体动物运输证件，不符合规定的不予承运。

③在货运单货物品名栏内，必须注明动物的具体名称和准确数量。

④有不良气味的活体动物，航空公司不予承运。

⑤妊娠期的哺乳动物，除托运人出示有效的官方兽医证明，说明该动物在运输过程中无分娩可能外，一般不予承运。

⑥尚在哺乳期的幼禽，航空公司一般不予承运。

⑦在飞机起飞前48小时以内刚刚分娩过的动物，航空公司不予承运。

⑧有特殊要求的，始发站应通知中转站和目的站，以便采取相应的措施。

2. 活体动物的包装要求

①运输动物用的包装容器应当坚固、轻便、无毒，并符合航空公司规定。

②包装容器内要光滑，不能有尖锐的边缘或突出物。

③包装容器的尺寸，应适合不同机型的舱门尺寸和货舱容积。

④包装容器应当坚固，能防止活体动物破坏、逃逸和接触外界，容器上应有安全的、便于搬运的装置。

⑤包装材料必须加方托盘和吸湿物，防止活体动物粪便外漏。

⑥包装容器应当有足够的通气孔，防止动物窒息。

⑦包装容器内应备有饲养设备和饲料。

⑧包装容器上应清楚地写明托运人、收货人姓名、详细地址以及联系电话。

⑨包装容器外部应贴有"动物"和"向上"标签，有毒动物要注明。

3. 活体动物运输文件

①AWB：填写货运单时，在"货物品名"栏内，必须填写该活体动物的常用名称、数量以及包装容器的尺寸，并注明"活体动物AVI"字样。

②活体动物证明书。

③其他文件，包括检疫合格证明、国家保护动物的准运证明等。

4. 活体动物运输标签与标记

容器外部一般都要清楚地写明收货人的姓名和详细地址（与货运单一致），容器上还应当注明动物的习性以及特征，有关饲养方法以及注意事项。

运输包装外要贴上动物标签和不可倒置标签，如图 5.4 所示。

对危害人的有毒动物加贴有毒标签。

图 5.4　活体动物标签及不可倒置标签

5. 活体动物装载

①除专用集装箱外，不能将动物（冷血动物除外）装在集装箱中运输。

②不能将活体动物与其他货物装在同一集装板上运输。装在集装板上运输的动物不能用塑料布苫盖，雨天需使用防雨器材苫盖时，苫布与动物包装之间须留有足够空间，以便空气流通，防止动物窒息。

③互为天敌的动物、来自不同地区的动物、发情期的动物不能在一起存放，装机时应避免装在同一货舱。

④应严格按照各种机型的货舱体积、活体动物装载限量来装运，将活体动物装在适合其运输条件的货舱内。

6. 收运活体动物的注意事项

一般只在直达航班上运输，确需联程运输的活体动物，必须定妥全程航班、日期、吨位，并经托运人同意后方可承运；活体动物运输不办理到付；运输活体动物要特别注意动物到达目的站的日期，尽量避免节假日；一般安排在飞机的下货舱运输；如果在运输中，活体动物由于自然原因死亡的，承运人不承担责任；如果是托运人或代理人违反操作造成了第三方的损失，责任由托运人或者代理人承担。

三、几种特殊的活体动物运输

1. 家养猫狗

包装材料：玻璃纤维、金属、硬塑料、焊网、硬木板或胶合板。

包装尺寸：应使活体动物能够在容器内自然站立而头部和耳朵不触及容器顶部，并能舒适地转身和躺下。

器壁：四壁内面必须硬实，内部平滑，三面器壁上 1/3 处设有直径 2.5 cm 的通风孔或网槽。容器内无突出物。

搬运把手：在容器内两侧外壁的中部必须装有把手。

底板：必须坚固而且不能有渗漏。

顶部：可设有通风孔，但必须坚固。

食具和水具：食具必须在容器内，以备飞机延误时用，容器内的水具应可以从外面加水。

2. 鸟类

材料：金属网、无毒木料、无毒塑料、玻璃纤维、合成物或者其他轻质材料。

尺寸：鸟类的运输容器，必须为鸟留出自由的活动空间。

器壁：三层胶合板或其他强度相仿的材料。容器两端要用宽度至少1.3 cm的实木制成。内壁不能有可能导致鸟类自伤的尖锐边缘或者突出物。容器前最少75%的面积，要拉成斜面，容器外要有把手。

3. 鸽子、斑鸠

（1）包装要求。

材料：木料、防水瓦楞纸、无毒塑料、玻璃纤维、合成物、金属网及毡条、海绵或泡沫塑料和细布或其他类似的填充性材料。

尺寸：容器高度必须使鸽子能够自然栖息，离开栖木时头部不应触及容器顶部。鸽子为神经性物种，应注意容器不得过高，以免导致鸽子发生自伤。

器壁：容器前面的75%以上面积必须由强韧的金属网组成，或由间距1.3 cm圆形木棍或金属杆组成，覆盖可升降、固定于金属网或栏杆之上的细布帘，以减弱容器内的亮度。

搬运隔离杆/把手：必须装有如图所示的搬运隔离杆或把手。

顶板：必须覆有无法破坏的铺垫材料。

通风：在三面器壁上开设间隔为5 cm、直径为2.5 cm的通风口，加盖纱网。纱网边缘必须包裹无法破坏的保护性材料，以避免鸟类发生自伤。

食具和水具：食具和水具应带有外向加入口，加入口须安装挡板。水面须放置直径为1 cm左右的穿孔漂浮木或其他类似物，防止鸟类浸溺。食具和水具不得使用焊制的马口铁容器，如图5.5所示。

图5.5 马口铁容器（食具、水具不得使用）

（2）装载要求。

在装载密度上，应有足够的空间，使鸽子能够同时栖息。鸽子体形较小时，每一容器或分室内装运数量不得超过 25 只；鸽子体形较大时，装运数量还应相应减少，以避免过度拥挤造成窒息，如图 5.6 所示。

鸽、鸠类包装范例：

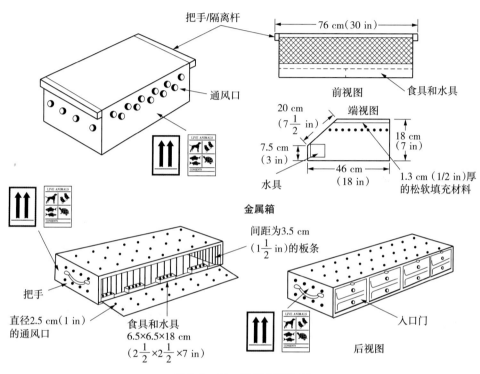

图 5.6 鸽、鸠类包装要求

4. 雏鸡类

（1）运输要求。

雏鸡类运输，要求孵化后 72 小时内运达目的地，这期间不需要喂食和饮水，因此对于可能超出 72 小时才能运达目的地的雏鸡类货物不予承运。

（2）包装容器要求。

材料：瓦楞纸、硬塑料、无毒塑料、玻璃纤维及合成物。

其中瓦楞纸箱：

①尺寸：必须隔成 2～4 个分隔室。容器内部高度必须少于 10 cm。装运雏火鸡、鸭苗、鹅苗时应当按比例减少 20%。

②底板：坚固、防潮、防渗漏。

③顶板：坚固、带有直径不超过 1 cm 的通风口。

④通风：在容器四壁、顶板及内部分隔物上开设直径不超过 1 cm 的通风口。容器须适于垫木摆放。容器底部可附有垫木或伸出的垫脚，顶板上也有相应的垫木，以保证摆放箱

子之间的空气循环。

硬塑箱：设计硬塑箱时，须考虑堆码及内部锁定装置。可将硬塑箱摞放，以上面的箱底作为下面的箱顶，用绑带安全固定，最多可摞放 5 层。箱子应当经得起摞放，摞放高度应当限制在运输中不至于散开或变形。

①尺寸：装运 100 只禽雏、箱内无分隔物的硬塑箱内部高度至少为 15 cm。其他装运数量较少的箱内高度也不得少于 10 cm。

②通风：箱壁及内部分隔物上必须开设直径为 1 cm 的孔，以保证通风。

（3）装载操作要求。

①使用标准箱装运一日龄或不超过 72 小时龄禽雏时，每箱装运 50～100 只；装运火鸡雏鸟、鸭苗、鹅苗时，须按比例减少 20%。

②可不使用"活体动物"标签，但必须使用"请勿倒置"标签。

③在气温较高的季节或地区运输，雏鸡在运输包装中的数量应适当减少，以保证箱子中更多的通风。

④堆叠上，飞机运输时箱子堆放的高度必须要确保在飞行过程中不会倒塌或变形，确保叠加的箱子不被过紧地固定在集装板上，并且不得高出所限范围，以免造成损坏，如图 5.7 所示。

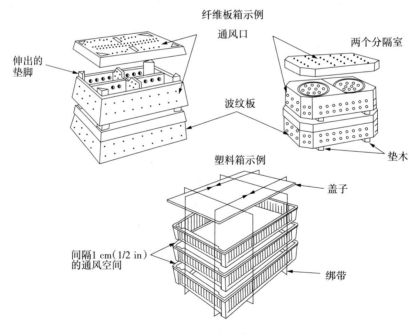

图 5.7　雏鸡类包装要求

5. 灵长类

（1）包装容器要求。

材料：木料、金属、金属编制网以及细布或其他轻材料。

尺寸：应当保证动物以自然状态站立、转身或躺下。

边框：使用螺丝或钉子加固，用无毒胶水粘接的木质、金属或者无毒塑料筐。

器壁：用木料、金属或者塑料制成。

把手：在包装箱外安装搬运隔离装置。

底板：底板坚固防止渗漏，设有能方便拉出的带有锁定装置的掉落无承接盘。

顶板：带有通风口的整块木板。

休息架：在容器的内后部设置占容器 1/3 长度的休息架。

（2）装载要求。货舱温度控制在 20 ~ 30 ℃。

附件：《动物检疫合格证明》

动物检疫合格证明（动物 A）

编号：

货主		联系电话	
动物种类		数量及单位	
启运地点	省　　市（州）　　　　县（市、区）　　　　乡（镇） 村（养殖场、交易市场）		第
到达地点	省　　市（州）　　　　县（市、区）　　　　乡（镇） 村（养殖场、屠宰场、交易市场）		联
用途		承运人　　　　联系电话	
运载方式	□公路　□铁路　□水路　□航空	运载工具 牌号	
运载工具消毒情况	装运前经＿＿＿＿＿＿＿消毒		共
本批动物经检疫合格，应于＿＿＿＿日内到达有效。 　　　　　　　　　官方兽医签字： 　　　　　　　　　签发日期：　　　年　　月　　日 　　　　　　　　　（动物卫生监督所检疫专用章）			联
牲畜 耳标号			
动物卫生 监督检查站 签章			
备注			

注：1. 本证书一式两联，第一联由动物卫生监督所留存，第二联随货同行。

　　2. 跨省调运动物到达目的地后，货主或承运人应在 24 小时内向输入地动物卫生监督机构报告。

　　3. 牲畜耳标号只需填写后 3 位，可另附纸填写，需注明本检疫证明编号，同时加盖动物卫生监督机构检疫专用章。

　　4. 动物卫生监督所联系电话：××××××××××

第四单元 》》》》》》》》》
鲜活易腐货物

一、鲜活易腐货物的内容

鲜活易腐品（图5.8）是指在装卸、储存和运输过程中，由于气温、气压、湿度变化和运输时间（如延误）等因素可能导致其变质或失去原有价值的物品，此类货物归属于紧急货物。如肉类、花卉、水果、蔬菜类、药品、血清、疫苗、人体球蛋白等。

图5.8　鲜活易腐货物

二、鲜活易腐货物的运输要求

鲜活易腐品在运输过程中要注意尽量节省时间、确保质量；同时要采取一定措施，以防止死亡和腐烂变质。

1. 鲜活易腐品收运

①托运人托运鲜活易腐物品，应当提供最长允许运输时限和储运注意事项，按约定时间送到机场办理托运手续。除另有约定外，鲜活易腐物品的运输时限应不少于24小时（从预定航班的预计起飞时间前2小时算起）。

②托运人应预先订妥航班、日期。

③政府规定需要进行检疫的鲜活易腐物品，托运人应当提供有关部门出具的检疫证明。

④需要特殊照料的鲜活易腐物品应由托运人提供必要的设施，必要时由托运人派人押运。

⑤鲜活易腐物品在运输、仓储过程中，承运人因采取必要的防护措施所产生的费用，由托运人或收货人支付。

⑥如遇班机问题，代理人将立即通知收货人或托运人，征求处理意见并尽可能按照对

方意见处理。

2. 包装要求

鲜活易腐货物应根据货物的属性采取适当的包装材料，一方面保证货物运输中不会因包装问题使货物发生变质，另一方面保证在运输中包装不会破损或溢出液体，不致损坏或污染飞机、设备及其他物品。

①凡是怕压的货物外包装应当坚固抗压；需要通风的货物，外包装要有通气孔，需要冰冻冷藏的货物，容器必须严密，保证冰水不会溢出。

②包装不能使用粗麻包、草绳。

③为了便于搬运，每件鲜活货物不超过 25 kg 为宜，每件水产品不超过 30 kg。

④新鲜的鱼、肉类运输要注意包装密封，防止液体漏出，污染飞机。

3. 鲜活易腐品的容器、包装外应粘贴鲜活易腐标签和不可倒置标签

鲜活易腐及不可倒置标签如图 5.9 所示。

图 5.9 鲜活易腐及不可倒置标签

4. 活体动物装载要求

①鲜花对温度的变化很敏感，所收运的数量应取决于机型的要求，通常可采用集装箱运输。

②蔬菜通常含有较高的水分，运输要注意通风，否则会氧化变质。同时注意远离活动物和有毒物品，避免感染。

③蔬菜不能和鲜花一起存放。

5. 收运鲜活易腐品注意事项

鲜活易腐货物一般可直接交运，尽量减少在仓库的存放时间；运送鲜活易腐货物尽量使用直达航班，同时考虑机型和飞机所能提供的调温设备；鲜活货物发运要考虑避免周末或节假日交货；鲜活易腐货物到达后，应当立刻通知收货人来机场提货，目的站机场免费保管 6 小时；如在运输途中或在目的站未能及时提取发生腐烂变质，航空公司将视具体情况将货物毁弃或移交检疫部门处理，除承运人原因外，由托运人或收货人负责。几种常见的鲜活易腐品的存储条件见表 5.1。

表 5.1　几种常见的鲜活易腐品的存储条件

种　类	温度/℃	通　风
亚热带、热带水果	+9 ~ +15	气温高时需要通风
其他水果	+3 ~ +6	通风良好
新鲜蔬菜	0 ~ +6	通风良好
树苗	+15 左右	通风良好
冻肉、水产品	−8 以下	可不通风
冻鲜花	0 以下	可不通风
种蛋：未入孵的	+13	通风良好
种蛋：已入孵的	+37. 8 ~ +38. 3	通风良好
种蛋：将孵出的	蛋温不得超过+37.8	通风良好

第五单元 »»»»»»

贵重物品

一、贵重物品的内容

贵重物品（图 5.10）是毛重每千克的声明价值超过 1 000 美元或者 450 英镑的任何货物。一些货物通过其本身属性就可以看出该货物属于贵重物品的，如黄金、混合金、金币等形式的黄金制品，金或铂金制成的手表，以及现金、合法的银行钞票、有价证券、股票、钻石、红宝石、蓝宝石、珍贵文物等。

图 5.10　贵重物品

二、贵重物品的运输要求

1. 贵重物品收运条件和要求

①托运人交运贵重物品自愿办理声明价值。

②每份货运单声明价值不得超过 10 万美元。客机的运输中，每航班所装载的贵重物品价值不得超过 100 万美元。包机运输不得超过 5 000 万美元。

③如果每份货单的声明价值超过 10 万美元，必须填开多份航空货单，或者可以报上级机关，按照领导批示处理。

④订舱上，尽量使用直达航班，托运人必须在定妥舱位后将运输路线与到达时间及时告知收货人，并要求收货人做好接货准备。

⑤仓储上。

a. 贵重物品必须单独存放在带有保险的仓库内，货物的交接要有书面证明和交接双方签字。

b. 对于重量在 45 kg 以下，单件体积不超过 45 cm×30 cm×20 cm 的贵重物品，应当在运输中放在机长指定的保险箱内。超过上述体积的要放在带有金属门的集装箱内。

⑥运送上。

a. 贵重物品的运送应尽量缩短运输前的准备时间，避免周末与节假日交运。

b. 贵重物品不能使用地面运输。

2. 贵重物品计重

①由托运人提供交运货物的净重，然后再使用天平或者电子秤对货物逐件称量。重量与托运人申报不符的贵重物品不予收运。

②贵重物品的实际毛重保留到 0.1 kg，0.1 kg 以下的四舍五入。

3. 贵重物品文件

①航空货运单。收运的贵重物品，必须在航空货运单的"数量与品名"栏目内注明"VAL"字样或者"贵重物品"字样。

在货运单的"目的站与运输路线"栏目内注明第一承运人和航班日期。

②商业发票。商业发票供海关放行检查时使用。

4. 贵重物品包装

①贵重物品应根据其性质采用硬质坚固的木箱或铁桶，必要时应在外包装上用"+"或"#"字形铁条固定。

②箱内要放有衬垫物，使物品不相互移动和互相碰撞。

③贵重物品外包装必须要有铅封或火漆标志。

④贵重物品的外包装应写清楚收货人的详细地址，另请通知人和托运人的姓名、地址。

⑤如果一票货物包装中含有贵重物品，则将整票货物看成贵重物品。

5. 贵重物品标记与标签

①贵重货物只能使用挂签。

②除识别标签和操作标签外，贵重货物不需要任何其他标签和额外粘贴物。

③货物的外包装上不可有任何对内装物作出提示的标记。

④有押运员押运的贵重物品需要有押运标签。

第六单元 »»»»»»»
急件货物

一、急件货物的内容

急件货物是经承运人同意受理的，托运人要求以最早的航班运送的或限定时间到达目的地的货物。急件货物一般包括外交信贷、电（影）视片、录（音）像带、电子储蓄、稿件、样品、展品、急救药品（图5.11）、AOG航材等。

图5.11　急救药品

二、急件货物的运输要求

1. 单据

货运单除准确写明收货人名称、地址外，还应填明电话、邮编等，以便到达站及时通知提货人。

2. 时限

承运急件运输及其他有时限要求的货物，首先要考虑货物的运输期限是否在民航班期之内，运力能否保证按期运达。承运的急件货物最迟应在3天内运到目的站。托运人未要求按急件运输时，应按收货先后顺序组织运输并应最迟在 7 天内运到目的站，不得积压。

3. 标签

货运单储运注意事项栏内应加盖"急件"印章，并在货物上加贴"急件"标签，如图 5.12 所示。

图 5.12　急件标签

4. 安检

急件货物应严格开箱检查或者按规定进行安全检查，否则，货物收运后必须停放 24 小时才能装机。

5. 航班安排

办理急件运输应当以直达航班为主，严格控制联程运输。

6. 中转联程

联程的急件运输，始发站应充分考虑中转站的航班班次、机型。始发站对中转站的每个航班，大型机以 50 kg 为限；小型机以 20 kg 为限，超过限量需预定吨位，经中转站同意方可承运。

7. 手续

所有急件货物除非发运双方事先申明或商定外，一般都应在航班起飞当日按双方约定的时间在机场办理托运手续。

8. 急件运输的运价

急件运输的运费按普通货物运价的 150% 计收。由于承运人原因造成运输延误时，承运人应按双方协议向托运人支付违约金。因天气原因或不可抗力造成的货物逾期运达，可免除承运人责任。

第七单元 》》》》》》》
生物制品及菌种、毒种

一、生物制品及菌种、毒种的内容

1. 生物制品

生物制品是指经过人工制造、提炼，无菌处理过的药品，主要包括：疫苗、菌苗、免疫血清、诊断用品等。

2. 菌种、毒种

菌种、毒种是用于研究、制造生物制品的细菌、病毒和其他病原微生物（病原微生物是能使人、畜致病的微生物）。

3. 其他可能带菌物品

其他可能带菌物品包括有机培养基、未经硝制的兽皮、未经药制的兽骨等。

二、生物制品及菌种、毒种的运输要求

1. 生物制品

①如托运人提供无菌、无毒证明可以按照普通货物收运。

②用冰瓶或冷箱包装的生物制品，如托运后两天内不能运抵目的地，应通知托运人，以便考虑是否采取更换冰块或制品等措施。

③非冷藏的生物制品，如超过最长运达时限仍不能运达目的地，而当时气温与生物制品的要求差距较大时，应征求托运人的处理意见。

2. 菌种、毒种

菌种和毒种在运输过程中若处理不当，会造成人畜感染，除非特殊情况，必须经过公司领导批准才可收运。

3. 其他可能带菌物品

有机培养基、未经硝制的兽皮、未经药制的兽骨，如托运人提供无菌、无毒证明可以按照普通货物收运。如不能提供无菌、无毒证明，航空公司不予运输。

第八单元 »»»»»»»»»»
超限货物

一、超限货物的内容

超限货物指超过了飞机的重量限制、货舱容积限制、集装器或散货舱门的尺寸限制、货舱地板承受力限制，在运输过程中需要采取特殊的操作程序和技术要求的货物。超限货物如体积或重量超限的单件货物、飞机发动机、车辆、大型机器等。

货物的运输限制包括：

1. 重量限制要求

货舱地板承受力：非宽体飞机载运的货物，每件重量一般不超过 250 kg；宽体飞机载运的货物，每件重量一般不超过 500 kg。如果超过，则必须考虑并且确认满足机舱地板承受力时，方可收运。

业载：货物重量不得超过该架飞机所能承运的最大业务载量。

单个货舱：货物重量不得超过一个货舱所能装载的最大重量。

装卸条件：货物重量要符合各航空公司和各航站楼的人力、机械设备情况的要求。

2. 货舱容积限制

若所装货物都是体积大、重量小的轻泡货物，在未达到货舱的重量之前，早已占满了整个货舱的容积；反之，若所装货物都是体积小、重量大的大比重货物，很快会达到货舱的重量极限，而舱中剩余空间则不能再利用。

除了新闻稿件以外，每件货物的长、宽、高三边长度之和不能小于 40 cm，最小的一边不能小于 5 cm。

非宽体机载运的货物体积一般不超过 40 cm×60 cm×100 cm，宽体机载运的货物体积一般不超过 100 cm×100 cm×140 cm。

3. 舱门尺寸的限制

为了将每一件货物装进货舱，不但要考虑舱门尺寸，还要考虑舱门与舱壁的相对位置和舱门开在货舱的哪一侧。

4. 机舱地板的承重极限

需要考虑货物是否超过飞机货舱地板的最大承受力，若超过货舱地板的最大承受力，

则考虑如何增加垫板。

5. 压力和温度的限制

一些飞机的下货舱温度无法控制，要靠上货舱的暖空气流入以补偿温度；对可调控温度的货舱，机长应调控货舱内的温度达到特殊货物的温度要求。对各个机型要考虑其能保证的压力大小和温度的限制。

二、超限货物运输要求

定舱：如果一票货物包括一件或多件重件货物，定舱时应说明货物的重量和尺寸并在货运单内单独列明。

包装：托运人所提供的货物包装应便于承运人操作，如托盘、吊环等。必要时提供货物重心位置。

装载：托运人应当提供装卸特大货物的设施。重货应当尽量装在集装器的中间位置。如果装载的货物未超过集装箱的 2/3 容积，重货需要固定。

第九单元 »»»»»»»
其他特种货物

一、危险品

1. 危险品的定义

在航空运输中，在运输、装卸、仓储过程中可能危害人的健康或损坏运输设备及其他财产的物质和物品，或具有爆炸、易燃、毒害、腐蚀、放射性等特性的物品称为危险品。

某些危险品，名称上虽看不出危险，但实际上是危险品，这类危险品被称为隐含危险品。常见的隐含危险品如电器开关，可能含有水银；冷冻水果、蔬菜，可能含有干冰。

2. 危险品的分类

①爆炸品：火药、炸药、手雷、子弹。

②气体：易燃气体、毒性气体。

③易燃液体：酒精、汽油、乙醚。

④易燃固体、自燃物质、遇水释放出易燃气体的物质：红磷、硫黄、高锰酸钾。

⑤氧化剂和有机过氧化物：84 消毒液。

⑥毒性物质和传染性物质。

⑦放射性物质。

⑧腐蚀品。

⑨杂项危险品。

3. 危险品运输

危险品的运输首先要严格按照《危险品规则》（Dangerous Goods Rules，DGR）判断货物的种类和性质。

然后出示必需的危险品运输文件，包括危险品申报单（一式两份）、航空货运单（在HANDING INFORMATION 即"操作信息栏"中注明：Dangerous goods declaration form 即危险品相关形状）。

再根据承运人的《危险品运输手册》的相关规定，对危险品进行正确的包装，按照DGR 的规定正确粘贴标签，部分危险品标签如图 5.13 所示。

表示分类	分类·区分	ICAOIATA CODE	分类·区分标志	主要品名
1	火药类	1.3 G（RGX）1.4S（RXS）等		放烟筒、花炮、导火线、爆发钉等（爆发性非常弱的物品可以装载）（只有区分 1.4S 的物品可装入客机）
2	引火性瓦斯	2.1（RFG）		小型燃料瓦斯气瓶、抽烟用气体打火机、引火性烟雾气
	非引火性、非毒性瓦斯	2.2（RNG）（RCL）		消化器、压缩酸素、液体窒素、液体氨、非引火性烟雾气、冷冻用瓦斯类等深冷液化瓦斯（RCL）
	毒性瓦斯	2.3（RPG）		一氧化碳、氧化乙烯、液体氨等（只有货机可以装载）

图 5.13　部分危险品标签举例

二、灵柩、骨灰运输

1. 骨灰

①托运人应凭医院出具的《死亡证明书》和殡仪馆出具的火化证明办理骨灰托运手续。

②应当装在密封的塑料袋或其他密封的容器内外加木盒，最外层用布包裹。

③承运人应当按照与托运人约定的航班或以最早的航班将骨灰运达目的站。

2. 灵柩

（1）托运人应出示的文件

①卫生检疫部门出具的检疫证明。

②死者的身份证或其复印件。

③死亡证明书。属正常死亡的，应出具县级以上医院签发的《死亡证明书》；属于非正常死亡的，应出具县级以上公安机关签发的《死亡证明书》或法医证明。

④殡仪馆出具的入殓证明和防腐证明。

（2）灵柩包装要求

①必须是非传染性疾病死亡的尸体。

②尸体经过防腐处理，并在防腐期内，然后装入厚塑料袋内密封，放在金属箱内，金属箱的焊缝必须严密，能够保证箱内液体或气味不会渗漏。

③尸体下面应有足够防止液体渗漏的木炭或木屑等吸附材料。

④金属箱外应套装木棺，木棺两侧应装有便于装卸的把手。

⑤在货物的外包装上应加贴向上标签。

⑥除死者遗物外，灵柩不能与其他货物使用同一份货运单托运。

（3）灵柩储运的要求

①灵柩的计费重量为：成人 250 kg/副，12 周岁以下儿童 150 kg/副。

②在航班离港前，按约定的时间将灵柩送到机场办理托运手续，并负责通知收货人到目的站机场等候提取。

③灵柩必须在旅客登机前装机，在旅客下机后卸机。

④灵柩不能与动物、食品和鲜活易腐货物装在同一集装器或同一散货舱内。分别装有灵柩和动物的集装器，装机时中间应至少有一个集装器的间隔。

⑤灵柩的上面不能装木箱、铁箱以及单件重量超过 25 kg 的货物。需要在灵柩上面装货时，只能装载软包装货物且灵柩表面与货物之间应使用塑料布或其他软材料间隔，以防损坏灵柩。

三、押运货物运输

1. 定义

押运货物是指根据货物的性质或价值，由托运人指派押运员，在运输过程中专门照料、监护的货物。

2. 押运货物运输

①对押运货物，应在航班起飞当天按双方约定的时间在机场办理托运手续。

②在货运单"储运注意事项"栏内注明航班号、客票号码和"押运货物"字样。

③按货运单上所注明的航班、日期安排押运货物发运。特殊情况下如需变更，必须经押运员同意。

3. 押运员的职责

①负责货物在地面停留期间的照料和地面运输时的护送工作。
②指导押运货物的装卸工作。
③负责在飞行途中或飞机停站时对押运货物的照料。
④如遇飞行不正常，货物发生损坏或其他事故时决定处理办法。
⑤飞机到达目的站后，应由押运员指导卸机并监护货物直至提取完毕。

四、作为货物运输的行李

1. 定义

作为货物运输的行李又称无人押运行李，仅限于旅客本人的衣服和与旅行有关的私人物品。作为货物运输的行李包括手提打字机、小型乐器、小型体育用品，不能包含机器、机器零件、货币、证券、珠宝、表、餐具、镀金属器皿、皮毛、影片或胶卷、照相机、票证、文件、酒类、香水、家具、商品和销售样品等。

2. 使用条件

①只能在旅客客票中所列各地点的机场之间运输，并且行李交付的时间不得晚于旅客乘机旅行当天；
②旅客如实申报行李内容、提供有关文件、自办海关手续，支付费用；
③运输具体时间由承运人决定；
④运价不得与其他普货运价或指定商品运价相加使用，以致低于适用的规定或组合运价；
⑤不满足上述条件，任何航程均只能采用普货或指定商品运价，或按规定的运价办理（如旅客持全程客票，旅行于欧洲和三区之间经过一区，按第9998号指定商品运价规定办理）。

3. 文件

（1）货运单

货运单"货物品名及数量"（Nature and Quantity）栏应标注"无人押运行李"（Unaccompanied Baggage）。

（2）客票

在客票"签注"（Endorsement）栏应注明"UNBAG"字样。

（3）私人物品运输单证

出国人员和来华工作、学习的外国人回国时办理私人物品托运，还应提供护照、定期机票和私人物品出境申报单。

模块六

货运业务电报

【知识目标】了解货运电报的组成；

了解不同类型的货运电报的处理方法。

【能力目标】会拍发简单的货运电报；

会查询相关电报的信息。

第一单元 》》》》》》》

报头

电报由报头、电报识别代码、电报正文及电报结尾 4 部分组成。

报头包括电报等级、收报地址、发报地址、日时组 4 部分内容。

在本章电报举例中，报头部分省略。

（一）电报等级

电报等级是由发报人根据电文的性质，区分电报缓急程度识别标记，同时也表示转发电文的优先级。

常用的电报等级代号：

QD—平报。用于一般业务电报。收费较低。为了节约电报费用的支出，在不影响电报传递的情况下，一般货运电报，应使用这一等级。QA、QB、QP 是 QD 电报等级的变体。

QK—快报。传输速度与收费介于 QU 和 QD 中间的电报，用以区分平报而加重提示。

QU—急报。多用于飞行动态方向的电报。如起飞报、延误报、载重电报等，是货运使用的最高等级电报。

QX—加急报。涉及航行调配（签派、运行）时拍发。

QS—特急报。涉及飞机人员的生命安全时拍发。

（二）收、发电地址

收、发电地址分为三部分，由七个字母组成。如下表所示。

（1）	（2）	（3）
SZX	FD	ZH
QIF	LI	CA

第一部分：前三个字母为收、发电地址城市或机场三字代码

收报地址为每行八个，最多可以发三行。

电报地址的前三个字母有时也代表某个特定计算机系统的三字代码，如德国汉莎系统为 QLH，国航系统为 QIF，法航系统为 QVI 等。

第二部分：第四、五两个字母为收、发电部门的两字代号

货运部门两字代号：

LI 国际出港或国际出港查询部门

FI 国际进港或国际进港查询部门

FD 国内查询部门

FC 国际货运载量控制

KU 集装器控制部门

LF 货运处

FS 市内国际货运

FT 市内国内货运

LD 机场国内货运查询

UQ 业务室（PEKUQCA 北京货运特运室）

FF 机场货运部门或驻外办事处货运负责人

货运相关部门两字代号：

LL 国际行李查询

LN 国内行李查询

AP 机场国际值机或驻外办事处机场办公室

KK 航站站长或驻外办事处负责人

DD 国航驻外办事处

第三部分：第六、七两个字符表示航空公司、地面代理或某些空运企业、组织的两字代码

国内航空公司的两字代码：

CA 中国国际航空公司、中国国际货运航空有限公司

ZH 深圳航空有限责任公司

MU 中国东方航空股份有限公司

CZ 中国南方航空股份有限公司

CK 中国货运航空有限责任公司

PO 中国货运邮政航空有限责任公司

FM 上海航空股份有限公司

MF 厦门航空有限公司

SC 山东航空股份有限公司

Y8　扬子江快运航空有限公司

3U　四川航空股份有限公司

例如 PEKFCCA 中 CA 代表中国国际航空公司

HKGFMXH 中 XH 代表香港机场当局地面代理

（三）电报编号

由六位数字组成。以发报的日、时、分数字表示，其后可加月份和经办人姓名的两个首写字母或其代号。一般称为日时组，时间以格林尼治时（GMT）为准。

例如：120930/MAR/CHY，12 日格林尼治时间 9：30 拍发的电报，后面可以加上月份或经办人的缩写，如 MAR——3 月，CHY——发电人缩写。

第二单元 》》》》》》》》》
电报类别识别代号

货运常用电报主要有以下几种：

（一）吨控订舱信息电报

FFR Space Allocation Request AWB Message　舱位申请电报

FFA Space Allocation Answer AWB Message　确认舱位电报（舱位申请回复电报）

FUR ULD Space Allocation Request Message　集装设备吨位申请电报

FUA ULD Space Allocation Answer Message　集装设备吨位答复电报

（二）货物出港信息电报

FFM Airlines Flight Manifest Message　航班舱单电报（简称舱单报）

FWB Air Waybill Data Message　货运单信息电报（简称运单报）

FSH Flight Special Handling　航班特种货物装载电报（俗称出港报）

（三）查询电报

1. 查询信息及回复

FSR Status Request Message　状态问询报（查询用得最多、最简单的电报）

FSA Status Answer Message　回复状态报（回复最快的货物信息电报）

2. 不正常信息通知

FAD Advice of Discrepancy Message　不正常信息通知电报

FDA Discrepancy Answer Message 不正常信息回复（指示）电报

3. 运费更改

FCC Charges Correction Request Message 更改运费通知电报

FCA Charges Correction Acknowledgment Message 确认更改费用的回复电报

FRP Irregularity Report Message 不正常运输报告电报

4. 禁运电报

FMB Notification of Embargo Message 停止受理货物通知电报

FMC Change of Embargo Message 停止受理货物通知的更改电报

FMX Cancellation of Embargo Message 停止受理货物通知的取消电报

5. 其他

LDM 飞机载重电报

CPM 集装设备状态报

SCM 集装设备存场报

UCM 集装设备控制报

FCM 货物报关舱单电报

ACC 货物包机申请的答复，货物包机安排的通知

AXC 货物加班申请的答复，货物加班安排的通知

FBL 订妥吨位货物清单

AAF 其他可利用飞行通如

ACP 旅客包机申请的答复，旅客包机安排的通知

ALM 航班座位配额电报

AMD 加班，包机申请或通知的更改取消

ASC 航班变更通知

AXP 旅客加班申请的答复，旅客加班安排的通知

FPF 旅客待运电报

PFL 航班待运电报

RCC 货物包机申请

RCP 旅客包机申请

RXC 货物加班申请

RXP 旅客加班申请

STC 货物待运电报

SCS 航班变更建议

STA 飞行状况报告

第三单元 》》》》》》》》》》
电报正文

电文可以分为标准格式电文和非标准格式电文。

标准格式电文包括吨位预定、情况查询、差错通知、费用更改、禁运电报、货邮舱单等。

SSR（SPECIAL SERVICE REQUEST），表示特殊服务要求。在运输特种货物时，对货物在储运过程中的特殊需求都可以填写在此处，需要处理和复电。

OSI（OTHER SERVICE INFORMATION），其他服务信息，只作参考不需处理和复电。除应按照标准格式拍发订舱电报外，特种货物订舱电报中的托运人和收货人的名称、地址、电话、传真号码等信息都可以在 OSI 中表述。此外，危险品的订舱申请，必须包括危险品的 UN 或者 ID 编号、运输专用名称、净重、包装说明编号；如果属于放射性物质，还应提供运输指数，仅限货机运输的危险品，加注"CAO"字样。这些信息都可以填写在此处。

非标准格式电文是指电报的正文部分以自由格式编写。

第四单元 》》》》》》》》》》
电报结尾

在吨位预定的申请和答复电报中，用预定参阅号码行作为电报结尾，例如：REF/PE-KFFCA/CY。

查询信息及回复电报（FSR 和 FSA）无结尾标志。

差错通知电报的 FRP 电报和费用更改、禁运电报中用签发人署名作为结尾，如 ATH/CHEN。

货邮舱单电报中用 CONT 或 LAST 作为电报结尾。

LAST 用于一份舱单一份电报的结尾或一份舱单多份电报的最后一份的结尾。CONT 用于一份舱单多份电报中除最后一份电报外的其他几份电报的结尾。

第五单元 》》》》》》》》》》
几种常用符号的说明

"/"在货运电报电文中是成分分开符号。在一行的开头，表示紧接其后的内容是衔接上一行的内容。电文每行最多允许 69 个字符，超过时，需要用此符号分行拍发电报。

"."在数据中表示小数点。在发电地址前，表示收电地址的结束。在电文中表示小成分分开符号。

"–"在货运单电报中是小成分分开符号。在自动电报电文中一行的开始，表示目的地。

第六单元 》》》》》》》》》》
电报长度

货运电报最多允许 1 600 个字符，超过 1 600 个字符时，可把电报分成几部分发出，并在电文前加上电报部分的顺序号。

电报中的数字、字母、符号和空格都包括在字符中。

参考文献

［1］陈文玲．民航货物运输［M］．北京:中国民航出版社,2006.

［2］朱沛．航空货物运输教程［M］．北京:兵器工业出版社,2004.

［3］李军玲．国际货运基础教程［M］．北京:中国民航出版社,2000.

［4］邢爱芬．民用航空法教程［M］．北京:中国民航出版社,2007.

［5］王静芳．国内航空货物运输［M］．北京:法律出版社,2000.

［6］李勤昌．国际货物运输［M］．沈阳:东北财经大学出版社,2008.

［7］许明月,王晓东,胡瑞娟．国际货物运输［M］．北京:对外经济贸易大学出版社,2007.